경찰과
형사사법

박현준
한상훈

박영사

POLICE AND
CRIMINAL
JURISDICTION

이 저서는 중원대학교 교내학술연구비 지원에 의한 것임

머 리 말

문재인 정권의 중간을 넘어서는 시점인 2020년 2월 모두에 고위공직자범죄수사처 (이하 '공수처')설치 및 근거법안통과, 검·경수사권조정으로 검찰청법과 형사소송법 등 수사관련 법규의 개정안 통과 등 형사사법분야에서 상전벽해와 같은 많은 변화가 있었고, 급기야 수사검사와 기소검사의 분리를 법무부장관이 검찰개혁의 화두로 제시하고 합리화하려고 미사여구를 구사하는 등 형사사법 분야에서 적지 않은 갈등이 발생하고 있다.

여하튼 형사사법절차에서 경찰의 역할은 창경이래에 가장 적극적이고 활발한 작용을 하게 되었다.

지금까지의 행정경찰 중심의 역할에서 사법경찰의 영역과 권한이 대폭 강화된 결과 그에 따르는 책임과 의무도 강화되리라 예상된다. 모쪼록 형사사법 분야에서 경찰의 역할이 국민이 바라는 진취적이고 미래지향적인 변화가 이루어지길 기대해 본다.

이에 경찰청에서도 자체 개혁방안도 모색하고 순경공채의 경우에도 제도적 변화를 도모하고 있다. 즉 영어(검정제), 한국사(검정제 또는 절대평가), 헌법, 형사법, 경찰학을 필수과목으로 변경·채택하였다. 특히 헌법은 경찰의 인권가치 내면화를 위해 추가되었으며 인권가치 및 헌법정신 함양에 필요한 영역을 범위로 하고, 형사법은 형법과 형사소송법 중 경찰의 형사사법에 필요한 영역을 시험범위로 할 것으로 공고하였다. 실시는 2022년도 전반부의 채용시기부터 실시하기로 하였다.

그간 문재인대통령의 공약실천으로 많은 수의 경찰공무원이 신규 선발되어 중앙경찰학교의 교육시설의 부족사태를 초래하여 교육기간의 축소를 단행하는 등 비정상적으로 경찰을 배출하였다. 그러나 어느 정도 충족된 2019년 2차 시험부터는 정상적인 채용인원으로 돌아와서 1,800여 명을 선발하여 예전의 교육시스템으로 돌아가려고 노력하고 있다.

필자들은 대학교에서 오랜 시간을 법학·경찰행정 관련학과에서 공무원시험을 준비하는 재학생들을 대상으로 형법과 형사소송법을 강의하고 있다. 또한 근년에는 신임경찰들의 요람인 국립 중앙경찰학교에서 외래교수로 형법을 가르치고 있다. 그리고 경찰공무원시험과 경찰간부후보시험 등에서 형법과 형사소송법, 경찰학개론 등 형사법에 관련하여 시험문제를 출제하기도 하였다. 그 결과 오늘날 경찰직·검찰직·법원직·마약수사직 등 형사사법분야의 일선공무원들과 그들의 채용을 위한 시험에서 가장 중핵적인 자리를 차지하고 있는 과목은 다름 아닌 형사법이라는 사실을 더욱 실감하였다.

그러나 형사사법의 학습현장, 즉 대학교, 시험대비학원이나 합격 후 교육기관(국립중앙경찰학교 등)에서는 대부분 대법원 판례나 헌법재판소 결정 등을 단순암기식으로 교수·학습하고 있는 실정이다. 형법학의 기본적인 이론과 구조와 내용 등을 이해함 없이 경쟁적인 판례암기량에 의하여 합격의 당락과 자질의 유무를 검증·결정하고 있는 실정이다. 또한 근년의 시험에서 형사법 관련판례가 합격의 지름길이라는 것을 악용하여, 많은 판례와 불필요한 이론·학설의 수록으로 발생하는 방대한 분량의 교재는 수험생에게는 학습상·경제상 등 다방면에서 많은 부담을 주고 있다.

따라서 졸저의 제목을 '경찰과 형사사법'으로 하는 것은 현행 형사사법제도에서 경찰의 역할을 강조하고 종사하는 경찰의 소양을 배양하고, 나아가서 2022년도의 경찰시험을 대비하기 위하여 형사사법의 기초를 습득하기 위하여 노력하고 있는 전국의 경찰행정 관련학과의 재학생들과 장래의 경찰공무원(순경)시험을 준비하는 수험생들에게 조금이나마 도움이 되고자 한다.

그리하여 졸저 '경찰과 형사사법'에서는 세 편으로 구성하여, 제1편 경찰, 제2편 법학통론, 제3편 형사사법으로 나누어 기술하여 불필요한 판례인용과 학설 등 이론을 과감히 삭제하여 교재의 분량을 대폭 줄였다. 이는 교수자와 학습자의 학습부담을 줄이고 학습자의 과도한 경제적 부담을 덜어주기 위함도 깔려 있었다.

또한 졸저는 가능하면 학습자가 독학으로도 학습할 수 있도록 쉽고 가볍게 저술하려고 노력하였다. 따라서 익숙하지 아니한 최신판례나 최근의 개정부분까지 반영하였고(형법 제10조 제2항 및 낙태죄 헌법불합치 결정 등, 형사소송법 제195조 이하, 공수처법 등), 글귀의 의미구별에 필요한 어휘는 한자를 병기하였으나 한글로 기술하는 것을 원칙으로 하였으며, 특히 경찰공무원시험에서 비중이 크게 작용하는 영어어휘의 학습을 위하여 주요한 영문형법용어를 병기하여 영어학습도 함께 추구하였다.

기타 부족한 부분은 추후의 개정판 등으로 최대한 보완하고자 약속드리며 졸저를 읽고 학습해 주신 여러분에게 우선 지면으로 감사하다는 말씀을 올립니다.

끝으로 박영사에서 졸저의 출판을 하게 해주신 안종만 회장님 이하 직원분들에게 감사의 인사를 드린다. 특히 춥고 바쁜 와중에도 불구하고 기획, 원고교정 등을 책임지고 해주신 편집부의 능력이 탁월한 이승현 과장님, 교재출판을 권유해주신 영업부의 김한유 대리님께 무한한 감사의 마음을 전합니다.

2020년 2월
박현준·한상훈

차　례

제1편 경　　찰

제1장　경찰의 의의

제 2 장 경찰의 조직

제 1 절 경찰기관   14

제 2 절 경찰의 관할   18

제 3 절 경찰의 권한행사   21

제 3 장 경찰공무원

제 1 절 경찰공무원의 분류   31

제 2 절 경찰공무원의 임용   32

제2편 법학통론

제 3 장 형법각론

제 1 절 서 론 136

제 2 절 개인적 법익에 대한 죄 141

제 3 절   사회적 법익에 대한 죄   175

제 3 절　수사와 공소　206

제 4 절　공　판　216

제 5 절　증　거　219

제 6 절　재판(공판)　223

제 7 절　상소, 비상구제절차, 특별절차　224

제1편
경찰

제1장 경찰의 의의

제1절 경찰의 개념

1. 형식적 의미의 경찰과 실질적 의미의 경찰

형식적 의미의 경찰이란 실정법상(정부조직법 제34조, 경찰법 제3조 등) 보통경찰기관의 업무라고 규정되어져 있는 것을 행하는 경찰활동을 의미하며, 제도적 의미의 경찰개념이라고도 하며 각국의 환경에 따라서 약간씩 차이는 있다.

우리 경찰법 제3조는 "경찰은 국민의 생명·신체 및 재산의 보호와 범죄의 예방·진압 및 수사, 치안정보의 수집, 교통의 단속 기타 공공의 안녕과 질서유지를 그 임무로 한다."고 규정하고 있다.[1]

한편 자치경찰의 임무에 대하여 제주특별자치도 설치 및 국제자유도시 조성을 위한 특별법(약칭 '제주특별법') 제90조는 자치경찰의 사무를 주민의 생활안전활동에 관한 사무, 지역교통활동에 관한 사무, 공공시설 및 지역행사장 등의 지역 경비에 관한 사무, 기타 사법경찰관리의 직무를 행할 자와 그 직무범위에 관한 법률(약칭 '사법경찰직무법')에서 자치경찰공무원의 직무로 규정하고 있는 사법경찰관리의 직무 등으로 규정하고 있다.[2]

---

1) 제3조(국가경찰의 임무) 국가경찰의 임무는 다음 각 호와 같다. 1. 국민의 생명·신체 및 재산의 보호, 2. 범죄의 예방·진압 및 수사, 2의2. 범죄피해자 보호, 3. 경비·요인경호 및 대간첩·대테러 작전 수행, 4. 치안정보의 수집·작성 및 배포, 5. 교통의 단속과 위해의 방지, 6. 외국 정부기관 및 국제기구와의 국제협력, 7. 그 밖의 공공의 안녕과 질서유지

2) 제90조(사무) 자치경찰은 다음 각 호의 사무(이하 "자치경찰사무"라 한다)를 처리한다.
   1. 주민의 생활안전활동에 관한 사무 가. 생활안전을 위한 순찰 및 시설 운영, 나. 주민참여 방범활동 외 지원 및 지도, 다. 안전사고와 재해·재난 등으로부터의 주민보호, 라. 아동·청소년·노인·여성 등 사회적 보호가 필요한 사람의 보호와 가정·학교 폭력 등의 예방, 마. 주민의 일상생활과 관련된 사회질서의 유지와 그 위반행위의 지도·단속
   2. 지역교통활동에 관한 사무 가. 교통안전과 교통소통에 관한 사무, 나. 교통법규위반 지도·단속, 다. 주민참여 지역교통활동의 지원·지도
   3. 공공시설과 지역행사장 등의 지역경비에 관한 사무
   4. 사법경찰관리의 직무를 수행할 자와 그 직무범위에 관한 법률에서 자치경찰공무원의 직무로 규정하고 있는 사법경찰관리의 직무
   5. 즉결심판에 관한 절차법 등에 따라 도로교통법 또는 경범죄 처벌법 위반에 따른 통고처분 불이행

형식적 의미의 경찰과 실질적 의미의 경찰은 반드시 일치하는 것은 아니며, 특히 정보·보안·수사경찰은 성질상 실질적 의미의 경찰작용으로 볼 수 없는 것이 포함되어 있다. 경찰의 서비스적 활동 역시 실질적 의미의 경찰개념에 속하지 않고, 다만 형식적 의미의 경찰개념에 포함된다.

실질적 의미의 경찰이란 사회공공의 안녕과 질서를 유지하기 위하여 일반통치권에 기하여 국민에게 명령·강제하는 권력적 작용으로서의 경찰활동을 말한다.[3] 실질적 의미의 경찰은 학문적 의미의 경찰이라고도 하며 그 활동대상은 주로 소극적·제한적 영역에 그친다. 따라서 실질적 의미의 경찰은 일반경찰이 행하는 보안경찰작용과 협의의 행정경찰작용을 포함하는 개념으로 이해된다.

경찰의 질서유지작용 및 일반 행정기관의 건축허가와 같은 건축경찰활동이나, 유흥주점의 허가와 같은 영업경찰활동, 세무당국의 조세부과활동은 실질적 의미의 경찰이라고 할 수 있다. 실질적 의미의 경찰은 공공의 안녕과 질서유지라는 소극목적 작용이라는 점에서 공공의 복리증진을 목적으로 하는 적극적인 복리행정과 구분되며, 경찰목적을 달성하기 위하여 주로 명령·강제 등의 권력적 수단을 사용하지만, 행정지도나 범죄예방 등의 비권력적 작용도 함께 한다.

2. 경찰의 연혁

경찰警察이란 공공의 안녕과 질서를 유지하기 위하여 국가의 일반통치권에 기하여 권력적으로 개인의 자유를 제한하는 작용으로 정의된다.[4] 이러한 경찰개념은 점진적으로 형성된 것으로 경찰이라는 용어는 고대 라틴어의 'politia'에서 유래하는 것으로, 도시국가(polis)에 관한 일체의 정치 및 국헌國憲을 의미하였다.

14세기 이후에는 프랑스의 'policia'라는 단어를 기초로, 15세기 후반 독일에서 'polizei'라는 용어가 생겨났다. 이는 입법과 재판을 포함한 일체의 국가행정을 의미하는 것으로 1530년 독일의 제국경찰법帝國警察法의 기초가 되었다.

17세기부터는 그 개념을 축소하기 시작하여 독일에서는 경찰이라는 용어는 내무행정內務行政의 전반을 의미하는 것으로 축소되어 사용되었다. 이 시대를 경찰국가警察國家시대라고도 하며, 소극적인 치안유지뿐만 아니라 적극적인 공공복지의 증진을 위해서도 경찰권을 행사하는 것으로 이해되었다.

자 등에 대한 즉결심판 청구 사무.
3) 김도창, 일반행정법론(하), 청운사, 1993, pp. 288－290.
4) 김동희, 행정법(Ⅱ), 박영사, 2001, p. 151.

18세기 계몽철학의 등장으로 법치주의, 권력분립주의적 사조를 가져와 시민이 그 주체성을 회복하기 시작하여 1776년의 미국독립과 1789년 프랑스대혁명이 진행되었다. 국가의 기능도 중세의 경찰국가시대에서 야경국가夜警國家시대로 변화되어, 경찰의 업무도 "소극적인 질서유지 작용"으로 한정되었다. 이러한 경찰의 기본적 사상은 독일의 프로이센 일반란트법(1794년)과 1795년의 프랑스의 경범죄처벌법 및 1884년의 지방자치법에 반영되었다.

소극적인 경찰개념은 이후 1931년 프로이센 경찰행정법에도 반영되어 제14조에 "경찰행정청은 현행법의 범위 내에서 의무에 합당한 재량에 따라 공적 안전이나 질서를 위협하는 공공이나 개인에 대한 위험을 방지하기 위해 필요한 처분을 행하여야 한다. 그 밖에 경찰행정청은 법률로서 특별히 자신에게 부여된 임무를 수행하여야 한다."고 규정함으로써 현대적 의미의 경찰개념을 확립시켰다.[5]

그러나 이러한 경찰개념은 제2차 세계대전을 거치면서 독일의 경우 경찰의 개념이 공공복지행정까지 확대되었다. 이후 연합군의 비경찰화작업을 거치면서 다시 소극적인 목적으로 한정되었고 1977년의 표준경찰법안이 제정되어, 제8조는 "경찰은 공공의 안녕, 질서에 대한 위험을 방지하기 위하여 필요한 조치를 취할 수 있다."라고 하여 경찰작용을 질서유지 작용으로 제한하였다.

반면 자치주의가 발달한 영미법계 국가에서는 전통적으로 경찰이 시민을 통과하는 대상이 아니라 공공의 안녕과 질서유지라는 목적을 위하여 일반 시민과 계약을 맺은 당사자로서 그 임무를 충실히 하여야 하는 조직으로 인식되었다.[6] 즉 경찰이란 시민을 위하여 법을 집행(law enforcement)하고 서비스service하는 기능 또는 역할을 수행하는 기관이라는 의미가 강하였다.

3. 한국의 경찰개념

우리나라에서의 경찰개념 역시 역사적으로 변천하는 과정에서 형성되었다. 삼국시대와 고려시대, 그리고 조선시대를 거치는 동안 경찰은 일반행정기관의 기능과 분리되지 않았고, 통치권자가 공동체 질서를 유지하는 기능으로 이해되었다. 그러므로 고려시대의 금오군이나 순군만호부, 조선시대의 의금부나 포도청 등을 경찰기관으로 볼 수는 있으나 역시 일반행정기능과 분리되지 않아 그 한계가 있었다.

근대적 의미의 경찰개념은 일본의 영향을 받아 형성되었다. 일본은 메이지유신

---

5) 홍정선, 경찰행정법, 박영사, 2007, pp. 7-8.
6) 김남진, 행정법(Ⅱ), 법문사, 2000, p. 250.

(1868) 이후 대륙법계 국가의 법제를 계수하여 경찰에 대한 개념 역시 대륙법계 국가의 소극적인 의미의 경찰을 받아들여 행정경찰규칙行政警察規則을 기초하였다. 이를 1894년 갑오경장 이후 제정된 행정경찰장정行政警察章程을 통하여 우리에게 계수되었다.

제2차 세계대전 이후 연합군 측은 일본의 경찰 및 군사조직의 정비를 대대적으로 단행하였다. 이른바 경찰에 대하여 비경찰화작업을 시작하여 경찰작용 중에서 건축경찰·보건경찰·영업경찰·도로경찰 등의 경찰사무를 일반 복지행정의 업무로 이관하여 경찰은 보안경찰로서의 기능만을 담당하게 한 것이다.

이런 조치는 우리나라에도 영향을 미쳐 1935년에 제정한 경찰관 직무집행법은 경찰의 임무를 소극목적에 한정시키고 있다. 즉 제1조에 "이 법은 경찰관이 국민의 생명, 신체, 재산의 보호와 범죄의 예방, 공안의 유지 기타 법령집행 등의 직무를 충실히 수행하기 위하여 필요한 조치를 규정함을 목적으로 한다."고 규정하고 있다.

제 2 절 경찰의 목적과 분류

1. 경찰의 목적

경찰의 목적은 공공의 안녕과 질서유지 및 시민의 생명과 신체·재산의 보호라고 할 수 있다. 구체적으로 범죄예방활동과 범죄발생시 수사를 행하며, 시위나 집회의 관리 및 교통관리 등의 직무영역으로 표현된다.

경찰관 직무집행법 제2조는 경찰관의 직무를 범죄의 예방·진압, 피해자보호 및 수사, 경비·요인경호 및 대간첩작전수행, 치안정보의 수집·작성 및 배포, 교통의 단속과 위해의 방지, 기타 공공의 안녕과 질서유지라고 규정하고 있다.[7] 한편 경찰법은 제3조에서 국가경찰은 국민의 생명·신체 및 재산의 보호와 범죄의 예방·진압, 피해자보호 및 수사, 치안정보의 수집, 교통의 단속 기타 공공의 안녕과 질서유지를 그 임무로 한다고 규정하고 있다.[8]

---

7) 제2조(직무의 범위) 경찰관은 다음 각 호의 직무를 수행한다. 1. 국민의 생명·신체 및 재산의 보호, 2. 범죄의 예방·진압 및 수사, 2의2. 범죄피해자 보호, 3. 경비, 주요 인사(人士) 경호 및 대간첩·대테러 작전 수행, 4. 치안정보의 수집·작성 및 배포, 5. 교통 단속과 교통 위해(危害)의 방지, 6. 외국 정부기관 및 국제기구와의 국제협력, 7. 그 밖에 공공의 안녕과 질서 유지

8) 제3조(국가경찰의 임무) 국가경찰의 임무는 다음 각 호와 같다. 1. 국민의 생명·신체 및 재산의 보호, 2. 범죄의 예방·진압 및 수사, 2의2. 범죄피해자 보호, 3. 경비·요인경호 및 대간첩·대테러 작전 수행, 4. 치안정보의 수집·작성 및 배포, 5. 교통의 단속과 위해의 방지, 6. 외국 정부기관 및 국제기구와의

경찰의 목적을 협의의 행정경찰 영역에서 질서유지적이고 소극적인 경찰작용으로 이미 살펴보았으나 나아가서 최근에는 시민을 위한 서비스 영역으로 경찰의 활동영역이 확대되고 있는 실정이다.

대체적으로 국가별 구체적인 경찰의 목적을 다음과 같이 정리할 수 있다. 영국에서는 업무수행에 있어서의 정치적 중립성, 경찰고유업무로서의 사법업무, 경찰권의 강화경향과 임무범위의 확대, 전통적 기능에의 충실과 봉사기능의 증가추세로 그 특징을 정리할 수 있다. 미국에서는 법집행 위주의 경찰업무, 경찰임무 형성요인의 다양성, 사회통제적 역할의 담당, 행정기능 등의 부수적 임무는 거의 없음 등으로 정리할 수 있다. 일본의 경우에는 법집행상의 독자적 수사권, 임무수행에 있어서의 윤리교사적 성격, 질서유지기능의 활대와 민간조직의 활용 등이다.

2. 경찰의 분류

(1) 예방경찰과 진압경찰

경찰권발동의 시점을 기준으로 한 분류이다. 예방경찰像防警察은 공공의 안녕과 질서를 해하는 위험한 상황의 발생을 예방하기 위한 권력적 작용으로 정신착란자에 대한 보호조치, 순찰, 교통소통지도 등의 활동을 말한다. 특히 순찰은 경찰활동의 출발이라고 할 수 있다. 진압경찰鎭壓警察은 이미 공공의 안녕과 질서를 해하는 위험한 상황이 발생하였거나, 범죄가 발생한 경우 등에 행하는 경찰의 권력적 작용으로 불법시위자들에 대한 강제해산조치나 범죄수사, 교통사고현장에서의 긴급조치 등을 말한다.

위험危險이란 일반적인 생활경험상 어떠한 행위나 상태가 더 진전될 경우 멀지 아니한 시점에 공공의 안녕과 질서유지를 해칠 충분한 개연성이 있는 상황을 말한다. 위험은 구체적인 위험과 추상적인 위험으로 구분되며, 구체적 위험이란 경찰의 관점에서 판단할 때 특정한 상태가 그대로 진행될 경우 가까운 장래에 공공의 안녕과 질서유지를 해하는 상태가 발생할 충분한 가능성이 있는 사실상태를 말한다. 경찰권의 발동은 구체적인 위험이 있을 때 가능하다. 추상적인 위험은 일빈적·추상적 상태에서 위험의 발생이 예견되는 경우로 원칙적으로 경찰권 발동은 할 수 없으나 법률에 특별한 규정이 있는 경우에 가능하다.

국제협력, 7. 그 밖의 공공의 안녕과 질서유지.

(2) 행정경찰과 사법경찰

행정경찰行政警察은 사회공공의 질서유지를 위해 국가의 일반통치권에 의거한 권력작용으로 실질적 의미의 경찰작용을 말한다. 사법경찰司法警察은 범죄를 수사하고, 범인을 체포하는 형식적 의미의 경찰작용으로 우리나라에서는 양자를 구별하지 않는다. 행정경찰과 사법경찰의 구분은 프랑스에서 확립되었다. 행정경찰은 행정법규의 적용을 받고, 사법경찰은 형사법의 적용을 받는다는 점에서 구별의 실익이 있다.

(3) 보안경찰과 협의의 행정경찰

행정경찰은 다시 보안경찰과 협의의 행정경찰로 구분된다. 보안경찰保安警察은 보통경찰기관의 소관사무로 독립적으로 행정의 일부분을 구성하는 것을 말한다. 즉 교통경찰·정보경찰·외사경찰·범죄예방경찰 등의 분야로 형식적 의미의 경찰작용이라고도 할 수 있다. 이에 대해 협의의 행정경찰은 특별경찰이라고도 하며, 다른 행정작용을 하는 과정의 일부로 발생하는 공공의 안녕과 질서유지에 반하는 위험을 제거하기 위한 경찰작용을 말한다. 경제·영업·위생·환경경찰 등이 있으며, 주무부서의 기관장의 책임하에 수행되며, 실질적 의미의 경찰작용이라고 할 수 있다.

(4) 국가경찰과 자치경찰

경찰의 권한權限과 책임責任에 따른 분류로 중앙경찰과 지방경찰이라고도 한다. 국가경찰은 경찰의 권한과 책임을 국가가 부담하는 경우로 우리나라는 전형적인 국가경찰제이다. 자치경찰은 경찰의 권한과 책임을 지방자치단체가 부담하는 것으로 영미법계 국가의 경찰이 이에 속한다.

(5) 평시경찰과 비상경찰

일반경찰기관이 경찰관련 법규에 의하여 공공의 안녕과 질서유지작용을 담당하는 것을 평시경찰平時警察이라고도 한다. 그러나 대규모의 사회적 혼란이나 소요, 전쟁 등 국가적 비상사태 하에서 군병력이 공공의 안녕과 질서 유지작용을 담당하는 경우를 비상경찰非常警察이라고 한다.

제 3 절 경찰행정의 기본이념

경찰의 목적은 공공의 안녕安寧과 질서秩序의 유지 및 개인의 생명과 신체 및 재산의 보호라는 경찰상의 목적을 실현하는 것에 있다. 이러한 경찰상의 목적을 달성

하기 위하여 경찰행정이 지향하는 궁극의 가치와 정신 등을 경찰행정의 이념이라고
할 수 있다.

1. 민주주의

경찰조직은 그 민주주의적 이념을 다하여야 한다. 경찰은 본래 국민을 위하여,
국민에 의해, 그 권한을 부여받은 조직으로 그 권한행사는 국민의 대표자가 결정하
는 법률에 의해야 한다.[9]

경찰행정의 민주성에 관한 규정으로는 주권재민主權在民(헌법 제1조 제2항)[10]과 국
민전체에 대한 봉사성과 책임성(헌법 제7조 제1항),[11] 경찰관청의 설치와 직무범위의
법률주의 채택(정부조직법 제2조, 경찰법 제3조) 국가공무원의 정치활동 금지(국가공무원법
제65조) 등이 있다. 경찰법 제5조의 경찰위원회의 설치도 경찰행정의 민주주의를 반
영한 것이라 할 수 있다.

또한 행정정보공개제도(공공기관의 정보공개에 관한 법률)와 개인의 자기정보보호권
(개인정보보호법) 등도 민주주의 원리를 표현한 것이다.

이러한 민주주의는 경찰행정의 능률성 확보를 저해할 수도 있으나, 이 양자의
요청을 적절히 조정하는 것이 현대 경찰행정의 중요한 과제이다.[12]

2. 법치주의

헌법상 기본적 인권은 공공복리에 반하지 않는 한 입법권으로도 침해할 수 없도
록 하여 국민의 기본권을 보장하고 있다(헌법 제37조).[13] 이러한 헌법이념에 따라 경찰
은 국민의 자유와 권리를 존중하여야 하며, 국민전체에 대한 봉사자로서 공정·중립
을 지켜야 하며, 부여된 권한을 남용하여서는 아니된다(경찰법 제4조).

공공복리에 필요한 한도 내에서 국민의 기본권을 제한하는 경우에도 필요최소한
도의 범위 내에서 이루어져야 한다. 또한 경찰권의 발동은 경찰권 발동 이외의 다른
대안이 없는 불가피한 경우에 행사되어야 하는 등의 경찰비례의 원칙을 준수하여 국
민의 자유와 권리의 제한을 최소화 하여야 한다.

---

9) 허경미, 경찰행정법, 법문사, 2003, pp. 17-20.
10) 제1조 ② 대한민국의 주권은 국민에게 있고, 모든 권력은 국민으로부터 나온다.
11) 제7조 ① 공무원은 국민전체에 대한 봉사자이며, 국민에 대하여 책임을 진다.
12) 김동희, p. 8.
13) 제37조 ① 국민의 자유와 권리는 헌법에 열거되지 아니한 이유로 경시되지 아니한다. ② 국민의 모든
자유와 권리는 국가안전보장·질서유지 또는 공공복리를 위하여 필요한 경우에 한하여 법률로써 제한
할 수 있으며, 제한하는 경우에도 자유와 권리의 본질적인 내용을 침해할 수 없다.

3. 정치적 중립

우리 헌법憲法에 공무원은 국민전체에 대한 봉사자이며, 국민에 대하여 책임을 지며, 공무원의 신분과 정치적 중립성은 법률이 정하는 바에 의하여 보장된다고 규정함으로써 공무원의 정치적 중립성을 명시하고 있다(헌법 제7조 제2항).[14] 따라서 경찰관은 국민전체에 대한 봉사자로서 성실하게 근무하여야 하며, 경찰조직 또한 정치적 중립성을 유지해야 한다.

국가공무원법 역시 공무원의 정치적 운동금지를 명시하고 있으며(제65조 정치 운동의 금지), 경찰법도 경찰위원의 자격을 제한(제6조)하여 경찰의 정치적 중립성을 엄격히 요구하고 있다.

4. 효율성

경찰은 국민의 자유와 권리를 보호하고 사회공공의 질서를 유지하기 위하여 설치된 행정기관으로서 효율적으로 직무를 수행할 수 있는 합리적인 조직이어야 한다.[15]

이는 정부조직법(제1조)[16] 및 경찰법(제1조)에 구체적으로 나타나고 있다. 경찰조직은 중앙집권적 국가행정조직으로 일원화되고 계층적階層的 행정조직을 통하여 경찰의 효율성을 확보하고 있다.

경찰의 효율성을 강조하고 있는 대표적인 법문언으로는 경찰법 및 경찰직무 응원법상의 지방경찰청장 등의 응원경찰관의 파견요청권 및 경찰청장 또는 해양경찰청장 등의 경찰기동대편성권을 들 수 있다.[17]

5. 집권성과 분권성

경찰은 업무의 효율성과 특히 비상시의 응급대처 능력을 강화하기 위한 집권성과 동시에 민주주의의 기본이념을 충족하고, 시민에게 봉사하는 조직으로서 분권성을 동시에 갖추어야 한다.

경찰법은 제2조 제1항에서 치안에 관한 사무를 관장하게 하기 위하여 행정안전

---

14) 제7조 ② 공무원의 신분과 정치적 중립성은 법률이 정하는 바에 의하여 보장된다.
15) 김철용, 행정법(Ⅱ), 박영사, 2002, p. 7.
16) 제1조(목적) 이 법은 국가행정사무의 체계적이고 능률적인 수행을 위하여 국가행정기관의 설치·조직과 직무범위의 대강을 정함을 목적으로 한다.
17) 경찰법 제25조(비상사태 시 자치경찰에 대한 지휘·명령) 제1항, 경찰직무 응원법 제1조(응원경찰관의 파견) 제1항 및 제2항, 경찰법 제11조(경찰청장)

부장관 소속하에 경찰청을 둔다고 규정한 데 이어 제2항에서는 경찰청의 사무를 지역적으로 분담, 수행하게 하기 위하여 특별시장·광역시장 및 도지사 소속하에 지방경찰청을 두고, 지방경찰청장 소속하에 경찰서를 둔다고 규정하여 업무의 효율성 및 분권성을 보이고 있다.

또한 제주특별법 제88조는 자치경찰사무를 위하여 자치경찰을 둔다고 규정하여 중앙집권적인 경찰권을 지방정부에 위임하고 있다. 한편 자치경찰의 직무수행에 경찰관 직무집행법을 준용토록 함으로써 경찰행정의 통일성을 확보하고 있다.

제 4 절 경찰작용의 수단

1. 권력적 수단

경찰은 공공의 안녕과 질서유지 및 위험의 방지라는 경찰목적을 달성하기 위하여 국가의 일반통치권에 의하여 다양한 권력적·비권력적 수단을 활용한다. 이때 개인의 자유와 권리를 제한하는 경찰작용은 법치주의에 따라 반드시 법률에 근거해야 한다.

경찰은 국가의 국민에 대한 일반통치권에 기초를 둔 작용이다. 따라서 경찰권의 발동은 법률적 근거를 요하며, 법률에 근거를 두고 작용을 발하더라도 국민의 본질적인 자유와 권리까지를 제한할 수는 없다(헌법 제37조 제2항).

경찰은 위험을 방지하거나 경찰위반상태를 제거하기 위하여 일반통치권一般統治權에 근거하여 명령·강제함으로써 경찰에게 주어진 임무를 수행한다. 경찰권에 의한 명령·금지나 강제는 법령으로 직접 경찰의무를 발생시키는 경우를 제외하면 경찰처분에 의하며 개인의 자유를 제한하게 된다.

경찰명령은 작위作爲, 부작위不作爲, 수인受忍, 급부給付를 통하여 이루어지며, 행위책임과 상태책임이라는 경찰의무를 발생시키고 이를 위반시 경찰강제의 대상이 된다. 경찰강제는 강제집행과 즉시강제를 통하여 행해지며 행정대집행법과 경찰관 직무집행법이 그 법적 근거가 된다. 경찰권의 발동은 직무수행에 필요한 최소한도 내에서 행사되어야 하며 헌법상 국민의 자유와 권리의 본질적인 부분을 침해해서는 안된다.

경찰권의 대상은 특별한 규정이 없는 한 통치권에 복종하는 자, 즉 자연인이나 법인, 내·외국인 모두가 대상이 되며, 특별히 외교사절의 경우에는 면책특권이 인정된다. 일반행정기관도 일반사인과 같이 사법적司法的 활동을 하는 경우에는 경찰권의 대상이 될 수 있다는 것이 통설通說이다.

2. 비권력적 수단

개인의 자유와 권리를 제한하지 않고 법률의 구체적인 수권 없이 가능한 경찰활동은 경찰의 서비스 지향적 활동을 말한다. 도보·차량순찰, 일상적인 교통관리, 정보의 제공, 지리안내, 권고 등의 행정지도行政指導와 범죄예방을 위한 각종 활동이 이에 속하며, 경찰의 정보수집활동은 이에 포함되나 일정한 제한이 따른다. 다양한 이익의 표출과 복지주의적 급부행정이 강조되고 있는 오늘날 경찰수단은 명령과 강제적 작용만으로는 그 한계가 있다. 이에 따라 점점 더 비권력적인 경찰수단의 필요성이 요구되고 있다.

3. 범죄수사의 수단

2020년 모두에 형사소송법이 개정되어 제197조(사법경찰관리)에서 경찰은 독자적인 수사권이 인정되었다.[18] 그리고 종전에 수사상 지휘관계에 있던 검사와의 관계를 제195조(검사와 사법경찰관의 관계)[19] 이하에서 규정하여 수사에 있어서 양자의 병렬적인 관계가 있음을 보여주고 있다.[20]

그리고 외교관계에 관한 비엔나협약(1961년)에 의한 외교사절[21]이나 SOFA에 의한 주한미군의 경우 등에는 그 적용이 일부 제한된다. 헌법상 대통령[22]과 국회의원[23]

---

18) 제197조(사법경찰관리) ① 경무관, 총경, 경정, 경감, 경위는 사법경찰관으로서 범죄의 혐의가 있다고 사료하는 때에는 범인, 범죄사실과 증거를 수사한다. <개정 2020. 2. 4.>
② 경사, 경장, 순경은 사법경찰리로서 수사의 보조를 하여야 한다. <개정 2020. 2. 4.>
19) 제195조(검사와 사법경찰관의 관계 등) ① 검사와 사법경찰관은 수사, 공소제기 및 공소유지에 관하여 서로 협력하여야 한다.
② 제1항에 따른 수사를 위하여 준수하여야 하는 일반적 수사준칙에 관한 사항은 대통령령으로 정한다. [본조신설 2020. 2. 4.]
20) 제197조의2(보완수사요구) ① 검사는 다음 각 호의 어느 하나에 해당하는 경우에 사법경찰관에게 보완수사를 요구할 수 있다.
제197조의3(시정조치요구 등) ① 검사는 사법경찰관리의 수사과정에서 법령위반, 인권침해 또는 현저한 수사권 남용이 의심되는 사실의 신고가 있거나 그러한 사실을 인식하게 된 경우에는 사법경찰관에게 사건기록 등본의 송부를 요구할 수 있다.
제197조의4(수사의 경합) ① 검사는 사법경찰관과 동일한 범죄사실을 수사하게 된 때에는 사법경찰관에게 사건을 송치할 것을 요구할 수 있다.
21) 외교관계에 관한 비엔나협약(1961년) 및 영사관계에 관한 비엔나협약(1963년).
22) 헌법 제84조는 "대통령은 내란 또는 외환의 죄를 범한 경우를 제외하고는 재직중 형사상의 소추를 받지 아니한다."고 규정한다.
23) 헌법 제44조는 "① 국회의원은 현행범인인 경우를 제외하고는 회기 중 국회의 동의없이 체포 또는 구

인 경우에도 일정한 제한이 따른다.

범죄수사를 위한 수단으로 헌법 제12조[24] 및 형사소송법 제195조(검사와 사법경찰관의 관계)로부터 제222조(변사자의 검시) 등에 엄격하게 규정되어 있으며, 임의수사를 원칙으로 하고 강제수사는 예외적으로 허용하고 있다(강제수사법정주의).

형사소송법상 강제수단으로는 체포·구속·압수·수색 등의 처분이 있으며 이의 집행은 영장에 의한 집행이 원칙이다. 각각에 대해서는 요건·기간 등이 엄격히 법정되어 있으며, 이를 위반할 경우에는 위법수사의 문제가 발생되어 증거의 능력조차 부정되는 경우가 많다. 담당하는 경찰관은 형법상의 직권남용죄 등으로 처벌되거나, 국가배상법상의 배상책임의 대상이 될 수 있다.

수사의 원칙인 임의수사는 상대방의 동의同意나 임의任意의 협력協力을 얻어서 행해지는 활동, 예컨대 피의자신문조서 작성, 임의 제출물 등의 압수와 같은 것으로 이러한 경우에는 영장 없이도 수사활동이 가능하다.

임의수단이든 강제수단이든 경찰관은 사법경찰관리司法警察官吏로서 피의자 또는 다른 사람의 인권을 존중하는데 특히 주의의무가 요구된다.

금되지 아니한다. ② 국회의원이 회기 전에 체포 또는 구금된 때에는 현행범인이 아닌 한 국회의 요구가 있으면 회기 중 석방된다."고 하여 불체포 특권을 규정하였고, 이어 제45조는 "국회의원은 국회에서 직무상 행한 발언과 표결에 관하여 국회 외에서 책임을 지지 아니한다."고 하여 면책특권을 규정하고 있다.

24) 헌법 제12조 ① 모든 국민은 신체의 자유를 가진다. 누구든지 법률에 의하지 아니하고는 체포·구속·압수·수색 또는 심문을 받지 아니하며, 법률과 적법한 절차에 의하지 아니하고는 처벌·보안처분 또는 강제노역을 받지 아니한다. ② 모든 국민은 고문을 받지 아니하며, 형사상 자기에게 불리한 진술을 강요당하지 아니한다. ③ 체포·구속·압수 또는 수색을 할 때에는 적법한 절차에 따라 검사의 신청에 의하여 법관이 발부한 영장을 제시하여야 한다. 다만, 현행범인인 경우와 장기 3년 이상의 형에 해당하는 죄를 범하고 도피 또는 증거인멸의 염려가 있을 때에는 사후에 영장을 청구할 수 있다. ④ 누구든지 체포 또는 구속을 당한 때에는 즉시 변호인의 조력을 받을 권리를 가진다. 다만, 형사피고인이 스스로 변호인을 구할 수 없을 때에는 법률이 정하는 바에 의하여 국가가 변호인을 붙인다. ⑤ 누구든지 체포 또는 구속의 이유와 변호인의 조력을 받을 권리가 있음을 고지받지 아니하고는 체포 또는 구속을 당하지 아니한다. 체포 또는 구속을 당한 자의 가족등 법률이 정하는 자에게는 그 이유와 일시·장소가 지체없이 통지되어야 한다. ⑥ 누구든지 체포 또는 구속을 당한 때에는 적부의 심사를 법원에 청구할 권리를 가진다. ⑦ 피고인의 자백이 고문·폭행·협박·구속의 부당한 장기화 또는 기망 기타의 방법에 의하여 자의로 진술된 것이 아니라고 인정될 때 또는 정식재판에 있어서 피고인의 자백이 그에게 불리한 유일한 증거일 때에는 이를 유죄의 증거로 삼거나 이를 이유로 처벌할 수 없다.

제 2 장 경찰의 조직

제 1 절 경찰기관

경찰조직은 중앙집권적 국가경찰로 헌법 및 정부조직법(제34조 행정안전부, 제43조 해양수산부), 경찰법(제2조), 경찰공무원법(제2조) 등에 그 기초를 둔다. 경찰조직은 일반경찰기관과 특별경찰기관으로 구분된다.[1]

1. 일반경찰기관

일반경찰기관—般警察機關은 그 기능에 따라 경찰관청警察官廳과 경찰의결기관및 경찰집행기관警察執行機關으로 구분한다. 경찰법 제2조(국가경찰의 조직) 제1항은 치안에 관한 사무를 관장하게 하기 위하여 행정안전부장관 소속하에 경찰청을 둔다고 함으로써 경찰청이 행정안전부장관의 관장기관이라는 점을 명시하였고, 제2항에서는 경찰청의 사무를 지역적으로 분담 수행하게 하기 위하여 특별시장, 광역시장 및 도지사 소속하에 지방경찰청을 두고, 지방경찰청장 소속하에 경찰서를 둔다고 함으로써 지방경찰청과 지방경찰청장의 지위를 명시하고 있다.

(1) 경찰관청

경찰관청警察官廳이란 경찰사무에 관한 국가의 의사를 결정·표시하는 권한을 가진 경찰행정기관을 말한다. 현행법은 국가의 경찰조직만을 인정하고 있으므로 경찰관청은 경찰청장 아래 지방경찰청장, 경찰서장 등이 계층적 구조를 이루고 있다.[2]

① 경찰청장警察廳長

경찰청장은 행정안전부장관 소속의 중앙보통경찰관청으로 경찰에 관한 사무를 통할하고 경찰청의 사무를 관장하며, 소속공무원 및 각급 경찰기관의 장을 지휘·감독한다. 경찰청장은 치안총감을 임명하는데, 경찰위원회의 동의를 얻어 행정안전부장관의 제청으로 국무총리를 거쳐 대통령이 임명한다. 이 경우 국회의 인사청문을 거쳐야 한다. 경찰청장의 임기는 2년으로 하고, 중임할 수 없다. 경찰청장이 그 직

---

1) 홍정선, p. 103.
2) 이하 경찰법 제11조 내지 제17조.

무집행에 있어서 헌법이나 법률을 위배한 때에는 국회는 탄핵의 소추를 의결할 수 있다.

경찰청장의 관장사무를 지원하기 위하여 경찰청장 소속하게 경찰대학·경찰인재 개발원·중앙경찰학교 및 경찰수사연수원이 있으며, 책임운영기관으로 경찰병원 및 운전면허시험관리단이 있다.

하부조직으로는 총무과·경무기획국·생활안전국·수사국·경비국·정보국·보안 국 및 외사국을 둔다. 또한 청장 밑에 홍보관리관을, 차장 밑에 감사관·정보통신관 리관·교통관리관 및 혁신기획단장 등이 있다.[3]

② **지방경찰청장**地方警察廳長

경찰청의 지역사무를 수행하기 위하여 지방경찰청에 지방경찰청장을 두고 있으 며, 경찰청장의 지휘·감독을 받아 관할지역 내의 경찰업무를 처리한다. 지방경찰청 장은 치안정감·치안감 또는 경무관을 임명한다.[4]

지방경찰청장은 경찰청장의 지휘·감독을 받아 관할구역안의 국가경찰사무를 관 장하고 소속공무원 및 소속국가경찰기관의 장을 지휘·감독한다.

③ **경찰서장**警察署長

지방경찰청 소속하에 경찰서를 둔다. 경찰서장은 총경 또는 경정을 임명하며, 지 방경찰청장의 지휘·감독을 받아 관할구역 안의 소관사무를 관장하고 소속공무원을 지휘·감독한다. 경찰서장 소속하에 지구대 또는 파출소를 두며, 필요한 경우에 출장 소를 둘 수 있다.[5]

④ **해양경찰청장**

해양에서의 경찰 및 오염방제에 관한 사무를 관장하기 위하여 해양수산부장관 소속하에 해양경찰청을 둔다.[6] 해양경찰청장은 치안총감으로 보한다.[7]

⑤ **지방해양경찰청장 및 직할해양경찰서장**

지방해양경찰청 및 직할해양경찰서는 관할해양에서의 경찰 및 오염방제에 관한 사무를 수행한다. 지방해양경찰청장은 경무관으로 보하며, 해양경찰청장의 명을 받

---

[3] 경찰청과 그 소속기관 직제 제3조부터 제16조까지.
[4] 경찰법 제14조(지방경찰청장).
[5] 경찰법 제17조(경찰서장).
[6] 정부조직법 제43조(해양수산부) ② 해양에서의 경찰 및 오염방제에 관한 사무를 관장하기 위하여 해양 수산부장관 소속으로 해양경찰청을 둔다.③ 해양경찰청에 청장 1명과 차장 1명을 두되, 청장 및 차장 은 경찰공무원으로 보한다.
[7] 해양경찰청과 그 소속기관 직제령 제4조

아 소관 사무를 통할하고, 소속공무원을 지휘·감독한다.

⑥ 해양경찰서장

지방해양경찰청장의 소관 사무를 분장하기 위하여 지방해양경찰청장 소속하에 해양경찰서를 두되, 해양경찰서장은 총경으로 보한다. 해양경찰서장은 지방해양경찰청장의 명을 받아 소관 사무를 통할하고, 소속공무원을 지휘·감독한다.

해양경찰서장의 소관사무를 분장하기 위하여 해양경찰서장 소속하에 파출소를 둔다.[8]

(2) 경찰의결기관 및 경찰협의기관

① 경찰위원회警察委員會

경찰행정에 관하여 심의·의결하기 위하여 행정안전부에 경찰위원회를 둔다. 위원회는 위원장 1인을 포함한 7인의 위원으로 구성하되, 위원장 및 5인의 위원은 비상임, 1인의 위원은 상임으로 한다. 상임위원은 정무직으로 한다. 위원회의 사무는 경찰청에서 수행한다.[9]

위원은 행정안전부장관의 제청으로 국무총리를 거쳐 대통령이 임명한다. 행정안전부장관은 위원을 제청함에 있어서 국가경찰의 정치적 중립이 보장되도록 하여야 한다. 위원 중 2인은 법관의 자격이 있는 자이어야 한다.

② 치안행정협의회治安行政協議會

지방행정과 치안의 업무조정 그 밖의 필요한 사항을 협의·조정하기 위하여 서울특별시·광역시·도지사(제주특별자치도지사를 제외) 소속하에 치안행정협의회를 둔다.[10] 협의회는 위원장을 포함한 위원 9인으로 구성한다. 위원의 임기는 2년으로 한다. 위원장은 서울특별시·광역시 또는 도의 부시장 또는 부지사가 되고, 위원은 다음 각호의 자가 된다.[11]

(3) 경찰집행기관

경찰집행기관은 행정관청에서 결정된 의사를 구체적으로 실현하는 기관으로서 공권력 행사 등 다양한 수단을 동원하여 경찰의사를 실현하는 기관이다. 보통경찰집행기관으로는 순경, 경장, 경사, 경위, 경감, 경정, 총경, 경무관, 치안감, 치안정감, 치안총감 순의 계층제를 이룬다. 경찰집행기관인 경찰공무원은 제복을 착용하고, 무

---

8) 해양경찰청과 그 소속기관 직제 제17조부터 제21조
9) 경찰법 제5조(경찰위원회의 설치)부터 제10조(위원회의 운영 등).
10) 경찰법 제16조(치안행정협의회).
11) 치안행정협의회규정 제2조부터 제4조.

기를 휴대·사용할 수 있다. 보통경찰관은 사법경찰관司法警察官의 업무를 동시에 행하는데, 형사소송법 제197조는 경찰공무원 중 경위에서 경무관까지는 사법경찰관으로, 그리고 순경에서 경사까지는 사법경찰리司法警察吏로서 사법경찰사무를 함께 담당하도록 규정하고 있다. 사법경찰관리로서의 수사의 보조자이다.[12]

특별경찰집행기관特別警察執行機關으로 경찰청장 또는 해양경찰청장은 필요한 때에는 그 소속 하에 따로 의무경찰대를 두거나 의무경찰대의 총괄기관을 둘 수 있다(의무경찰대 설치 및 운영에 관한 법률 제1조). 또한 헌병憲兵(군사경찰)은 군사 및 군인·군무원에 관한 경찰집행기관으로서 그에 대한 행정경찰 또는 사법경찰사무를 관장한다. 헌병은 행정경찰사무의 수행에 있어서는 서울특별시장·광역시장·도지사의 지휘를 받고, 사법경찰사무의 수행에 있어서는 서울특별시장·광역시장·도지사 또는 지방검찰청검사의 지휘를 받는다.

그리고 소방消防공무원은 화재를 예방·경계하거나 진압하고 화재, 재난·재해 그 밖의 위급한 상황에서의 구조·구급활동 등을 통하여 국민의 생명·신체 및 재산을 보호함으로써 공공의 안녕질서 유지와 복리증진에 이바지함을 목적하는 공무원이다.[13]

그 밖에 화재의 경계·진압과 재난·재해발생시 구조·구급활동 등 소방업무를 보조하기 위하여 소방기관의 장 소속하에 의무소방대를 둔다. 의무소방대의 의무소방원은 병역법에 의하여 전환 복무대상자가 된 경우와 소방공무원법에 의한 소방공무원으로 구성한다.[14]

청원경찰은 ① 국가기관 또는 공공단체와 그 관리하에 있는 중요시설 또는 사업장, ② 국내주재 외국기관, ③ 기타 행정안전부령으로 정하는 중요시설·사업장 또는 장소의 기관장 또는 경영자가 소요경비를 부담할 것을 조건으로 경찰의 배치를 신청하는 경우에 그 기관·시설 또는 사업장 등의 경비를 담당하게 하기 위하여 배치하는 경찰을 말한다(청원경찰법 제2조).

---

12) 형사소송법 제197조(사법경찰관리) ① 경무관, 총경, 경정, 경감, 경위는 사법경찰관으로서 범죄의 혐의가 있다고 사료하는 때에는 범인, 범죄사실과 증거를 수사한다. <개정 2020. 2. 4.>
    ② 경사, 경장, 순경은 사법경찰리로서 수사의 보조를 하여야 한다. <개정 2020. 2. 4.>
    ③ 삭제 <2020. 2. 4.>
    ④ 삭제 <2020. 2. 4.>
    ⑤ 삭제 <2020. 2. 4.>
    ⑥ 삭제 <2020. 2. 4.>
13) 소방기본법 제1조 및 소방공무원법 제2조.
14) 의무소방대설치법 제1조부터 제3조.

2. 특별경찰기관

(1) 협의의 행정경찰기관

협의(狹義)의 행정경찰이란 주된 일반행정작용에 부수되어 일어나는 장애를 제거함으로써 사회질서를 유지하기 위한 권력적 작용을 말한다.

그리고 특수한 분야에 종사하는 특별사법경찰기관을 인정하고 있다.[15) 그러나 특별사법경찰기관의 관할 사항에 관하여 일반사법경찰기관이 권한행사를 하지 못하는 것은 아니다.

(2) 비상경찰기관

전국 또는 일부 지역에 비상사태가 발생하여 보통경찰기관으로는 공공의 안녕과 질서를 유지할 수 없다고 인정되는 경우에 병력(兵力)으로써 이를 대체하게 된다.

전시·사변 또는 이에 준하는 국가비상사태에 있어서 병력으로써 군사상의 필요에 응하거나 공공의 안녕과 질서를 유지할 필요가 있을 때에는 대통령은 계엄을 선포할 수 있으며, 계엄사령관은 병력으로 당해 지역 내의 경찰업무를 관장한다. 계엄은 비상계엄과 경비계엄으로 구분된다(헌법 제77조).[16)

제 2 절 경찰의 관할

경찰의 관할이란 경찰권이 미치는 영역을 말하며 종류로는 그 대상에 따라 사물관할과 인적관할(人的管轄), 그리고 지역관할(地域管轄)로 분류된다.

1. 사물관할

사물관할(事物管轄)이란 경찰의 사무내용의 범위를 말하며, 경찰법과 경찰관 직무집행법상 경찰의 임무를 말한다. 즉 범죄의 예방·진압 및 수사, 경비·요인경호 및 대간첩작전의 수행, 치안정보의 수집·작성 및 배포, 교통의 단속과 위해의 방지, 기타

---

15) 삼림, 해사, 전매, 세무, 군수사기관 기타 특별한 사항에 관하여 사법경찰관리의 직무를 행할 자와 그 직무의 범위는 법률로써 정한다. 그 직무범위는 사법경찰직무법에 정하고 있다.

16) 제77조 ① 대통령은 전시·사변 또는 이에 준하는 국가비상사태에 있어서 병력으로써 군사상의 필요에 응하거나 공공의 안녕질서를 유지할 필요가 있을 때에는 법률이 정하는 바에 의하여 계엄을 선포할 수 있다. ② 계엄은 비상계엄과 경비계엄으로 한다. ③ 비상계엄이 선포된 때에는 법률이 정하는 바에 의하여 영장제도, 언론·출판·집회·결사의 자유, 정부나 법원의 권한에 관하여 특별한 조치를 할 수 있다. ④ 계엄을 선포한 때에는 대통령은 지체없이 국회에 통고하여야 한다. ⑤ 국회가 재적의원 과반수의 찬성으로 계엄의 해제를 요구한 때에는 대통령은 이를 해제해야 한다.

공공의 안녕과 질서유지, 피해자 보호 등이 경찰의 사물관할이며 엄격하게 해석하여 이를 일탈한 경찰권의 행사는 위법이다.

특히 특별법의 규정에 의거, 국가정보원직원·군사법경찰관리·교도소장·근로감독관·산림보호종사원·선장 등도 일정한 경우에 관할구역 내에서 사법경찰권을 가지고 있으므로 이들과의 공조도 유지되어야 한다.

경찰의 임무는 궁극적으로 소극적인 공공의 안녕과 질서유지에 귀결되며, 이를 위한 권력적 작용 및 서비스 작용을 모두 포함한다.

2. 인적관할

경찰권은 원칙적으로 모든 사람에게 적용되나, 국내법상으로는 대통령과 국회의원에 대해서, 그리고 국제법적으로는 외교사절과 주한 미군에 대해서 일정한 제한이 있다.

헌법 제84조는 "대통령은 내란 또는 외환의 죄를 범한 경우를 제외하고는 재직 중 형사상의 소추를 받지 아니한다."고 규정하고 있다. 그리고 헌법 제44조는 "① 국회의원은 현행범인인 경우를 제외하고는 회기 중 국회의 동의 없이 체포 또는 구금되지 아니한다. ② 국회의원이 회기 전에 체포 또는 구금된 때에는 현행범인이 아닌 한 국회의 요구가 있으면 회기 중 석방된다."고 하여 불체포특권을 규정하였다. 이어 제45조는 "국회의원은 국회에서 직무상 행한 발언과 표결에 관하여 국회 외에서 책임을 지지 아니한다."고 하여 국회의원의 면책특권을 인정하고 있다.

3. 지역관할

경찰권이 발동될 수 있는 지역적 범위를 말하며, 대한민국의 영역 내에 모두 적용됨이 원칙이다. 그러나 이 경우에도 다른 행정관청이나 기관 또는 국제법적 근거에 의거 일정한 한계가 있다.

(1) 해양경찰청과의 구분

원칙적으로 경찰은 육상에서의 경찰사무를 관할하며, 해양에서의 경찰사무는 해양경찰청이 그 관할권을 가진다(해양경찰청과 그 소속기관 등 직제 제3조).

(2) 철도청과의 구분

'국토교통부와 경찰청과의 수사업무 한계협정 고시'에 의거하여 철도시설 및 열차 안에서 발생하는 철도안전법에 규정된 범죄와 역구내 및 열차 안에서 발생한 현행범 처리 일체를 국토교통부에서 책임 처리하고 그 외의 범죄는 경찰청에서 처리한다. 역구내 및 열차 안에서 발생한 현행법 중 살인죄·화재·변사 등 중요사건에 대하여 국토교통부로부터 협조의뢰가 있을 때에는 경찰청에서 처리한다.

열차사고는 경찰청에서 처리함을 원칙으로 하며, 역구내 및 열차안, 철도부지 및 시설물에 대한 방범활동과 행정단속은 국토교통부에서 전담한다. 다만, 특별한 경우에는 역구내에 경찰관을 배치할 수 있다.

(3) 국회 및 법정 내부

국회의장은 회기 중 국회의 질서를 유지하기 위하여 국회 안에서 경호권을 행한다. 국회의 경호警護를 위하여 국회에 경위를 둔다. 의장은 국회의 경호를 위하여 필요한 때에는 국회운영위원회의 동의를 얻어 일정한 기간을 정하여 정부에 대하여 필요한 국가경찰공무원의 파견을 요구할 수 있다. 국회경위와 파견된 국가경찰공무원은 의장의 지휘를 받아 경위는 회의장 건물 안에서, 국가경찰공무원은 회의장 건물 밖에서 경호한다.[17]

그리고 국회 안에 현행범인이 있을 때에는 경찰관은 이를 체포한 후 국회의장의 지시를 받아야 한다. 다만. 회의장 안에 의원이 있는 경우에는 국회의장의 명령 없이 이를 체포할 수 없다.[18]

법정法廷의 질서유지는 재판장이 이를 행한다. 재판장은 법정의 존엄과 질서를 해할 우려가 있는 자의 입정금지 또는 퇴정을 명하거나 기타 법정의 질서유지에 필요한 명령을 발할 수 있다.[19] 재판장은 법정에 있어서의 질서유지를 위하여 필요하다고 인정할 때에는 개정 전후를 불문하고 관할경찰서장에게 국가경찰공무원의 파견을 요구할 수 있다. 파견된 국가경찰공무원은 법정 내외의 질서유지에 관하여 재판장의 지휘를 받는다.[20]

---

17) 국회법 제143조(의장의 경호권) 의장은 회기 중 국회의 질서를 유지하기 위하여 국회 안에서 경호권을 행사한다.
   제144조(경위와 경찰관) ① 국회의 경호를 위하여 국회에 경위(警衛)를 둔다. ② 의장은 국회의 경호를 위하여 필요할 때에는 국회운영위원회의 동의를 받아 일정한 기간을 정하여 정부에 국가경찰공무원의 파견을 요구할 수 있다. ③ 경호업무는 의장의 지휘를 받아 수행하되, 경위는 회의장 건물 안에서, 국가경찰공무원은 회의장 건물 밖에서 경호한다.
18) 국회법 제150조(현행범인의 체포) 경위나 국가경찰공무원은 국회 안에 현행범인이 있을 때에는 체포한 후 의장의 지시를 받아야 한다. 다만, 회의장 안에서는 의장의 명령 없이 의원을 체포할 수 없다.
19) 법원조직법 제58조(법정의 질서유지) ① 법정의 질서유지는 재판장이 담당한다. ② 재판장은 법정의 존엄과 질서를 해칠 우려가 있는 사람의 입정(入廷) 금지 또는 퇴정(退廷)을 명할 수 있고, 그 밖에 법정의 질서유지에 필요한 명령을 할 수 있다.
20) 법원조직법 제60조(국가경찰공무원의 파견 요구) ① 재판장은 법정에서의 질서유지를 위하여 필요하다고 인정할 때에는 개정 전후에 상관없이 관할 경찰서장에게 국가경찰공무원의 파견을 요구할 수 있다. ② 제1항의 요구에 따라 파견된 국가경찰공무원은 법정 내외의 질서유지에 관하여 재판장의 지휘

(4) 치외법권 지역

외교공관과 외교관의 개인주택은 국제법상 치외법권治外法權 지역이므로 경찰권을 행사할 수 없다. 따라서 외교사절의 요구나 동의가 없는 한 경찰은 당해 지역에 들어갈 수 없다. 외교관사에 대한 불가침에 준하여 외교사절의 승용차, 보트, 비행기 등의 교통수단에 대해서도 경찰권이 미치지 아니한다. 그러나 화재나 전염병의 발생 등과 같이 긴급을 요하는 경우에는 외교사절의 동의 없이도 공관에 들어갈 수 있는 데 이는 국제적 관습으로 인정되고 있다.

(5) 주한미군의 영내

한미행정협정(SOFA)은 대한민국 영토 내에서 미국 군대의 규율과 질서를 유지해야 하는 특수성을 반영하여 미군 당국이 영내에서 자체적으로 경찰권을 행사함으로써 질서와 안전을 유지하도록 규정하고 있다.

제 3 절 경찰의 권한행사

1. 경찰관청의 권한대리

(1) 의 의

경찰관청의 권한대리란 경찰관청의 권한의 전부 또는 일부를 수권授權 또는 법령의 규정에 의하여 타 경찰관청이 피대리관청被代理官廳을 위한 것임을 표시하고 자기의 명의로 대행하여 그 행위가 피대리관청의 행위로서 법률상 효과가 발생하는 것을 말한다. 권한의 대행代行 또는 직무대행이라고도 한다. 권한대리는 그 발생원인에 따라 임의대리任意代理와 법정대리法定代理로 구분된다.[21]

권한대리는 방대한 행정사무를 신속하게 처리하지 못하는 사유가 발생하거나 경찰관청 구성원이 사고(병가·출장·궐위 등)로 스스로 그 권한을 행사할 수 없는 경우 등에 필요하다.

(2) 성 질

권한대리는 피대리관청의 권한이전 자체가 아닌 점에서 권한의 일부를 실질적으로 타 행정관청에 주는 권한의 위임委任과 구별되며, 권한대리는 피대리관청을 위한

를 받는다.
21) 허경미, pp. 45-49.

것임을 표시하고 자기의 이름으로 행사한다는 점에서 사실상 행정관청의 권한을 행사하게 하는 내부위임·위임전결·대결 등과 구분된다.

(3) 유 형

① 임의대리

임의대리任意代理란 피대리관청의 수권에 의해 대리관계가 성립하는 것이다. 수권授權대리 또는 위임委任대리라고도 한다. 수권은 대리관청의 동의를 요하지 않는다. 임의대리는 반드시 법적 근거를 요하지 않는다는 것이 다수설이나 법령의 근거를 필요로 한다는 반대설도 있다.

임의대리의 범위는 피대리관청의 수권의 범위 내가 원칙이다. 수권의 범위는 피대리관청의 고유권한은 배제되며, 일반적·포괄적 권한에 대해서만 가능하다. 일반적·포괄적 권한에 대한 것도 그 전부를 할 수는 없고, 일부에 대해서만 수권이 가능하다.

피대리관청은 대리자의 권한 행사를 지휘·감독할 수 있으며, 대리자의 행위에 관하여 감독책임을 지게 된다. 대리관청의 행위는 피대리관청이 행한 것과 동일한 효과를 발한다.

② 법정대리

법정대리法定代理는 수권에 의해서가 아니라 일정한 법정法定사항이 발생하면 직접 법령의 규정에 의해 성립되는 대리이다.

법정대리의 근거는 정부조직법 및 경찰법 등 개별법령 외에 직무대리규정이 있다. 법정대리는 피대리관청을 위한 것임을 표시하고 대리관청의 명의로 행한다.

법정대리는 협의의 법정대리와 지정指定대리로 구분된다. 협의의 법정대리란 일정한 법률사실이 발생할 경우 법률상 당연히 대리권이 발생한다. 대통령 유고시의 국무총리 등 직무대행(헌법 제71조),[22] 국무총리유고시 부총리의 대리(정부조직법 제22조)[23]나 경찰청장 유고시 차장의 대행(경찰법 제12조) 등이 있다.

---

22) 제71조 대통령이 궐위되거나 사고로 인하여 직무를 수행할 수 없을 때에는 국무총리, 법률이 정한 국무위원의 순서로 그 권한을 대행한다.

23) 제22조(국무총리의 직무대행) 국무총리가 사고로 직무를 수행할 수 없는 경우에는 기획재정부장관이 겸임하는 부총리, 교육부장관이 겸임하는 부총리의 순으로 직무를 대행하고, 국무총리와 부총리가 모두 사고로 직무를 수행할 수 없는 경우에는 대통령의 지명이 있으면 그 지명을 받은 국무위원이, 지명이 없는 경우에는 제26조 제1항에 규정된 순서에 따른 국무위원이 그 직무를 대행한다.

③ 대리권의 범위 및 감독책임

법정대리권은 피대리관청의 전부에 미친다. 따라서 그 효과는 피대리관청의 행위의 효과와 동일하다.

법정대리는 대리자가 그 책임 하에 권한을 행사하는 것이므로 피대리관청은 대리자의 권한 행사를 지휘감독할 수 없다. 그러나 구성원의 사고로 인한 경우 중 실제로 사무처리가 가능한 경우에는 지휘감독권이 있다.

(4) 복대리 및 대리권 소멸

복대리複代理란 대리자가 대리권의 행사를 다시 타인에게 대리행사토록 하는 것을 말한다. 이를 이중대리라고도 한다.

임의대리는 일부대리이며, 신임관계에 의해 수권을 행한 것이므로 원칙적으로 복대리가 허용되지 않는다. 그러나 법정대리는 일정한 법정사실의 발생으로 당연히 성립되며 그 권한은 전부에 걸치는 것이므로 대리권 일부에 대한 복대리가 가능하다. 이때의 복대리는 임의대리이다.

임의대리의 경우는 피대리관청의 수권행위의 철회, 기한의 도래, 조건의 성취 등으로 소멸하며, 법정대리는 대리권을 발생하게 하는 법정사실이 소멸함으로써 종료된다. 지정대리는 지정행위의 철회나 종기의 도래 또는 해제조건의 성취에 의해 대리관계가 종료한다.

2. 경찰관청의 권한위임

(1) 의 의

권한의 위임委任이란 경찰관청이 법령상 자기권한의 일부를 다른 경찰관청에 이전하여 수임관청受任官廳의 명의와 권한으로 이를 행사케 하는 것을 말한다.[24] 지휘·감독관계에 있는 경우와 대등관계에 있는 경우를 구분하여, 전자는 위임이라고 하고, 후자는 위탁委託이라고 나누어 부르기도 한다. 그러나 양자간 성질상 차이는 없다. 수임관청은 위임받은 권한을 자신의 권한으로써 자신의 명의와 책임 하에서 행사한다. 따라서 위임관청은 수임관청의 행위에 대하여 책임을 지지 않는다.

---

24) 정부조직법 제6조(권한의 위임 또는 위탁) ① 행정기관은 법령이 정하는 바에 의하여 그 소관사무의 일부를 보조기관 또는 하급행정기관에 위임하거나 다른 행정기관·지방자치단체 또는 그 기관에 위탁 또는 위임할 수 있다. 이 경우 위임 또는 위탁을 받은 기관은 특히 필요한 때에는 법령이 정하는 바에 의하여 위임 또는 위탁을 받은 사무의 일부를 보조기관 또는 하급행정기관에 재위임할 수 있다.

(2) 성 질

권한의 법적 귀속 변경이라는 점에서 내부적 사무처리를 도모키 위해 대외적으로 위임자의 명의로 권한을 행사케 하는 내부위임과 다르다. 수권관청의 권한으로 된다는 점에서 경찰관청의 의사결정을 보조기관에 위임하고 대외적 권한 행사는 경찰관청의 명의로 하는 전결과 구분된다. 권한자체를 법률상 이전한다는 점에서, 권한 자체를 대행함에 불과한 권한의 대리와 구별된다. 사법상의 위임은 사법상의 계약이나, 권한의 위임은 공법관계로서 위임관청의 일방적 행위나 법률에 근거하여 성립된다는 점에서 사법상의 위임과 구분된다(대판91누5792).

(3) 근거와 한계

권한의 위임은 경찰관청의 권한을 이전하는 것으로 행정조직법정주의에 따라 법적 근거를 필요로 한다. 그 근거는 일반법(정부조직법, 지방자치법, 행정권한의 위임 및 위탁에 관한 규정)과 개별법으로 구분된다. 법원도 권한위임의 법적 근거를 필요로 한다고 명시하고 있다.

권한의 위임은 위임관청의 권한의 일부에 한하며, 법령상 명문의 규정이 없는 때에도 일부 위임으로 해석한다. 이는 권한의 전부 위임은 위임경찰 관청의 권한자체의 폐지를 뜻하는 것이고, 위임청의 존속이유를 상실시키기 때문이다.

수임권한은 특히 필요한 경우, 법령이 정하는 바에 의하여 수임권한의 일부를 수임관청의 보조기관 또는 하급경찰기관에 재위임할 수 있다.

(4) 권한위임의 형태

① 보조기관, 하급경찰기관에 대한 위임

가장 일반적인 경우로 법령상 특별규정이 없으면 위임관청의 일방적 행위로 성립한다. 청원경찰법 시행령 제20조에서 지방경찰청장이 청원경찰배치의 결정 및 요청에 관한 권한, 청원경찰의 임용 승인에 관한 권한, 청원경찰에 대한 지도·감독 및 명령의 권한 등을 경찰서장에게 위임한 경우 등을 예로 들 수 있다.

② 대등 경찰관청에 대한 위임

수임관청의 동의가 필요하고 또 지휘권을 가지지 아니하고 서로 권한의 존중과 상호협력이 필요하다.

③ 자치단체나 그 기관에 대한 위임

자치단체장은 그 권한의 일부를 다른 지방단체나 공공단체 또는 그 기관에 위임할 수 있다(지방자치법 제104조).[25] 자치단체장이 위임 또는 위탁받은 사무의 일부를 다

시 위임 또는 위탁(재위임)하는 경우에는 미리 당해 사무를 위임 또는 위탁한 기관의
장의 승인을 얻어야 한다(동법 제104조 제4항).

④ 민간위탁

대체적으로 기술적·반복적·대량적 사무의 경우에 많으며, 이때 사인私人은 위임
받은 범위 내에서 국가적 공권을 가지는 자의 지위에 있다(촉탁). 지방경찰청장이 자
동차운전전문학원의 학감에게 자동차운전기능검정권을 위임한 경우(도로교통법 제107
조), 국가 또는 지방자치단체가 도로교통안전에 관한 업무를 도로교통안전공단에 위임
한 경우(도로교통법 제123조), 경비지도사시험의 위탁(경비업법 제27조) 등이 이에 속한다.

(5) 비용 및 재위임

위임관청이 그 권한의 위임에 따르는 인력과 비용을 수임관청에 지원하는 것을
원칙으로 한다(행정권한의 위임 및 위탁에 관한 규정 제3조 제2항).

국가가 스스로 행하여야 할 사무를 자치단체 또는 그 기관에 위임하여 수행하는
경우에, 그 소요되는 경비는 국가가 전부를 자치단체에 교부하여야 한다(지방자치법 제
141조).[26]

또한 개별법이 정하는 범위 내에서 수임된 권한을 재위임할 수 있다.

(6) 위임의 효과 및 종료

위임으로 권한의 귀속이 이전되었으므로 수임관청은 자기의 명의와 책임 하에서
권한을 행사하고 쟁송爭訟시 소송의 당사자가 된다. 수임경찰관청이 위임경찰관청의
지휘·감독 하에 있는 보조기관 또는 하급기관일 경우 지휘감독권을 행사할 수 있으
나, 그렇지 않은 경우 특별한 법적 규정이 없는 한 위임관청은 지휘감독권을 행사할
수 없다.[27]

3. 경찰관청 상하간의 권한행사

경찰사무에 관한 국가의사를 일정한 범위 내에서 결정, 표시하는 권한을 가진
각급 경찰관청은 행정목적을 통일적, 효율적으로 수행하기 위해 각종의 법률관계를
맺으면서 상호 밀접한 관계를 갖고 있다.

---

25) 제104조(사무의 위임 등) ① 지방자치단체의 장은 조례나 규칙으로 정하는 바에 따라 그 권한에 속하
   는 사무의 일부를 보조기관, 소속 행정기관 또는 하부행정기관에 위임할 수 있다.
26) 제141조(경비의 지출) 지방자치단체는 그 자치사무의 수행에 필요한 경비와 위임된 사무에 관하여 필
   요한 경비를 지출할 의무를 진다. 다만, 국가사무나 지방자치단체사무를 위임할 때에는 이를 위임한
   국가나 지방자치단체에서 그 경비를 부담하여야 한다.
27) 김철용, p. 25.

(1) 권한의 대행

하급경찰관청이 상급경찰관청의 권한을 대리하거나 권한을 위임받아 행사하는 경우를 말한다.

(2) 권한의 감독관계

① 의의 및 근거

상급관청이 하급관청의 권한행사를 감독하여 국가의사를 통일적으로 실현하고, 하급관청의 권한행사의 적법성과 합목적성을 확보하기 위하여 행하는 상급관청의 지휘·감독 작용을 말한다.[28]

감독권에 관한 개별적·구체적인 법적 근거는 요하지 않으나, 일반적·추상적인 법령의 근거는 필요하다(정부조직법, 경찰법 등).

② 수   단

예방적 수단으로 감시권, 훈령권, 주관쟁의 결정권, 인가권 등이 있다. 감시권監視權이란 하급관청의 권한 행사 상황을 알기 위하여 보고를 받거나(보고징수), 서류장부를 검사하거나, 사무감사 등을 행하는 권한을 말한다. 감시권은 다른 감독권 행사의 전제 또는 준비수단으로서의 기능을 한다. 감시권의 발동에는 개별적인 법적 근거를 요하지 않으나 대통령령인 행정감사규정에 의해 일정한 제한이 있다.

훈령권訓令權이란 상급관청이 하급관청 또는 보조기관의 권한행사를 지휘하는 권한을 말한다. 그리고 지휘를 위하여 발하는 명령을 훈령이라 한다. 훈령권은 하급관청의 권한행사를 지휘·감독할 수 있음에 그치며, 법령에 특별한 규정이 없는 한 하급관청이 훈령에 위반하더라도 상급관청이 그 권한을 대신할 수 없다.[29]

훈령은 행정기관에 대한 명령으로 공무원 개인에 대한 명령인 직무명령과 구분된다. 훈령은 법규성이 없는 행정규칙이므로 일반국민에 대한 기속력羈束力이 없다. 수명기관受命機關이 훈령에 위반하더라도 위법이 아니며, 행위의 효력도 유효하다. 훈령을 위반한 경찰공무원은 징계대상이 된다.

훈령권은 상급경찰관청의 당연한 감독권한으로 개별적인 근거규정을 필요로 하지 않는다. 행정 효율과 협업 촉진에 관한 규정 제4조에서는 훈령의 종류를 협의의 훈령, 지시, 예규, 일일명령 등으로 구분하고 있다. '협의의 훈령'이란 상급관청이 하급관청에 대하여 그 권한행사를 일반적으로 지휘하기 위하여 직권으로 발하는 명령

---

28) 최영규, 경찰행정법, 박영사, 2005, pp. 80–90.
29) 유지태, 행정법신론, 신영사, 2002, p. 564.

을 말한다. '지시'란 상급관청이 하급관청에 대하여 개별적·구체적 지휘를 위하여 발하는 명령이다. '예규'란 행정사무의 기준을 제시하기 위하여 발하는 명령이다. '일일명령'이란 당직·출장·특근·휴가 등 일일업무에 관하여 발하는 명령이다.

훈령은 형식적 요건과 실질적 요건을 갖춰야 그 효과가 있다. 형식적 요건이란 정당한 권한을 가진 상급관청이 하급관청의 권한 내의 사항에 관하여, 그 하급관청의 직무상 독립성이 보장되어 있지 않는 사항에 대하여 행사할 수 있는 것을 말한다. 실질적 요건이란 훈령이 법규에 저촉되지 않아야 하며, 공익에 반하지 않아야 하며, 실현가능하고 명백해야 함을 말한다.

훈령이 경합하는 경우에는 상급관청이 서로 상하관계에 있을 때에는 직근 상급관청의 훈령에 따라야 하며, 대등한 상급관청들 간의 훈령이 경합된 경우에는 주관 상급관청의 훈령에 따라야 한다는 것이 통설이다.

훈령은 법규가 아니므로 위반하여도 위법이 아니며, 위반행위의 효력에도 영향이 없다. 다만, 상급관청은 하급관청의 구성자를 징계할 수 있을 뿐이다.

상급관청이 소속 하급관청 상호간에 주관쟁의主管爭議가 있는 경우 이를 결정하는 권한이다. 경찰관청간에 권한의 다툼이 있는 경우, 공통의 상급관청이 있는 경우에는 그의 조정에 따르며, 공통의 상급관청이 없는 경우에는 각각의 상급관청의 협의에 의해 결정되고, 협의가 이루어지지 않을 때는 국무회의의 심의를 거쳐 대통령이 결정하게 된다(헌법 제89조 제10호).

인가권認可權이란 하급관청이 그 권한 행사에 앞서 상급관청의 동의를 받는 것으로 법령에서 정하고 있는 경우 상급관청의 인가는 하급관청의 권한행사의 유효조건이 된다. 승인권承認權이라고도 한다. 법령에 근거가 없는 경우에도 상급관청은 감독권의 당연한 결과로서 하급관청의 일정한 권한행사에 대해 미리 인가를 받게 할 수 있다. 이 경우 상급청의 인가를 받지 않은 행위가 위법·무효로 되지는 아니한다.

그리고 교정적 감독이란 상급관청이 직권 또는 당사자의 신청에 의해 하급관청의 위법하고 부당한 권한행사를 취소하거나 정지시키는 권한으로 사후 교정적인 감독방법이라고 할 수 있다.

법령에 근거가 있는 경우에는 당연한 감독권의 행사이나, 근거규정이 없는 경우에 대하여는 의견이 대립한다. 상급관청의 하급관청의 위법·부당한 행위에 대한 취소·정지권 행사는 당연한 감독권의 일부라고 본다.[30]

(3) 대등 경찰관청간의 관계

① 상호존중관계

대등관청 상호간에는 서로 상대 경찰관청의 권한을 존중하고 이를 침범하지 못한다. 경찰관청이 그 권한 내에서 행한 행위는 그것이 무효無效가 아닌 한 다른 경찰관청도 이에 구속된다(공정력). 대등관청 상호간에 주관쟁의가 있는 경우에는 쌍방관청의 공동 상급관청이 결정하고, 상급관청이 다른 경우 상급관청 상호간의 협의에 의하고, 최종적으로 국무회의의 심의를 거쳐 대통령이 결정한다.

② 상호협력관계

협의와 사무위탁 및 경찰응원이 있다. 협의는 하나의 사안이 둘 이상의 대등 경찰관청 권한에 관련되는 사항은 상호협의에 의하여 결정 처리한다.

협의에는 주관행정청이 관계청과 협의하는 경우가 있다. 이때에는 주관청의 명의로 외부에 표시하며, 법령상 협의가 명시적으로 규정된 경우 이를 무시한 주관청의 행위는 원칙적으로 무효가 된다는 것이 통설이다. 그리고 둘 이상의 행정청이 공동주관으로 대등하게 협의하는 경우가 있다. 이때에는 공동명의로 외부에 표시하며, 협의가 당해 조치의 유효요건이 된다. 또한 행정관청이 일정한 사업을 경영함에 있어서도 사인私人과 같이 관계법령에 따라 허가 등을 받아야 하나 특례를 두어 그 사업의 주관청과 협의하거나 그의 승인을 받게 한 경우가 있다(토지보상법 제14조). 이때에는 행정의 내부관계로서의 성질을 가진다.[31]

사무위탁은 대등관청 사이에 한 관청의 직무상 필요한 사무가 타 관청의 관할에 속한 경우 타 관청에 사무처리를 위탁(촉탁)할 수 있다.

경찰응원警察應援이란 대등한 경찰관청의 일방이 타방의 요청에 의해 또는 자발적으로 타 관청의 권한 행사에 협력하는 것을 말한다. 행정응원이라고도 한다. 경찰응원은 특히 법에 규정이 있는 경우 응원을 요구받은 관청은 이를 거부하지 못한다.[32] 소방응원,[33] 재난응원[34] 등도 경찰응원의 일종이다.

---

30) 홍정선, 행정법특강, 박영사, 2002, p. 518.

31) 김철용, p. 39.

32) 경찰직무 응원법 제1조는 "지방경찰청장 또는 지방해양경찰관서의 장은 돌발사태의 진압 또는 공공질서가 교란되었거나 교란될 우려가 현저한 지역(이하 '특수지구'라 한다.)의 경비에 있어서 그 소관 경찰력으로써는 이를 감당하기 곤란하다고 인정할 때에는 응원을 받기 위하여 다른 지방경찰청장 또는 지방해양경찰관서의 장에게 경찰관의 파견을 요구할 수 있다"고 규정한다.

33) 소방기본법 제11조(소방응원).

34) 재난 및 안전관리기본법 제44조(응원).

4. 직무명령

(1) 의 의

직무명령職務命令이란 상관이 직무에 관하여 부하에게 발하는 명령이다. 특별한 규정이 있는 외에는 구술이나 문서의 어느 형식에 의하여도 할 수 있다. 직무명령은 일반 국민에 대하여 구속력을 가지지 아니하는 점에서, 법규와 구별된다. 따라서 이에 위반하여도 위법은 아니며, 다만 징계사유가 될 뿐이다.

또한 직무명령은 훈령과 구별되는데 ① 훈령은 상급관청이 하급관청에 대하여 발하는 명령이나, 직무명령은 상관이 직무에 관하여 부하에게 발하는 명령이다. ② 훈령은 행정기관의 의사를 구속하므로 기관의 구성원이 변동되더라도 효력에 영향이 없으나, 직무명령은 기관의 구성원인 공무원 개개인을 구속하므로 공무원이 교체되면 효력을 상실한다. ③ 훈령은 행정기관의 소관사무에 국한되어 규제하나, 직무명령은 소관사무 이외에 공무원 개개인의 생활행동까지 규제가 가능하다. ④ 훈령은 동시에 직무명령을 겸할 수도 있으나, 직무명령은 훈령의 성질을 가지는 것이 아니라는 점이다.

(2) 직무명령의 요건

직무명령이 적법하기 위해서는 형식적 요건과 실질적 요건을 갖추어야 하며, 이러한 요건이 결여된 경우에는 위법 또는 부당한 것이 된다. 형식적 요건으로 직무명령은 권한이 있는 상관이 발한 것이어야 하며, 부하의 직무범위 내에 속하는 것이어야 하며, 직무의 성질상 부하의 독립적 처리가 보장되지 아니한 사항이어야 하며, 법령이 요구하는 형식, 절차가 있으면 이를 갖출 것 등의 형식적 요건을 갖추어야 한다. 실질적 요건으로는 직무명령은 그 내용이 법령과 공익에 적합해야 하며, 그 내용이 실현가능하고 명백해야 할 것 등의 실질적 요건을 갖추어야 한다.

(3) 직무명령에 대한 심사권

직무명령에 하자가 있는 경우 수명 공무원은 이에 복종의무가 있는지 여부 및 수명공무원이 상관의 직무명령의 하자瑕疵유무를 심사할 수 있는지의 여부를 말한다.

직무명령의 형식적 요건의 구비여부는 외관상 명백한 것이 보통이므로 경찰공무원은 이를 심사할 수 있고, 요건이 결여된 경우 복종을 거부할 수 있다. 직무명령의 실질적 요건에 대하여 수명공무원의 심사권여부에 대하여는 견해가 나뉜다.

직무명령의 실질적 요건은 행정목적의 통일적 수행 때문에 부하인 경찰공무원은 심사권이 없으므로 이에 복종하여야 하고, 그로 인한 책임은 상관이 지게 된다. 그러나 직무명령이 범죄를 구성하거나 그 하자가 중대하고 명백하여 당연무효라고 인정되는 경우에는 복종을 거부하여야 하며 또 거부할 의무가 있다. 만약 그대로 복종하면 그 책임은 부하인 경찰공무원이 부담하게 된다.

제 3 장 경찰공무원

제 1 절 경찰공무원의 분류

경찰공무원은 경찰관 직무집행법 제2조에 규정한 경찰관의 직무를 수행하는 특정직 국가공무원을 말한다. 경찰공무원의 임용·교육훈련·신분보장·복무규율 등은 경찰공무원법에 규정되어 있으며, 규정이 없는 경우 국가공무원의 기본법인 국가공무원법의 적용을 받는다.

경찰공무원은 계급, 경과의 기준으로 구분된다. 계급은 직책의 난이도와 보수의 차이를 두기 위한 것이고 경과와 특기는 개인의 능력, 적성, 자격 등을 활용하기 위한 목적을 가지고 있다.

1. 계급제

계급제는 공무원이 가지는 개인의 특성, 즉 학력, 경력, 자격을 기준으로 하여 유사한 개인적 특성을 가진 공무원을 여러 범주와 집단으로 구분하여 계층을 구분하는 것을 말한다. 경찰공무원은 순경에서 치안총감까지 11개 계급으로 분류된다. 계급에 따라 직무수행의 곤란도 및 책임도가 다르며, 그에 따른 보수도 차이가 있다.

2. 경과제

총경 이하의 경찰공무원은 그 직무의 종류에 따라 경과警科에 의해 구분할 수 있다. 경과는 일반경과와 보안경과, 수사경과 및 특수경과로 대별되고, 특수경과는 다시 항공경과, 정보통신경과로 나누어진다(경찰공무원법 제3조 및 경찰공무원 임용령 제3조).[1]

---

[1] 법 제3조(경과 구분) ① 경찰공무원은 그 직무의 종류에 따라 경과(警科)에 의하여 구분할 수 있다. ② 경과의 구분에 필요한 사항은 대통령령으로 정한다.

제 2 절 경찰공무원의 임용

1. 경찰공무원의 임용

(1) 의 의

임용任用이란 국가기관에서 사람을 선발하여 활용하는 일체의 작용을 말한다.[2] 경찰공무원의 임용에는 신규채용, 승진·전보·파견·휴직·직위해제·정직·강등·복직·면직·해임 및 파면을 포괄적으로 지칭하는 것이다.

이를 다시 경찰공무원관계의 형성(신규채용), 변경(승진·전보·파견·강임·휴직·직위해제·정직), 소멸(면직·해임·파면)로 나눌 수 있다.

경찰공무원법 제7조 제2항은 경찰공무원의 임용결격사유를 규정하였다.[3]

(2) 경찰공무원의 임용권자

경찰공무원의 임용권자는 계급에 따라 대통령, 경찰청장(해양경찰청장), 지방경찰청장(지방해양경찰청장)이다.

총경 이상의 경찰공무원은 경찰청장 또는 해양경찰청장의 추천에 의하여 행정안전부장관 또는 해양수산부장관의 제청으로 국무총리를 거쳐 대통령이 임용한다. 다만, 해양경찰청장은 해양수산부장관의 제청으로 국무총리를 거쳐 대통령이 임명하고, 총경의 전보·휴직·직위해제·강등·정직 및 복직은 경찰청장 또는 해양경찰청장이 행한다. 경정 이하의 경찰공무원은 경찰청장 또는 해양경찰청장이 임용한다. 다만, 경정에의 신규채용·승진임용 및 면직은 경찰청장 또는 해양경찰청장의 제청으로 국무총리를 거쳐 대통령이 행한다. 경찰청장 또는 해양경찰청장은 대통령령이 정하는 바에 의하여 경찰공무원의 임용에 관한 권한의 일부를 소속기관(경찰대학·경찰인재

---

2) 유지태, p. 596.

3) 경찰공무원법 제7조 ② 1. 대한민국 국적을 가지지 아니한 사람, 2. 국적법 제11조의2 제1항에 따른 복수 국적자, 3. 피성년후견인 또는 피한정후견인, 4. 파산선고를 받고 복권되지 아니한 사람, 5. 자격정지 이상의 형(刑)을 선고받은 사람, 6. 자격정지 이상의 형의 선고유예를 선고받고 그 유예기간 중에 있는 사람, 7. 공무원으로 재직기간 중 직무와 관련하여 형법 제355조 및 제356조에 규정된 죄를 범한 사람으로서 300만원 이상의 벌금형을 선고받고 그 형이 확정된 후 2년이 지나지 아니한 사람, 8. 성폭력범죄의 처벌 등에 관한 특례법 제2조에 규정된 죄를 범한 사람으로서 100만원 이상의 벌금형을 선고받고 그 형이 확정된 후 3년이 지나지 아니한 사람, 9. 미성년자에 대한 다음 각 목의 어느 하나에 해당하는 죄를 저질러 형 또는 치료감호가 확정된 사람(집행유예를 선고받은 후 그 집행유예기간이 경과한 사람을 포함한다), 가. 성폭력범죄의 처벌 등에 관한 특례법 제2조에 따른 성폭력범죄, 나. 아동·청소년의 성보호에 관한 법률 제2조 제2호에 따른 아동·청소년대상 성범죄, 10. 징계에 의하여 파면 또는 해임처분을 받은 사람.

개발원·중앙경찰학교·경찰병원)의 장과 지방경찰청장 또는 지방해양경찰관서의 장에게 위임할 수 있다.

(3) 임용의 효력발생

경찰공무원의 임용시기는 임용장 또는 임용통지서에 기재된 일자에 임용된 것으로 본다(경찰공무원 임용령 제5조 제1항). 소급임명은 원칙적으로 금지된다. 다만, ① 재직 중 공적이 특히 현저한 자가 공무로 사망한 때 그 사망 전일을 임용일자로 하여 추서할 경우, ② 형사사건으로 기소된 날을 임용일자로 하여 직위해제하는 경우, ③ 휴직기간의 만료 또는 휴직사유가 소멸된 후에도 직무에 복귀하지 않거나 직무를 감당할 수 없을 때 휴직기간만료일 또는 휴직사유의 소멸일을 임용일자로 하여 직권면직하는 경우는 예외이다(동 임용령 제6조).[4)]

2. 경찰공무원관계의 형성

(1) 신규채용

신규채용新規採用은 경찰공무원 임용의 첫 단계로서 특정인에게 공무원으로서의 신분을 부여하며 공법상의 근무관계를 설정하는 행위를 말한다. 경찰공무원이 되기 위해서는 일정한 자격을 갖추어야 한다.

경찰공무원의 신규채용은 공개채용公開採用과 특별채용特別債用으로 나눌 수 있다.

공개채용은 경찰공무원법에 규정된 경찰공무원이 될 수 있는 자격을 갖춘 사람에게는 균등한 기회를 제공하며, 동일한 조건 아래서 공정한 경쟁과정을 거쳐 경찰공무원으로 임용될 수 있게 하는 제도이다. 공개채용은 경정 및 순경의 공개경쟁채용시험, 경찰간부후보생시험이 있다(경찰공무원법 제8조 제1항, 제2항).[5)]

경찰공무원의 채용시험 방법은 경찰업무의 특성을 고려하여 일반 공무원과는 달리 신체검사·체력검사·필기시험·종합적성검사·면접시험 또는 실기시험과 서류전형 등을 규정하고 있다(경찰공무원 임용령 제35조).

경찰공무원의 신규채용은 공개채용을 원칙으로 하지만 공개채용은 부적합하거

---

4) 제5조(임용시기) ① 경찰공무원은 임용장이나 임용통지서에 적힌 날짜에 임용된 것으로 보며, 임용일자를 소급해서는 아니 된다. ② 사망으로 인한 면직은 사망한 다음 날에 면직된 것으로 본다. ③ 임용일자는 그 임용장이 피임용자에게 송달되는 기간 및 사무인계에 필요한 기간을 참작하여 정하여야 한다.

5) 제8조(신규채용) ① 경정 및 순경의 신규채용은 공개경쟁시험으로 한다. ② 경위의 신규채용은 경찰대학을 졸업한 사람 및 대통령령으로 정하는 자격을 갖추고 공개경쟁시험으로 선발된 사람(이하 "경찰간부후보생"이라 한다)으로서 교육훈련을 마치고 정하여진 시험에 합격한 사람 중에서 한다.

나, 특별한 자격을 가지고 있는 사람을 채용하고자 하는 결국에는 별도의 선발절차를 거쳐 임용후보자를 결정하게 된다. 이를 특별채용이라고 한다. 경찰공무원법 제8조 제3항에 의거하여 특별채용시험에 의하여 특별채용될 수 있다.

(2) 시보임용

시보임용(試補任用, probation)이란 경정 이하 경찰공무원을 신규 채용하는 경우 경찰관으로서 적합한지 여부를 확인하기 위하여 시보로 임용하는 것을 말한다. 시보제도는 공무원을 선발함에 있어 채용시험이나 면접시험을 통하여 공무원으로서의 적격성을 모두 검토할 수 없으므로 그 미비점을 보완하는 목적과 함께 후보자에게 기초적응훈련을 시킨다는 목적을 가지고 있다. 그러나 일정한 경우에는 시보임용의 규정을 적용하지 않는다.[6]

임용권자 또는 임용제청권자는 시보임용기간 중의 경찰공무원이 근무성적 또는 교육훈련성적이 불량한 때에는 정규임용심사위원회의 심사를 거쳐 시보임용경찰관을 면직시키거나 면직을 제청할 수 있다.

경찰기관의 장은 시보경찰공무원의 시보기간이 끝나기 10일 전까지 임용심사에 필요한 서류를 작성하여 임용권자 또는 임용제청권자에게 제출하여 그 밑에 설치되어 있는 정규임용심사위원회의 심사를 거치도록 한다. 임용의결은 재적위원 2/3 이상의 출석과 출석위원 과반수의 찬성으로 결정된다.

3. 경찰공무원관계의 변경

(1) 승 진

경찰공무원의 승진은 바로 하위계급에 있는 경찰공무원 중에서 근무성적·경력평정 기타 능력의 실증(實證)에 의한다. 경무관 및 총경계급의 승진은 심사승진에 의한다. 경정 이하 계급에의 승진은 심사승진과 시험승진을 병행한다.[7]

---

6) 경찰공무원법 제10조(시보임용) ① 경정 이하의 경찰공무원을 신규채용할 때에는 1년간 시보(試補)로 임용하고, 그 기간이 만료된 다음 날에 정규 경찰공무원으로 임용한다. ② 휴직기간, 직위해제기간 및 징계에 의한 정직처분 또는 감봉처분을 받은 기간은 제1항에 따른 시보임용기간에 산입하지 아니한다. ③ 시보임용기간 중에 있는 경찰공무원이 근무성적 또는 교육훈련성적이 불량할 때에는 「국가공무원법」 제68조 및 이 법 제22조에도 불구하고 면직시키거나 면직을 제청할 수 있다.

7) 경찰공무원법 제11조(승진) ① 경찰공무원은 바로 아래 하위계급에 있는 경찰공무원 중에서 근무성적평정, 경력평정, 그 밖의 능력을 실증(實證)하여 승진 임용한다. 다만, 해양경찰청장을 보하는 경우 치안감을 치안총감으로 승진 임용할 수 있다. ② 경무관 이하 계급으로의 승진은 승진심사에 의하여한다. 다만, 경정 이하 계급으로의 승진은 대통령령으로 정하는 비율에 따라 승진시험과 승진심사를 병행할 수 있다. ③ 삭제<1994. 12. 22.> ④ 총경 이하의 경찰공무원에 대하여는 대통령령으로 정하는 바에 따라 계급별로 승진대상자 명부를 작성하여야 한다. ⑤ 경찰공무원의 승진에 필요한 계급별 최저근무

경찰공무원의 승진방법에는 시험승진, 심사승진, 특별승진, 근속승진이 있다.

시험승진이란 시험성적에 의해 승진임용하는 것을 말한다. 경정 이하의 경찰공무원의 승진은 시험과 심사를 병행하며, 계급별로 실시한다.

해당계급에서 일정기간 재직한 자에 대하여는 경장·경사·경위로 각 근속승진임용을 할 수 있다.[8]

(2) 전직·전과·전보

전직轉職이란 상이한 직렬의 동일 직급으로 수평 이동하는 것을 말한다. 전직은 전직시험을 거쳐 행함을 원칙으로 한다. 그러나 일정한 경우에는 시험의 일부 또는 전부를 면제할 수 있다(국가공무원법 제28조의3).[9]

전과轉科란 경과의 변경을 말한다(경찰공무원 임용령 제2조).[10] 전과를 원하는 경찰공무원은 소정의 전과시험에 합격하여야 하며, 경과별 정원 및 인원을 고려하여 임명권자가 전과발령을 행하는 것이 원칙이다.

전보轉補란 경찰공무원의 동일 직위 및 자격 내에서 근무기관이나 부서를 달리하는 임용행위이다. 임용권자 또는 임용제청권자는 경찰공무원의 동일직위에서의 장기근무로 인한 직무수행의 침체현상을 방지하여 창의적이며 활력 있는 직무성과의 증진을 위하여 정기적으로 전보를 실시하여야 한다.[11]

임용권자 또는 임용제청권자는 소속공무원을 당해 직위에 임용된 날부터 1년 이내(감사업무 담당 경찰공무원의 경우에는 2년 이내)에 다른 직위에 전보할 수 없다. 다만, 특별한 경우에는 예외로 한다.

(3) 파견근무

파견근무란 국가의 각급기관의 장이 국가적 업무의 수행 또는 그 업무 수행과

연수, 승진 제한에 관한 사항, 그 밖에 승진에 관하여 필요한 사항은 대통령령으로 정한다.

[8] 경찰공무원법 제11조의2(근속승진) ① 경찰청장 또는 해양경찰청장은 제11조 제2항에도 불구하고 해당 계급에서 다음 각 호의 기간 동안 재직한 사람을 경장, 경사, 경위, 경감으로 각각 근속승진임용할 수 있다. 1. 순경을 경장으로 근속승진임용하려는 경우: 해당 계급에서 4년 이상 근속자, 2. 경장을 경사로 근속승진임용하려는 경우: 해당 계급에서 5년 이상 근속자, 3. 경사를 경위로 근속승진임용하려는 경우: 해당 계급에서 6년 6개월 이상 근속자, 4. 경위를 경감으로 근속승진임용하려는 경우: 해당 계급에서 10년 이상 근속자, ② 제1항에 따라 근속승진한 경찰공무원이 근무하는 기간에는 그에 해당하는 직급의 정원이 따로 있는 것으로 보고, 종전 직급의 정원은 감축된 것으로 본다. ③ 제1항에 따른 근속승진임용의 기준, 절차 등에 관하여 필요한 사항은 대통령령으로 정한다.

[9] 제28조의3(전직) 공무원을 전직 임용하려는 때에는 전직시험을 거쳐야 한다. 다만, 대통령령등으로 정하는 전직의 경우에는 시험의 일부나 전부를 면제할 수 있다.

[10] 제2조(정의) 이 영에서 "전과"란 경과(警科)를 변경하는 것을 말한다.

[11] 경찰공무원 임용령 제26조(전보)부터 제27조(전보의 제한).

관련된 행정지원이나 연수 기타 능력개발 등을 위하여 필요한 때에는 소속 공무원을 다른 국가기관·공공단체·정부투자기관·국내외의 교육기관·연구기관 등에 일정기간 근무하게 하는 것을 말한다.

(4) 휴직과 직위해제 및 강임

① 휴 직

휴직休職이란 일정한 사유로 인하여 경찰공무원으로서의 신분은 보유하면서 일정기간 동안 직무에 종사하지 못하는 것을 말한다.[12]

휴직에는 임용권자의 직권에 의한 직권휴직과 경찰공무원 본인의 의사에 의하여 임용권자가 행하는 의원휴직이 있다.

② 직위해제

임용권자는 일정한 경우에 해당하는 자에 대하여는 직위를 부여하지 아니할 수 있다.[13] 임용권자는 직위를 부여하지 아니한 경우에 그 사유가 소멸된 때에는 임용권자는 지체없이 직위를 부여하여야 한다. 또한 파면·해임 또는 정직에 해당하는 징계의결이 요구중인 사유로 직위해제職位解除된 자에 대하여 3월 이내의 기간 대기를 명한다. 이때 대기명령을 받은 자에 대하여는 임용권자 또는 임용제청권자는 능력회복이나 근무성적의 향상을 위한 교육훈련 또는 특별한 연구과제의 부여 등 필요한 조치를 하여야 한다.

③ 강 임

임용권자는 직제 또는 정원의 변경이나 예산의 감소 등으로 직위가 폐직되거나 하위의 직위로 변경되어 과원이 된 경우 또는 본인이 동의한 경우에는 소속 공무원을 강임降任할 수 있다.

강임된 공무원은 상위 직급 또는 고위공무원단 직위에 결원이 생기면 우선 임용된다. 다만, 본인이 동의하여 강임된 공무원은 본인의 경력과 해당 기관의 인력 사정 등을 고려하여 우선 임용될 수 있다(국가공무원법 제73조의4).[14]

---

12) 국가공무원법 제71조(휴직) 제72조(휴직기간).
13) 국가공무원법 제73조의3(직위해제).
14) 제73조의4(강임) ① 임용권자는 직제 또는 정원의 변경이나 예산의 감소 등으로 직위가 폐직되거나 하위의 직위로 변경되어 과원이 된 경우 또는 본인이 동의한 경우에는 소속 공무원을 강임할 수 있다. ② 제1항에 따라 강임된 공무원은 상위 직급 또는 고위공무원단 직위에 결원이 생기면 제40조·제40조의2·제40조의4 및 제41조에도 불구하고 우선 임용된다. 다만, 본인이 동의하여 강임된 공무원은 본인의 경력과 해당 기관의 인력 사정 등을 고려하여 우선 임용될 수 있다.

(5) 정직·복직

정직停職이란 경찰공무원에 대한 징계처분의 하나로서 경찰공무원으로 신분을 보유하나 1개월 이상 3개월 이하의 기간 동안 직무에 종사하지 못하고 보수의 3분의 2를 감하는 것을 말한다(국가공무원법 제80조, 징계의 효력).

복직復職이란 휴직·직위해제 또는 정직, 강등으로 인한 정직 중에 있는 경찰공무원을 직위에 복귀시키는 것을 말한다. 휴직중인 경찰공무원은 휴직기간 중 그 사유가 소멸되면 30일 이내에 이를 임용권자 또는 임용제청권자에게 신고하여야 하며 임용권자는 지체없이 복직을 명하여야 한다.

4. 경찰공무원관계의 소멸

(1) 파면과 해임

파면罷免과 해임解任은 징계처분에 의하여 경찰공무원 신분을 박탈시키는 임용행위를 말한다. 파면과 해임은 중징계로 반드시 징계위원회의 의결을 거쳐야 한다.

파면의 경우에는 5년간 공직 재임용이 제한되며, 해임의 경우에는 공무원의 신분을 박탈하며 3년간 공직 재임용에 제한을 받는다.

(2) 퇴 직

퇴직에는 정년퇴직과 명예퇴직이 있다. 정년퇴직이란 경찰공무원이 경찰공무원법상 정년에 도달한 때에 경찰공무원관계가 소멸하는 것을 말한다. 정년에는 연령정년과 계급정년이 있다. 연령정년은 경정 이상은 60세까지이다. 계급정년은 치안감 4년, 경무관 6년, 총경 11년, 경정 14년이다.

경찰공무원은 그 정년에 달한 날이 1월에서 6월 사이에 있는 경우에는 6월 30일에, 7월에서 12월 사이에 있는 경우에는 12월 31일에 각각 당연퇴직이 된다.

계급정년을 산정함에 있어 자치경찰공무원으로 근무한 경력이 있는 경찰공무원의 경우에는 그 계급에 상응하는 자치경찰공무원에서의 근무연수를 산입한다.

명예퇴직인 경우에 공무원으로서 20년 이상 근속한 자가 정년 전에 자진하여 퇴직하는 경우에는 예산의 범위 안에서 명예퇴직수당을 지급할 수 있다.[15]

명예퇴직수당을 지급한 국가기관의 장은 명예퇴직수당을 지급받은 자가 다음에 해당하는 경우에는 그 명예퇴직수당을 환수하여야 하며, 기한 이내에 납부하지 아니한 때에는 국세체납처분의 예에 의하여 이를 징수할 수 있다. 단, 재직 중의 사유로

---

15) 국가공무원법 제74조의2(명예퇴직 등).

인하여 금고 이상의 형을 받은 경우, 경력직공무원 그 밖에 국회규칙·대법원규칙·
헌법재판소규칙·중앙선거관리위원회규칙 또는 대통령령이 정하는 공무원으로 재임
용되는 경우, 명예퇴직수당을 초과하여 지급받거나 그 밖에 명예퇴직수당의 지급 대
상이 아닌 자가 지급받은 경우이다.

(3) 면 직

면직免職이란 경찰공무원의 신분을 상실시키는 임용행위로서, 의원면직依願免職과
직권면직職權免職이 있다.[16] 의원면직은 경찰공무원 본인의사의 표시에 의하여 공무원
의 신분관계를 소멸시키는 행위를 말한다.

직권면직은 경찰공무원이 일정한 경우에 해당될 때에는 임용권자는 직권에 의하
여 면직시킬 수 있다.

5. 경찰공무원의 교육

(1) 교육의 목적

경찰공무원에 대한 교육은 경찰공무원으로서의 소양과 윤리를 고양시키고, 직무
수행에 적합한 능력을 배양시키기 위한 것으로 경찰공무원법 및 경찰공무원 교육훈
련규정 등에 근거를 두고 있다.

구체적으로는 첫째, 경찰공무원의 직무수행을 개선하고 조직의 문제해결을 통하
여 생산성 향상을 가져오게 하는 데 있다. 둘째, 훈련을 잘 받은 경찰공무원은 규범
과 협동, 그리고 조정능력이 향상된다. 셋째, 경찰공무원의 미래의 경력발전과 직무
만족을 높일 수 있다. 넷째, 교육훈련은 전문지식과 기술 등을 향상시킴으로써 생산
성을 확대시킨다. 다섯째, 경찰공무원으로서 필요한 고도의 윤리의식과 소명감을 갖
게 하는 등의 효과를 들 수 있다.[17]

(2) 교육의 구분

경찰공무원 교육훈련규정상 경찰공무원의 교육훈련은 학교교육·위탁교육 및 직
장훈련으로 나눈다. 교육훈련의 기회는 모든 경찰공무원에게 균등하게 부여하여야
한다.

학교교육이란 경찰대학·경찰인재개발원·중앙경찰학교·경찰수사연수원 및 해양
경찰학교 등 경찰교육기관에서 실시하는 교육을 말한다.[18]

---

16) 경찰공무원법 제22조(직권면직) 및 경찰공무원 임용령 제47조(직권면직사유).
17) 신현기, 경찰인사관리론, 법문사, 2006, p. 134.
18) 경찰공무원 교육훈련규정 제6조 및 제8조; 경찰공무원 임용령 및 경찰공무원승진임용규정.

위탁교육을 받을 자는 다음에 해당하는 경우에 경찰청장 또는 해양경찰청장이 따로 정하는 방법으로 선발한다.[19] 위탁교육분야에 대하여 경찰청장 또는 해양경찰청장이 정하는 기준에 해당하는 자, 공무원 인재개발법 시행령 제32조 각호에 해당하는 자, 징계처분을 받은 자는 그 집행이 종료된 날부터 1년이 경과된 자, 휴직중이 아닌 자, 경감 또는 경위로서 당해 직무와 관련된 전문분야의 위탁교육을 받은 자는 그에 상응하는 전문화교육을 받은 것으로 본다. 위탁교육기관에서 받은 포상 또는 징계는 경찰교육기관에서 받은 포상 또는 징계로 본다. 위탁교육을 이수한 자는 교육훈련결과보고서를 그 이수 후 출근하는 날로부터 30일 안에 경찰청장 또는 해양경찰청장에게 제출하여야 한다.

직장훈련이란 경찰청장 또는 해양경찰청장은 정기적으로 직장훈련에 대한 평가를 실시하여 개선 발전시켜야 한다.[20] 직장훈련 실시기관의 장은 소속경찰관에게 직장훈련계획에 따라 직장훈련을 시켜야 한다. 직장훈련의 평가는 직장교육·체력단련 및 사격훈련으로 구분하여 평가한다.[21]

직장훈련은 직장교육·체력단련 및 사격훈련으로 구분한다. 직장교육은 기관·부서·그룹단위의 업무관련 직무교육 또는 정서함양동호회 및 연구모임 활동으로 하고, 체력훈련은 체력단련동호회(무도훈련 포함) 활동으로 하며, 사격훈련은 정계사격과 특별사격으로 구분 실시한다.

직장훈련은 소집, 순회, 과제, 실습, 시청각 및 직접지도 등의 법에 의하여 실시한다. 직무교육은 월 1회 이상으로 하고, 정서함양동호회 또는 연구모임 활동은 월 2회 이상으로 한다. 체력단련동호회 활동은 월 2회 이상으로 하며 사격훈련중 정례사격은 연 2회 이상, 외근요원 특별사격은 연 6회 이상으로 하되 전·후반기로 나누어 실시한다.

(3) 교육기관

① 경찰대학

국가치안부문에 종사할 경찰간부가 될 자에게 학술을 연마하고 심신을 단련시키기 위하여 경찰청장 소속 하에 경찰대학을 설치하였다. 경찰대학은 1981년부터 경찰대학생을 모집하기 시작하였으며, 1979년에 제정된 「경찰대학설치법」에 근거를 두고

---

19) 경찰공무원 교육훈련규정 제12조 – 제15조.
20) 경찰공무원 교육훈련규정 제9조(직장훈련의 성과측정).
21) 경찰공무원직장훈련시행규칙 제7조 – 제9조.

있다. 산하기관으로 치안정책연구소를 두고 있다.

경찰대학의 교육과정은 경찰대학생들을 위한 학부과정과 총경, 경정, 경감 등을 대상으로 하는 기본교육과정, 그리고 경정 이하를 대상으로 한 전문화교육과정 등이다. 경찰대학생들을 대상으로 한 교과과정은 법학사·행정학사로서, 또한 경찰간부로서 필요한 전공, 전공기초 과목, 현대사회에서 교양인으로 필요한 다양한 기술을 습득토록 짜여져 있으며 4년 동안 총 172학점을 취득할 경우 법학사 및 행정학사의 학위가 부여된다. 이들은 졸업 후 경위로 임용된다.

총경 및 총경승진후보자를 대상으로 한 치안정책과정은 6개월간 직무, 인접전문지식, 기본소양, 교육 및 외국어, 정보화교육, 국외연수, 현장체험 학습 등의 기회를 가진다. 경정, 경감을 대상으로 실시하는 기본교육과정은 중간관리자로서의 식견과 안목 함양을 위한 분야별 체계적 소양교육, 실무 지휘능력 향상을 위한 전문성 있는 직무교육 등을 실시한다.

전문화교육과정은 행정혁신과정, 경찰홍보과정, 리더십향상과정, 창의력향상과정, 청문감사과정, 기획예산관정, 송무과정 등의 업무능력향상과 전문성을 강화하기 위한 다양한 과정을 경정 이하의 직급을 대상으로 실시한다.

② 경찰인재개발원

경찰인재개발원(구 경찰종합학교)은 1945년 9월 13일 미대사관에 설치된 경찰관교습소가 그 전신이며, 이는 1945년 10월 15일 조선경찰학교로 개칭되었다.[22] 이 날을 개교기념일로 정하고 있는데 조선경찰학교는 다음해 국립경찰전문학교로 승격되며, 1947년부터 간부후보생제도가 시행되어 본격적인 초급관리자 교육기관으로 자리잡게 되었다. 현재 경찰간부후보생 교육과 경위, 경사에 대한 기본교육 및 일선 경찰관들이 현장에서 직접 필요로 하는 대부분의 직무 전문 교육을 담당하고 있다.

또한 경찰인재개발원에는 경사 및 경위 승진자에 대한 기본교육과정과 각 분야별 전문교육과정, 해경 등을 대상으로 한 수탁교육과정 등이 개설되어 있다. 전문교육과정은 경정 이하의 경찰공무원의 전문화 능력을 향상시키기 위한 과정으로 전산실무, 교수요원양성, 정보통신요원, 고객만족, 장비실무, 경리실무, 지방경찰학교 교수요원양성, 지역경찰관리자, 지역경찰실무, 풍속지도실무, 게임장지도실무, 청소년범죄대책, 인권강사양성, 교통관리자, 교통외근, 교통사고조사, 경비관리자, 경비실

22) 경찰인재개발원 홈페이지(www.phrdi.go.kr).

무, 전술지휘, 정보실무, 정보채증, 합동신문, 보안신문, 외사정보실무, 경찰호신체포
술지도자 등 다양한 과정이 개설되어 있다.

③ 중앙경찰학교

중앙경찰학교는 1987년 충주시 수안보면에 설립되어 신임경찰관 교육 및 전·의
경 교육 등을 담당하고 있다. 신임교육은 일반·여경 공개 채용자와 101경비단·경찰
행정학과 특별채용자 등을 대상으로 일정한 기간 실시하고 있으며 교육과정을 통하
여 경찰정신, 공직자로서의 윤리의식 및 경찰 업무에 필요한 실무·전문지식 등을 습
득하게 되며 교육 수료 후에는 바로 일선 경찰기관에 배치되어 업무를 수행하게 된
다. 중앙경찰학교에서는 개교 이래 2018년 말까지 총 10만여 명의 정예신임경찰관을
양성해 냈다.

이와 함께 신규채용되는 모든(경정특채 제외) 경찰공무원에 대한 신임교육이 이
곳에서 이루어진다. 현재 진행 중인 과정은 여자순경과정, 101경비단과정, 경찰행정
학과 과정, 정보통신과정, 특공대과정, 사이버과정, 외사과정, 범죄분석과정, 피해자
심리과정 등이 있으며, 이밖에도 제주자치경찰 출범과 관련 신규채용된 자치경찰에
대한 교육인 자치경찰과정이 16주간 시행된다. 제주자치경찰은 수료 후 제주특별자
치도 인력개발원에서 나머지 8주간 교육을 더 이수한다.

④ 지방경찰학교

경찰은 경찰교육의 질적·양적 영역을 확대하고 각 지방경찰청별 지역 특성에
맞는 현장 중심의 전문 직무교육을 강화하기 위하여 14개 지방경찰청에 지방경찰학
교를 설치·운영하고 있다. 지방경찰청 차장을 교장으로 하여 총 71개 교육과정을 운
영하고 있다.

제2편
법학통론

제1절 법의 의의

1. 법의 개념

"사회가 있는 곳에 법이 있다"라는 법언이 있다. 각각의 사회에 따라 입법의 형식과 내용은 차이가 있어도 법이 필요하지 않는 사회는 없다.

로크는 "자신의 권리를 보다 효율적으로 누릴 수 있기 위해서는 법과 정부가 필요하다."라고 하였다. 결국 사회는 법의 지배(rule of law)하에서 유지되고 존속될 수 있다는 의미이다. 이러한 법은 구성원 간의 분쟁을 해결하고 질서를 유지하고 공익을 추구하며 나아가서 정의正義와 인권人權을 수호하는 역할을 한다.

법철학의 알파이자 오메가인 '법法이란 무엇인가?'의 물음에서 출발하여 법의 개념을 정립해 나가야 한다. 법도 하나의 사회현상이기 때문에 자연현상과 같이 명확하게 그 개념을 도출할 수는 없다. 특히 법은 인위人爲적인 것으로서 가치적·개인적·주관적인 것을 내용으로 하기 때문에, 자연현상과 같은 보편적·객관적·인과적인 내용을 가지고 있는 것은 아니다.[1)]

2. 사회규범으로서의 법

법은 사회규범社會規範이다. 규범이란 그리스어 'norma'에서 유래하였다. 이것은 사회적 목적을 달성하기 위하여 인간이 공동생활에서 꼭 지켜야 할 준칙 내지는 법칙法則을 말한다. 인간이 이러한 규범에 따라 사회생활을 한다면 투쟁, 상극, 분화, 대립 등을 예방 또는 억제할 수 있다.

따라서 규범이란 사회생활의 질서를 유지하기 위해 인간의 행동을 규율하는 인위적인 준칙으로서 사람에게 지킬 것을 요구하는 행동준칙이다.

자연법칙自然法則은 자연의 원칙을 설명한 것이며, 사회법칙社會法則은 사람이 지켜야 하는 인간의 법칙을 말한다. 자연법칙과 사회법칙은 분명히 구별된다. 자연법칙은 인간의 의사 또는 행위와 관계없이 객관성이 인정되는 원칙이며, 자연현상을 대상으로 하여 자연의 사실이 그러하다는 관계를 나타내는 존재(存在; sein)의 법칙이다. 그리고 자연법칙은 자연적 현상 그 자체를 기계적으로 설명하는 것으로서 일명 설명적 법칙이라 한다. 또한 자연법칙은 일정한 원인에 결과가 따르는 인과의 법칙, 즉 자연

---

1) 이하 박현준, 형사법개론, 한국학술정보, 2015, pp. 11−85를 요약·보완하여 재구성함.

의 사실 속에 필연적으로 나타나는 인과율을 가리키며, 원인과 결과사이에 예외가 없는 필연(必然; müssen)의 법칙이다. 그래서 자연법칙은 위반의 가능성이 없으며, 선악善惡과 공과功過 등의 가치판단과 관계없는 몰沒가치적인 법칙이다. 그리고 그것은 자연의 필연적이고 절대적인 법칙을 인간이 발견하고 인식하는데 불과하다.

사회법칙(규범)은 사회생활에서 나타나는 인간의 행위를 대상으로 한다. 사회규범은 사회적으로 인간이 설정한 목표를 달성하기 위하여 만든 문화의 원칙으로서, 인간의 이성理性에 호소하여 특정한 작위作爲・부작위不作爲 등을 요구(명령) 또는 금지한다.

사회규범은 "사람을 죽이지 말라", "빌린 돈을 갚아라" 등과 같이 당연히 해야 한다는 당위(當爲; sollen)의 법칙이다. 또한 사회규범은 인간의 공동생활의 유지라는 가치 또는 목적에 입각한 인위적 법칙이다. 그러한 의미에서 그것은 실현되기를 기대하는 목적目的의 법칙이며, 준수의 가능성이 있는 동시에 위반違反의 가능성이 있어야 한다.

3. 강제규범으로서의 법

인간이 도덕에 위반된 행동을 한 경우 타인으로부터 비난非難만 받고, 종교규범을 위반하면 종교적인 파문을 당하는 데 그친다. 그러나 법을 위반하였을 때에는 정치적으로 조직된 국가권력에 의하여 일정한 제재制裁나 불이익不利益을 받게 된다.

법은 국가기관에 의해 제정된 권력적 규범이다. 국가권력은 최고・절대・유일・불가분인 것이므로, 그 권위에 의해 제정된 법도 역시 도덕・종교・관습・윤리보다 강제성이 월등히 높은 최고의 강제규범强制規範이다. 법이 성문주의를 취하는 것도 이러한 법의 강제성을 구체적으로 담보하기 위한 것이다.

법은 강제규범이다. '악법도 법이다' 또는 '정직한 사람에게는 법이 없다'라는 말에는 법의 강제규범성이 강하게 나타나고 있다. 법의 강제성은 법의 특질이며, 법의 본질이다.

그래서 법을 거부하는 자에게 국가가 반드시 제재를 가한다.

4. 법의 상대성과 절대성

법규범은 존재나 당위 중의 하나만을 의미하는 것이 아니다. 법은 존재로서 시간적・공간적 제약을 받는 상대적 규범이면서, 한편으로는 정의正義라는 보편적 가치를 지향하는 절대적 규범이다. 파스칼Blaise Pascal은 "피레네 산맥 이쪽에서 정의(법)

가 저쪽에서는 부정의(불법)"라고 하여 법의 상대성을 갈파하였다. 인간이 사는 모든 곳에서 일치되는 정의는 없지만, 피레네 산맥 이쪽이나 저쪽이나 인간이 사는 모든 곳이라면 언젠가는 서로 연합하여 일치된 정의(절대성)를 추구하는 법을 발견할 것이라는 희망을 가져야만 한다.

5. 법의 성격

법은 인간의 행동을 규제할 뿐만 아니라 재판裁判이나 조직組織을 정하는 기준이 된다. 이 점에서 법은 기타의 사회규범과 다른 성질과 구조를 가지고 있다.

법규범이 개인에게 사회생활에서 지켜야 할 어떠한 행위를 명령하거나 금지하는 경우가 있다. 이 경우의 법규범을 행위규범行為規範이라 한다. 행위규범을 지키지 않아서 당사자 사이에 다툼이 생긴 경우, 당사자 일방이 법원에 소訴를 제기하여 재판을 청구하면 법원이 이 법규범을 기준으로 다툼을 해결한다. 이러한 규범을 재판규범裁判規範이라 한다. 또한 재판규범은 행위규범의 위반 상태, 즉 법적으로 일정한 행위요건(예컨대 살인, 절도행위 등)에 해당하면 일정한 법적 효과(예컨대 사형, 무기징역 등)를 발생할 것을 선언하고 있는 가언적 명제假言的 命題(예컨대 형법 제250조 제1항에 "사람을 살해한 자는 사형·무기 또는 5년 이상의 징역에 처한다."라는 형식)를 특색으로 한다. 그러나 대부분의 법규범은 행위규범과 재판규범의 복합체로 구성되어 있다.

제 2 절 법과 사회규범

1. 의 의

법은 인간생활을 규율하는 사회규범社會規範의 하나이다. 그러나 법만으로 인간의 사회를 모두 규율할 수 없기 때문에 관습, 종교, 도덕과 같은 다른 사회규범이 존재하고 있으며, 법은 이들 사회규범과 밀접한 관계를 가지고 있다.

원시시대에 인간생활은 원시적 관습에 의하여 규율되었다. 이 관습은 종교와 결부되어 있었으며, 미분화된 단순한 사회규범이었다. 그러나 사회가 차츰 발달함에 따라 관습에서 도덕이 분화되었고, 사회가 조직화되고 국가가 성립되면서 국가적 강제가 뒷받침하는 제2차적 규범인 법이 관습과 도덕에서 분화되었다.

2. 관습과 법

법과 관습慣習(custom)의 구별은 그리 쉽지 않다. 일반적으로 관습이란 일정한 행위가 특정한 사회 내부에서 역사적으로 발생하여 계속·반복됨으로써 사회의 관행慣行으로 널리 승인되어 그에 준거하여 행동하지 않으면 아니 된다는 의식을 갖게 하는 사실적인 행동양식이라고 한다.[2]

관습은 습관習慣(habit)과 구별된다. 습관은 개인적인 어떤 행위가 반복적으로 행해지는 것이므로 개인차가 있다. 그러나 관습은 사회적인 행위이고, 사회구성원 사이에서 이를 준수하여야 한다는 사회공통의식에서 발생한 것이다.

관습은 관습법慣習法(gewohnheitsrecht)과도 구별된다. 관습이 반복되어 사회의 법적확신에 의하여 지지되어 법적 구속력(강제력)을 가지게 되면 관습법이 되고, 그 정도에 이르지 못한 것을 사실인 관습이다.

3. 종교와 법

종교宗敎(religion)는 주관적으로 인간이 초인적인 신의 존재를 믿고, 이에 귀의한다는 개인적인 내심적 신앙信仰(belief)이다. 이것은 개인의 복락을 추구하기 때문에 인간의 내심에 머물러 있는 한 사회적인 것이 아니므로, 외부적으로 어떠한 문제도 발생하지 않는다.

그러므로 종교는 주관적으로 인간의 내심적 신앙에 터전을 두고서 요구되는 규범이다. 종교규범도 그 신자들의 사회생활을 규율하고 있는 만큼 사회규범의 일종이다.

4. 도덕과 법

(1) 법과 도덕의 구별

법과 도덕道德(morality)은 모두 인간의 행위를 바르게 규율하는 규범이고, 그 원천과 내용에 있어서 긴밀하게 결합되어 있으며, 효력에 있어서도 상호보완의 관계에 있다. 그러므로 법과 도덕의 관계를 이해하는 것은 매우 어렵다. 이제까지 법학에서 법과 도덕의 구별문제는 법철학 문제 그 자체였으며, 법철학 정립의 성패를 좌우하는 시금석과 같은 것이었다. 그래서 예링R. Jhering은 법과 도덕의 구별문제를 좌초의 위험이 가득한 희망봉에 비유하여 '법과 도덕의 관계는 법철학의 케이프 혼(cape horn

---

2) '이사하면 떡을 이웃에게 돌린다.'거나 '결혼하면 국수를 이웃에게 먹여준다.'는 관행

der rechtsphilosophie)'이라고 하였다.

토마지우스C. Thomasius가 법과 도덕을 이론적으로 구별한 이래, 많은 학자들이 각자의 견해를 제시해 왔다. 이를 토대로 법과 도덕을 다음과 같이 일반적으로 구별할 수 있다.

첫째, 법은 인간의 외부적 형태에 관심을 두고 인간의 외부外部적 행동만을 규율한다. 그래서 사색에는 누구도 벌을 가할 수 없다는 말이 성립된다. 그러나 도덕은 내면內面적 형태에 관심을 두고 인간의 내면적 의사, 즉 양심을 대상으로 한다.

둘째, 법은 타인他人을 지향하는 규범이기 때문에 반드시 둘 이상의 주체가 있어야 한다. 세상에 한 사람만 있으면 어떠한 법도 필요가 없다. 그러나 도덕은 항상 자기 자신自身에 대한 규범이다.

셋째, 법은 행위의 합법성合法性을 요구하며, 도덕은 행위의 도덕성道德性을 요구한다. 그래서 법은 규정에 적합한 행동만을 요구하지만 도덕은 규범의 적합한 심정도 요구하고 있다.

넷째, 법은 외부에서 복종자에게 의무를 부과하는 타인의 의지, 즉 타율성의 규범으로서 본인의 의도와 관계없이 제재 때문에 억지로라도 준수해야 한다. 법은 외부의 강요로 준수된다. 그러나 도덕은 고유한 인격을 통한 자율성의 규범으로서 외부의 강요 없이 스스로의 자각으로 준수한다. 따라서 법은 타율성他律性을 지니나 도덕은 자율성自律性을 지닌다.

다섯째, 법은 권리·의무의 양면성을 가지고 있기 때문에 의무에 대응하는 권리가 있다. 따라서 법의 명령 또는 지시는 언제나 양면성兩面性이어서 항상 사람들을 결합시킨다. 그러나 도덕은 의무의 일면성一面性을 가지고 있기 때문에 도덕적 의무에 대응하는 권리가 없다. 도덕적 규범은 개개 주체에 대한 규정으로서 행동하는 자에 대한 지시를 규정할 뿐이다.

(2) 법과 도덕의 관계

법과 도덕은 내용 면에서 다음과 같은 관계가 있다.

첫째, 법과 도덕이 중복되는 경우가 있다. 즉, 도덕과 법이 모두 금지하거나 허용하는 것이 있다. 둘째, 도덕은 허용하지 않으나 법이 허용하고 있는 경우가 있다(민법상 이혼요건으로 부부 일방의 불치의 정신병). 셋째, 도덕은 허용하나 법이 허용하지 않는 경우가 있다(부모의 원수에게 복수하는 것). 넷째, 도덕과 관계없는 법도 있다(도로교통법 규정).

한편 법과 도덕道德은 그 효력 면에서 밀접한 관련이 있다. 도덕은 개인의 양심 혹은 사회적 비난에 의하여 실효성이 뒷받침된다. 반면에 법은 국가권력에 의한 외부적 강제가 실효성을 뒷받침한다. 그러나 도덕은 법의 타당근거이고 동시에 법의 목적과 이상으로 작용한다. 그래서 법이 아무리 엄벌한다고 규정하고 있더라도 국민의 도덕적 준수정신이 불건전하면 법이 준수되지 않을 수 있다. 그러므로 법이 완전히 실효성을 갖기 위해서는 외부적 강제 이외에 법이 윤리성을 가지고 있고, 국민이 건전한 준법의식이 있어야 한다.

제 3 절   법의 이념

1. 서   론

이념理念(ideology)이란 법이 추구하는 최고의 가치價値로, 법 배후의 원동력이 되는 것이다. 그 이념 중에서 현저한 것이 목적이기 때문에 이념을 법의 목적(zweck)이라고도 한다.

예링R. Jhering은 법에 있어서의 목적(der zweck im recht)에서 "모든 법은 목적目的의 소산이며, 목적이야말로 법의 창조자이다"라고 하여, 법은 어떤 목적 때문에 출현한 것이라고 강조하고 있다.

법은 단순한 자연법칙으로서 무의식중에 자연적으로 발생하는 것이 아니고, 목적률目的律에 의해 의식적으로 창조되는 것이다. 예링은 인간이 사회생활에서 이익을 추구하면서 발생하는 충돌을 피하고 사회전체가 공존공영의 관계를 유지할 수 있도록 일정한 질서를 확립해야 할 필요가 있는데, 이러한 인간의 생활 조건을 조정하고 생활을 규율하기 위하여 법이 창조된다고 하였다.

2. 정   의
(1) 개   념

법의 개념은 본질적으로 정의正義(justice)의 개념과 결부되어 있다. 그리스어로 법(dike)과 정의(dikaion)는 그 단어가 유사하며, 로마에서는 법(jus)은 정의(justitia)에서 유래한 것으로 간주하였다. 따라서 법은 정의라는 근원에서 생기고, 항상 정의를 실현하려고 한다. 그러므로 정의는 실정법의 가치기준이며 입법의 목적이 된다.

또한 정의는 어떤 당위가치에서 나오는 것이 아니라 진·선·미와 함께 절대적 가치, 즉 다른 어떠한 가치에서 도출할 수 없는 가치이다. 이와 같이 법과 정의가 밀접한 관계에 있지만, 법은 정의와 동일한 개념은 아니다.

정의正義란 무엇인가? 하는 물음은 법철학의 가장 근원적인 문제로 오랫동안 논의 되고있다. 사전적辭典的 의미로 정의는 이성적 존재인 인간이 언제 어디서나 추구하고자 하는 바르고 옳은 것을 말한다. 그러나 법적인 측면에서 파악한 정의의 개념은 시대와 학자에 따라 다르다.[3]

(2) 정의론의 전개

① 아리스토텔레스의 정의론

정의正義의 개념을 최초로 이론화한 사람은 아리스토텔레스Aristoteles이다. 그는 니코마 윤리학(ethica nicomachea)에서 정의란 가장 완전한 덕이고, 개인이 이행하여야 할 최고의 덕목이며, 아울러 각자가 타인의 관계에서 실현해야 할 길로서 개인의 도덕이 아니라 사회적인 도덕이라고 하였다. 즉 정의를 각자에게 그의 것을 귀속시키는 사회의 덕으로 보았다. 아리스토텔레스의 정의론은 단체주의와 개인주의를 모두 고려하고 조화한 것으로 후세에 많은 영향을 주었다.

그는 정의를 평균적(산술적·교환적) 정의와 배분적(기하학) 정의로 나누었다. 평균적 정의平均的 正義는 절대적 평등을 요구하는데 사회생활을 함에 있어서 개인 상호간의 권리를 존중하여 상품과 가격, 범죄와 형벌, 손해와 배상 등의 급부와 반대급부 사이에 있어서 등가等價관계를 요구하는 교환적·보상적·절대적 정의이다. 이것은 산술적 비례算術的 比例에 의해 각자의 이해를 균등히 할 것을 요구하는 산술적 정의이다. 사법私法상의 정의로 인정된다.

반면에 배분적 정의配分的 正義는 비례적 평등比例的 平等을 요구한다. 이것은 사회가 재화·명예·공직을 여러 사람에게 분배하는 경우, 각자의 능력과 실적에 따라 그에 상응하는 이익을 공정하게 그 몫을 인정하는 기하학적 정의이다. 또한 배분적 정의는 개인의 가치와 능력에 따르는 개인차를 인정하고, 그 개인차는 국가사회에 공헌

---

3) 그리스 자연철학자들은 정의(正義)를 자연적인 것, 즉 주관적 판단을 초월한 것으로 보았다. 피타고라스는 정의의 본체를 자승수로 보고, 그중에서 자승수의 기본인 4를 정의라 하였다. 또한 프로타고라스(Protagoras)는 '인간은 만물의 척도'라 하고, 정의를 강한 자의 이익이라 하여 객관적인 가치척도를 부인하였다. 이것이 주관적 상대주의를 특징으로 하는 소피스트(sophist)들의 대표적인 견해이다. 이러한 주관적 상대주의를 배척한 소크라테스(Socrates)는 법과 정의를 같은 것으로 보고, 법과 정의는 개인적 이해관계에서 나오는 것이 아니라 인간의 본성에서 나오는 것이라고 하였다.

하는 비율에 의해 구체적으로 판단하는 것이기 때문에 실질적 · 비례적 평등을 추구한다. 형사법상의 정의로 인정된다.

근대 시민혁명(1789년) 이후 인간의 인격적 평등을 인식하고 평균적 정의의 구현에만 중점을 두었으며, 현대에는 인간이 구체적 생활인임을 중시하여 실질적 평등을 실현하기 위하여 평균적 정의보다는 다시 배분적 정의를 강조하게 되었다.

② 로마의 정의론

로마의 철학자 키케로Cicero는 정의를 '각자에게 그의 것을 주는 것'이라 하였다. 모든 사람에게 그의 것을 준다는 것은 평균적 정의와 배분적 정의를 아울러 실현하는 것이다. 여기서 말하는 '그의 것'이란 어떤 물건이나 어떤 행위에 대해서 법이 보호하는 이익으로서, 평균적 정의와 배분적 정의의 적정한 조화에 의해 해결될 수 있다. 울피아누스Ulpianus도 정의를 '각자에게 그의 권리를 주는 항구적인 의지意志'라고 하였다.

③ 중세의 정의론

중세에서는 신학神學적인 입장에서 정의를 논하였다. 교부철학教父哲學자인 아우구스티누스St. Augustinus는 교회국가에 대한 근본적 우월성을 인정하여 국가는 인간 질서유지를 위한 수단으로 보고, 정의는 사랑이며 유일한 신을 신봉하는 것이라고 하였다.

스콜라 철학의 대표자인 토마스 아퀴나스T. Aquinas는 지혜智惠 · 용기勇氣 · 절제節制 · 정의正義를 4대 덕목으로 들고, 일반적 정의는 지상의 모든 덕망을 포괄하며, 특수적 정의는 배분적 정의와 평균적 정의로 나눈다고 하였다.

④ 현대의 정의론

코잉H. Coing은 배분적 정의와 평균적 정의에 보호적保護的 정의를 추가하고, 현대 국가의 주된 정의는 보호적 정의라고 하였다.

일반적으로 정의의 개념을 아리스토텔레스의 이론에 따라 평등平等으로 이해한다. 그러나 아리스토텔레스가 말한 바와 같이 각자에게 그의 것을 주어 정의를 실현한다고 해도, 각인의 능력이나 공적을 결정하는 기준을 어떻게 정하여야 하는가 하는 실질적인 측면에서 영구불변의 보편적인 것, 즉 절대적인 정의는 찾을 수 없고 결국 시대와 사회에 따라 또는 사람들의 세계관과 가치관에 따라 달라질 수밖에 없다. 제1차 세계대전의 독재를 경험한 이후 '각자에게 그의 것을 준다.'는 명제가 형식적이어서 정당성의 구체적 기준을 제시하지 못한다고 보고 실질적 정의의 내용을 확정하려 하였다.

3. 합목적성

정의라는 보편적普遍的 가치가 중요하다고 해도, 그것은 추상적 가치이므로 누가 같고 누가 다른가를, 또는 이들을 어떻게 취급해야 할 것인가에 대해 설명하지 않는다. 즉, 정의는 법의 방향만을 결정할 뿐이고, 구체적 개별적인 경우에 내용적으로 무엇이 정당하다고 가르쳐주지 않는다. 따라서 정의만으로는 공허한 형식에 지나지 않는 것이다. 따라서 법이 정의만을 지향할 때, 실제 적용에 있어서 불합리한 결과가 나타날 위험이 있다. 그러므로 법에서 추상적인 정의를 구체적 타당성 있게 실현시킬 수 있는 이념이 필요한데, 이것이 합목적성이다.

합목적성合目的性이란 목적에 맞추어 방향을 설정하는 원리이다. 법에 있어서 합목적성이란 국가의 법질서가 구체적으로 제정·실시되어야 할 어떤 표준과 가치관에 따르는 것을 말한다. 정의의 실현에 봉사하는 현실로서의 법의 구체적 내용은 법의 목적에 의해 부여된다. 그런데 국가는 그 본질적 부분에 있어서 법적 제도이고, 법은 국가 목적의 규범으로서 체계화된 것이며, 국가는 법의 목적을 종합적으로 실현하기 위한 대규모의 목적 공동체이다. 그러므로 국가의 목적이 변경되었거나 새로운 목적을 설정한 경우법이 제정 혹은 개정되어야 한다. 결국 법의 목적은 국가의 목적에 직결되고, 법은 그 국가의 목적에 맞추어 형성되고 운용되어야 한다. 이것이 합목적성의 이념이다. 결국 합목적성이란 법이 국가 목적의 지주支柱가 되고 이에 순응하는 것을 말한다.

4. 법적 안정성

법적 안정성安定性이란 법에 의해 보호되는 사회생활의 질서의 안정성을 의미하며, 국민생활의 안정과 사회질서를 유지시켜 주는 역할을 한다. 그러나 앞에서 설명한 바와 같이 법의 목적은 상대적으로 정해지므로, 세계관의 다양성에 따라 의견대립이 있을 수 있다. 이렇게 되면 모든 사람이 따라야 하는 하나의 질서를 수립할 수 없다. 법은 우리에게 평화와 안정을 가져다주는 것을 사명으로 하므로 사상적 대립을 넘어서 단일의 법질서로 존재해야 실효성이 있다. 이것이 법적 안정성의 이념이다.

법적 안정성은 법적으로 보장된 사회질서의 안정성을 의미하지만, 근본적으로는 법 그 자체의 안정성을 의미한다. 법은 행위규범인 동시에 재판규범이므로 그것이

자주 변경되면 국민은 행동지침을 잃게 되고 사회도 안정될 수 없기 때문에, 법의 안정성이 보장되면 자연적으로 사회질서의 안정성이 보장된다.

법의 제1차적 기능機能은 질서유지와 분쟁의 평화적 해결에 있다. 따라서 괴테 Goethe는 "제아무리 부정의로운 법도 무질서보다 낫다."라고 하여, 법이 없는 것보다는 악법이라도 있는 것이 좋다고 보았다. 따라서 라드브루흐G. Radbruch는 "법적 안정성이 다른 이념보다 우위에 있다"라고 하였다.

5. 이념의 상호관계

구체적으로 세 이념은 상호관계는 다음과 같다. 첫째, 정의와 합목적성의 관계를 살펴보면, 정의와 합목적성은 주로 법의 내용(실체)에 관한 이념이다. 정의는 일반화하는 경향이 있고, 합목적성은 개별화의 성향을 가지고 공리라는 가치관념을 바탕으로 하여 법이 국가의 목적에 순응할 것을 요구한다. 합목적성은 정의의 제약을 받으면서 상호 결합하여 법의 규범적 타당성과 실효성을 확보해야 한다.

둘째, 정의와 법적 안정성의 관계를 다음과 같다. 정의만 강조하면 법적 안정성을 파괴하고, 법적 안정성만을 강조하면 정의가 망각된다. 또한 정의는 이념적인 성격을 가지나, 법적 안정성은 사실성을 가진다. 그리고 법적 안정성은 법이 정의에 합치되지 아니하더라도 시행될 것을 요구하나, 그 안정성은 '시체의 정숙'과 '묘지의 평화'에 지나지 않는다.[4] 그래서 "정의는 질서의 존재를 전제로 하기(T. Hobbes)" 때문에 "무질서한 것보다 불평등이 낫다(J. Goethe)."

셋째, 법적 안정성은 법의 내용이 정의와 목적에 부합하든 하지 않든 자기를 고집한다. 그리고 법은 국가의 목적에 순응하려는 합목적성을 가지면서 한편으로 국가의 목적이 급격하게 변동하는 것을 견제하고 질서의 혼란을 방지하려는 법적 안정성을 추구하므로, 합목적성은 법적 안정성에 의해 제약된다. 그러나 합목적성이 질서를 파괴하고 새로운 질서를 형성할 때, 법적 안정성이 다시 대두되어 새로운 질서와 안정성을 추구한다. 그러므로 법의 합목적성과 법적 안정성은 결합하여 법의 성립과 발전을 도모한다.

법의 세 이념은 상호보완관계를 유지하면서 서로 결합하여 법질서를 형성·유지·발전해 간다. 즉, 정의·합목적성·법적 안정성의 세 이념은 집중적인 관계로서

---

4) 자연법론에서는 정의를 무시하는 법은 법률의 모습을 띄고 있으나 불법이므로 더 이상 법의 효력이 없다고 한다. 그러나 법실증주의에서는 적법한 절차에 따라 법이 제정되었으면 악법이라도 법이다.

법의 개념을 창출하고, 법이 법으로서의 가치를 가지게 한다. 이러한 집중적인 관계는 각 이념의 작용영역의 공정한 분배·상호요구·보완으로 설명될 수 있다. 정의에 의하여 어떤 명령이 일반적으로 법의 형식을 갖추었는가를 인정하고, 합목적성을 척도로 하여 그 명령이 내용적으로 정당한가를 결정하며, 실현된 법적 안정성의 정도에 의하여 그 명령의 효력을 인정한다. 그리고 정의의 형식적 성질은 그 내용을 실현을 하기 위하여 목적 사상(합목적성)을 필요로 하고, 목적 사상의 상대주의는 법적 안정성을 요구한다.

제 4 절 법의 존재형태

1. 서 론

법원法源(source of law)이란 법질서를 구성하는 여러 형식 내지 종류를 말하는 것으로서 법적용에 있어서 법으로 인식할 수 있는 모든 것, 즉 법의 존재형식이다.

법규범은 문장의 형식으로 나타나는가 또는 불문不文의 형식인가에 따라 크게 성문법과 불문법으로 구별된다.

성문법成文法은 국가나 공공단체에 의하여 제정되는 법으로서 제정법이라고도 하고, 불문법不文法은 사회생활에 관습으로서 행해지는 것이 당연히 법으로 인식되고 있는 경우로서, 성문법 이전에 존재하는 모든 법의 연원을 말한다.

2. 성문법
(1) 의 의

성문법成文法(written law)은 권력자의 의사意思가 문장으로 표현되어 일정한 형식과 절차에 따라 제정·공포된 법을 말한다. 역사적으로 법은 불문법에서 성문법으로 발전해 왔으며, 조직적인 현대 문명국가는 성문법을 기본으로 하므로 성문법이 가장 중요한 법원이다. 성문법은 국민의 의사(민주주의국가) 또는 한 사람의 의사(전제주의국가)에 의해 제정된 인위적인 법이다.[5]

성문법이 법원法源(source of law)으로서 차지하는 위치는 법계法系(system of law)에

---

5) 법문의 내용이 많은 대법전에는 편(篇), 장(章), 절(節), 관(款), 조(條), 항(項), 호(號), 목(目) 등으로 이루어져 있다.

따라 다르다. 즉, 영미법계(the legal system of england and america; 영국, 미국, 호주 등)는 원래 불문법을 원칙으로 하기 때문에 성문법이 많지 않고 중요성도 높지 않으나, 대륙법계(the legal system of continent; 독일, 프랑스, 이탈리아 등)는 성문법을 원칙으로 한다.

성문법은 일반·추상적으로 문장화되어 있고 고정적이며 개폐가 복잡하기 때문에 다음과 같은 단점(demerits)이 있다.

첫째, 형식적으로, 성문법은 문장으로 표현되어 있는 사상이다. 그러므로 문장은 어떤 의사를 완전하게 표현하지 못하거나 또는 잘못 표현할 수 있으므로 입법자 이외의 사람이 그 문장을 통하여 법의 진실된 내용을 정확히 포착하기가 힘이 든다. 둘째, 성문법은 문장의 형식을 취하여 고정성을 갖는다. 그 때문에 항상 변천하는 사회생활의 현실적 수요에 즉각 부응하지 못한다.

셋째, 실질적인 면에서, 성문법은 국민의 확신이나 사회적 필요를 무시하고 입법자의 일반적인 자의에 흐를 수 있으며, 또한 법의 제정과정에서 상호 대립하는 정책이 타협될 수도 있으며, 다수의 사람이 입법절차에 참여하기 때문에 성문법은 불철저하고 모순을 포함할 수도 있다.

반면에 성문법은 문장의 형식에 의하여 법전으로 표현되기 때문에 다음과 같은 장점(merits)을 가지고 있다.

첫째, 법의 존재와 그 의미를 명확히 하기 때문에 법적 행동과 거래를 편리하고 안전하게 할 수 있다. 이 때문에 합리적 타산을 생명으로 하여 그 결과에 대한 정확한 예견을 필요로 하는 상거래 등에서 성문법이 발달되어 있다. 그래서 영·미 등 불문국가에서도 상법만은 일찍이 성문화되어 있었으며, 이것이 자본주의 경제의 발전에 기여하였다.

둘째, 국가권력의 전횡專横에서 국민의 자유를 보호하는 데 유리하다. 특히 형법은 법관의 주관적 자의나 권력남용을 방지함으로써 범죄인의 특별한 이익을 보호하기 위하여 성문화가 필요하다.

셋째, 성문법은 법전法典화 되어 있기 때문에 법규의 통람이 편리하고 법규의 내용을 국민에게 알리기 적합하다. 그리하여 법전의 존재는 국제교통이 빈번하고 외국법제를 숙지할 필요가 큰 현대에 있어서 매우 중요하다.

(2) 종 류

성문법은 다양한 내용을 규정할 수 있으므로 법원 중에서 가장 중요한 것이다. 성문법에는 헌법, 법률, 명령, 규칙, 자치법규(조례와 자치규칙), 조약(국제적으로 승인된 규약포함) 등이 있다.

헌법憲法(constitution)은 국가최고기관의 조직과 작용, 국가기관 상호 간의 관계, 국가와 국민 간의 관계에 관한 기본원칙을 정한 국가의 기본법이다. 따라서 헌법은 국가의 최고규범이며, 최고의 법원성을 가진다.

일반적으로 헌법憲法이라 함은 헌법전6)을 의미하는데 이것을 형식적 의미의 헌법이라 하고, 헌법을 형식 여하를 불문하고 국가의 최고법규로 본다면, 이것을 실질적 의미의 헌법이라 한다.

헌법의 규범력을 높이기 위해 일정한 절차에 따라 조문이나 문구를 추가 또는 삭제하는데 이것을 헌법개정憲法改正이라 한다. 그리고 헌법은 국가의 최고규범이기에 법률, 명령, 자치법규 등은 헌법에 위반해서는 안 된다. 이 최고규범성을 유지하기 위하여 위헌법률違憲法律 심사제도가 인정된다.

법률法律(statute, rule)은 입법기관(국회)의 의결을 거쳐 제정되는 법규범이다. 이러한 의미의 법률은 협의의 법률이며, 넓은 의미의 법률은 법 그 자체를 말한다. 법률은 국민의 대표기관인 국회가 제정하므로, 국민의 의사로 간주看做된다. 따라서 국민이 법률에 복종하는 것은 자기구속自己拘束의 원칙에 의한 자율적 지배(자동성의 원칙)이다.

명령命令(order)은 국회의 의결을 거치지 않고 행정기관에 의해 제정된 성문법을 말한다. 원래 행정기관은 법을 제정할 수 없으나, 오늘날 행정의 전문성·기술성을 활용하고 행정능률을 높이기 위하여 법률에서 일정한 범위를 정해서 구체적인 위임을 받아 행정기관이 명령을 제정하고 있다. 이를 행정입법行政立法이라 한다.

명령은 법률의 위임委任(delegate)을 받아 행정기관이 제정하였기 때문에 법률보다 하위의 효력을 가지며, 명령으로 법률을 개폐할 수 없다.

그러나 헌법에서의 긴급명령이나 긴급재정경제명령은 명칭은 명령이나 법률과 동등한 효력을 인정하고 있다.7)

명령은 성질을 기준으로 법규명령과 행정규칙으로 나눌 수 있으며, 제정권자를 기준으로 대통령령·총리령·부령(장관제정의 명령)으로 구별할 수 있다.

규칙規則(rule)은 헌법상 권력분립의 이념에 따라 입법부(헌법 제64조),8) 사법부(헌

---

6) 대한민국헌법은 전문(前文)과 제10장 제130조의 본문과 부칙으로 구성되어 있다.
7) 헌법 제76조 제1항.
8) 제64조 ① 국회는 법률에 저촉되지 아니하는 범위안에서 의사와 내부규율에 관한 규칙을 제정할 수 있다.

법 제108조),[9] 헌법재판소(헌법 제113조),[10] 중앙선거관리위원회(헌법 제114조)[11] 등에 각
각 규칙의 제정권을 부여하고 있다.

자치법규自治法規(legislation of self-government)는 조례條例(ordinance)와 규칙規則(이
하 위 규칙과 구별하기 위하여 자치규칙)으로 나눌 수 있다. 조례는 지방자치단체가 법령
의 범위 안에서 자치사무와 단체위임사무에 관해 지방의회地方議會의 의결로 제정하는
것이며, 자치규칙은 지방자치단체장(시장, 군수, 구청장 등)이 법령과 조례의 범위 안에
서 그 권한사항에 관해 제정한 것이다.

조약條約(treaty)은 국제관계에 관한 사항을 국제법상 완전한 주체가 될 자격을 가
진 국가와 국가 사이에서 문서에 의하여 합의한 국제법상 법형식의 하나이다. 따라
서 국제법상 법관계는 조약에 의하여 형성·변경·소멸된다. 조약은 국가의 대표자들
이 그 안을 협의하고 작성·서명한 후, 국내법에 따라 국회의 동의를 거쳐 국가원수
가 비준하고 공포한다.

조약은 행정협정과 구별된다. 행정협정은 정부의 권한으로 할 수 있으며, 조약전
문의 위임에 의하여 그 범위 내에서 정부가 국회의 승인 없이 체결할 수 있다.

조약(국제적으로 승인된 규약들 포함)은 헌법의 규정에 의하여 국내에서 법률과 동일
한 효력을 가진다. 따라서 국내법과 조약이 충돌할 경우 상위법 우선의 원칙, 신법
우선의 원칙, 특별법 우선의 원칙에 의하여 적용된다.

3. 불문법

(1) 의   의

불문법不文法(unwritten law)은 입법기관에 의해 문자나 문장의 형태로 제정·공포
되지 아니한 법규, 즉 제정법 이외의 모든 법규를 총칭한다.

역사적으로 불문법은 성문법에 앞서 발생하였으나 사회가 복잡·다양화됨에 따
라 법질서를 명확히 하기 위하여 성문법이 중요한 위치를 차지하게 되었고, 불문법
은 보충적인 지위를 가지게 되었다. 즉, 성문법만으로 인간의 모든 생활관계를 규율
할 수 없기 때문에 이를 보충하는 기능으로서 불문법을 인정하고 있다. 그래서 오늘

---

9) 제108조 대법원은 법률에 저촉되지 아니하는 범위안에서 소송에 관한 절차, 법원의 내부규율과 사무
   처리에 관한 규칙을 제정할 수 있다.
10) 제113조 ② 헌법재판소는 법률에 저촉되지 아니하는 범위안에서 심판에 관한 절차, 내부규율과 사무
   처리에 관한 규칙을 제정할 수 있다.
11) 제114조 ⑥ 중앙선거관리위원회는 법령의 범위안에서 선거관리·국민투표관리 또는 정당사무에 관한
   규칙을 제정할 수 있으며, 법률에 저촉되지 아니하는 범위안에서 내부규율에 관한 규칙을 제정할 수
   있다.

날 죄형법정주의를 취하고 있는 형법을 제외하고 불문법은 제2차적 법원(法源)으로 존재하게 되었다. 그러나 판례법주의를 취하고 있는 영미법계에서는 불문법인 판례법을 일차적인 법원으로 인정하고 있다.

불문법에는 관습법, 판례법, 조리가 있으나 대표적인 것은 관습법이다.

(2) 관습법

관습법慣習法(customary law)은 사회의 자연발생적 규범으로서 관습에 의하여 성립되는 불문법이다. 사회적으로 스스로 발생한 관습이 단순한 예의적·도덕적 규범으로만 지켜지는 것이 아니라, 사회의 법적 확신 또는 법적 인식을 얻어 다수인이 그것에 의한 권리·의무를 인식하였을 때 이를 관습법이라 한다. 즉, 관습이 성문화되지 않고 불문의 형태로 국가에 의하여 법으로 승인을 얻고 강제규범으로서 국가법 체제의 일부로 인정되고 있는 것이다.

그러나 관습법은 '사실인 관습'과 구별된다. 사실인 관습은 관습법이 될 요건을 갖추었으나 아직 법적 확신을 얻지 못하여 법규범에 이르지 못한 것이다. 예컨대 "돈을 꾸면 매달 이자를 주어야 한다."는 경우를 들 수 있다. 반면 관습법은 법적 확신에 의하여 지지되어 법으로서의 효력을 가지는 것이다. "부부가 혼인하더라도 성은 변하지 않는 것"은 관습법의 예이다. 사실인 관습은 관행이 예의적·도덕적 규범으로서 지켜지는 것이므로 강제성이 없으나, 관습법은 법으로서 강제성이 있다.[12]

관습법과 사실인 관습은 상대적인 관계에 있다. 우리 민법 제106조는 "법령 중에 선량한 풍속 기타 사회질서에 관계없는 규정과 다른 관습이 있는 경우에 당사자의 의사가 명확하지 아니할 때에는 그 관습에 의한다."라고 하고 있다. 이것은 법률행위의 해석解釋에 관한 규정이다. 이 조문에 의할 때, 임의법규와 내용이 다른 관습이 존재하고, 그 적용에 관하여 당사자의 의사가 명확하지 않아야 사실인 관습이 효력을 가진다.

성문법에 대하여 관습법은 보충적 효력, 변경적 효력, 대등한 효력 등이 인정된다.

(3) 판례법

판례법判例法(judge-made law)이란 판례의 형태로 존재하는 법이다. 즉, 일정한

---

12) 2005년 민법의 개정으로 8촌 이내의 동성동본인 혈족 간에는 결혼이 금지되나 9촌 이상의 동성동본 간의 결혼은 허용되도록 하였고(민법 제809조), '자는 부의 성을 따른다.'는 전통적인 성(姓)불변의 원칙은 양성평등의 원칙에 따른 성씨를 선택할 수 있도록 하였다(민법 제781조 제6항). 호주제도 폐지와 여성에게 종회의 구성원이 될 수 있도록 하였다(대판2002다1178).

법률문제에 동일한 취지의 판결이 계속됨으로써 방향이 대체로 확정된 경우에 판례의 합리성을 이유로 장래의 동종사건에 동일 취지의 판례가 내려질 것이라고 법적확신을 얻은 경우 이를 판례법이라 한다.

판례법은 관습법의 특수한 형태인데 법원法院(court)에 의해 형성된다는 점에서 관습법과 다르다. 고대에는 권위 있는 재판에 대해서 법원성을 인정하였으나, 오늘날에는 불문법주의와 성문법주의 중 어느 것을 취하느냐에 따라 판례법의 법원성 인정 여부가 달라진다.

영미법계 국가들은 판례법주의를 채택하고 있으므로 판례법의 법원성이 인정된다. 즉, 상급법원이 어떤 법률문제에 관하여 판결을 내리면 그 후 그 법원이나 하급법원은 동일한 법률문제에 관해서 앞선 판결과 다르게 판결할 수 없다.

따라서 같은 법률문제에 관하여 같은 취지의 판결이 반복될 수밖에 없으므로 판례법이 형성될 수 있다.

특히 선판례구속의 원칙(doctrine of stare decisis)이 인정되어 법원이 재판함에 있어서 동종 또는 유사한 사건에 관하여 이미 내려진 동급 또는 상급법원의 판결이 있는 경우 이에 구속받는다.

판결(judgement)은 성문법에 의한 해결이 아니고 법관(judge)의 논리적 합리성을 바탕으로 문제를 해결하는 것이다. 그러므로 법관은 문제의 해결을 위하여 이전의 유사한 사건에서 채택한 법원의 방법에 근거하게 된다. 일단 선택된 법해석과 법 흠결의 보충은 적절한 근거가 없이 포기할 수 없다.

대륙법계 국가들은 성문법주의를 채택하여 판례법의 법원성을 일반적으로 부정한다. 성문법주의에서는 입법부가 성문법을 만들고, 법관은 법의 적용·선언만을 임무로 한다. 대륙법계 국가에 있어서 법원法院은 법의 적용만을 담당하고 법을 창조할 권한은 없다. 판례는 단지 법적용의 결과에 불과하며, 법의 정립은 아니다.

(4) 조 리

조리條理(law of nature)는 법률관계를 지배하는 사물 또는 자연의 성질에 적합한 이치, 사물의 본성, 사물의 도리를 의미한다. 즉, 조리는 사람의 이성에 의하여 승인되고, 일반사회의 정의감에 비추어 반드시 그러하여야 할 것이라고 인정되는 것으로서 건전한 사회생활의 상식으로 판단할 수 있는 사물의 합리적·본질적 법칙이다. 조리는 국가가 법적 규범의식으로 승인한 사회생활규범의 일종이며, 미발전된 관습법이라 할 수 있다.

조리와 성문법의 관계에 대하여, 민법 제103조는 "선량한 풍속 기타 사회질서에 위반하는 사항을 내용으로 하는 법률행위는 무효"라고 규정하고 있다. 여기서 '선량한 풍속 기타 사회질서'는 어떤 만고불변의 이법理法을 뜻하는 것이 아니다. 그것은 현행 법질서를 유지하기 위하여 사회생활을 규율하는 법적 규범의식이라고 국가가 평가하고 동시에 지지하고 있는 것을 의미한다.

그러나 법원法院은 구체적 사건에 있어서 이에 적용할 법규가 없다고 하여 재판을 거부할 수 없다. 법관은 자기가 입법자라면 규정하였으리라고 생각되는 원리에 의하여 해결하여야 한다. 이 경우 법관이 기준으로 삼는 원리가 조리條理이다. 법원法院이 조리에 의하여 재판을 할 때, 정의, 형평, 신의성실, 공서양속, 사회통념, 경험법칙, 사회적 타당성, 사회상규(social rules) 등의 말을 사용한다.[13]

제 5 절   자연법과 실정법

1. 자연법

(1) 의   의

자연법自然法(nature law)은 고대 로마법 사상을 계수繼受한 그리스 법철학에서 싹트기 시작하였고, 플라톤Platon과 아리스토텔레스Aristoteles가 이를 이론화하였다. 아리스토텔레스는 그의 저서 니코마 윤리학(ethica nicomachea)에서 유명한 자연법의 정의를 도출하였다. 즉, '정치적 사회에서 통용되는 법의 일부는 자연적이고 일부는 실정적이다. 어디서든지 동일한 효력을 가지고, 그리고 사람에 의하여 그것이 어떻게 인정받는가에 의존하지 않은 법은 자연적이다. 이에 대하여 본래 그 내용은 이렇게도 될 수 있고 저렇게도 될 수 있지만 그것이 어떻게든지 정립됨으로써 비로소 그 내용이 확정되는 것은 실정적이다.'라고 하였다.

이 사상은 로마 스토아stoa학파를 거쳐 중세의 스콜라schola학파에 이르러 종교철학을 바탕으로 하는 전통적 자연법론이 체계화되었다. 스콜라철학자인 토마스 아퀴나스T. Aquinas는 '자연법이란 이성을 통하여 인간에게 알려진 법'이라 하고, 이성적 존재인 인간이 자연적 판단능력에 의하여 발견될 수 있다고 하여 자연법을 객관화하

---

13) 조리를 명시적으로 규정한 입법례도 많다. 우리 민법 제1조, 스위스 민법 제1조, 오스트리아 민법 제7조 등이 있다.

였다.

시민혁명 이후에는 인간의 이성理性을 본질로 하는 새로운 근대 자연법사상이 성립되었다. 그로티우스H. Grotius는 자연법을 다음과 같이 정의하였다. 즉, '인간이 이성과 일치하는 사회보전의 본능은 본래적인 의미의 법의 연원이 된다. 이 법에는 타인에 속하는 것을 침범하지 않는다는 것, 우리가 타인의 그 무엇을 점유하거나 그것으로부터 이익을 얻었을 경우에 그것을 반환하는 것, 약속을 지키는 것, 자기의 과실로 말미암아 손해를 배상하는 것, 일정한 사물이 인간사회에서 형벌에 해당함을 인정하는 것이 포함된다.'라고 한 것이다.

제2차 세계대전 이후 세계 각국에서는 나치의 독재에 대한 자기반성에서 출발하여 자연법으로 돌아가려는 사상이 나타나기 시작하였다. 코잉H. Coing은 실정법을 제약하는 방법으로 새로운 자연법을 적극적으로 주장하였고, 벨첼H. Welzel은 자연법을 적극적으로 주장하지는 않았지만 실정법의 존재구조 그 자체 속에 자연법의 핵심인 '객관적·실질적으로 정당한 법'을 내재화하려고 하였다.

현대철학에서는 샤르몽J. Charmont의 표현과 같이 '자연법의 재생'이 일어났다. 또한 신자연법론에서는 이상적인 자연법 체계를 구상하여 이것에 만고불변의 절대성을 인정하려는 종래의 태도를 버리고 인간의 본질에 관련된 약간의 근본원리에 대해서만 보편타당성을 인정하는 탄력성이 있는 자연법이 주장되었다.

특히 롬멘H. A. Rommen은 그의 저서 자연법의 영원한 순환에서 자연법을 형이상학의 대상으로 구상하고, 보편 개념의 실재, 자연 속에 목적의 존재, 존재와 당위의 합치, 의지에 대한 지성의 우위라는 네 가지의 내용을 전개하였다.

고대 그리스 법철학 이후 많은 법학자들은 모두 실정법을 초월한 객관적인 그 무엇을 찾으려고 하였다. 특히 자연법은 영구적으로 변함이 없는 보편타당성을 지닌 법이라고 하였다. 그러나 그 구체적인 내용은 다양하게 주장되고 있다.

(2) 기 능

자연법은 보수적인 경향과 혁명적인 경향을 띠게 한다. 전자前者는 현존의 사회를 긍정하고 그 사회의 정치와 법률제도의 필요성 또는 정당성을 이론적인 근거로 합리화하는 경향을 말하고, 후자後者는 현존의 사회를 부정하고 그 정치와 법률제도의 모순을 구하고 이것을 시정·비판하여 그 개혁을 시도하는 경향이다. 다만 시대에 따라 또는 사람에 따라 어느 경향을 강하게 표현하는가에 차이를 두고 있을 뿐이다.

자연법의 진정한 기능은 파수꾼(Wächter)의 역할이다. 즉, 자연법론은 언제나 법을 지키는 일을 자기의 본질로 간직하고 있다. 자연법사상은 궁극에서 오직 하나의 요구를 가지고 있는데 그것은 법이 '거기(da)'에 있어야 할 지속적인 준비성에 대한 의무이다. 이것은 법을 위한 투쟁이라고 할 수 있다. 그래서 자연법은 그것과 모순되는 실정법을 파괴하는 효력을 가진다.

2. 실정법

(1) 개 념

19세기 자연법론에 대한 반발로 나타난 법실증주의는 정의의 기준을 전적으로 실정법에만 결합시키고 실정법 밖에서 정의에 관한 논쟁을 허용하지 않았다. 이후 자연법에 대하여 부정적 또는 회의적인 견해를 표방하는 법사상이 근대법학에서 우위를 차지하였고, 오늘날에도 주류를 이루고 있다. 실정법 중심의 경향은 법철학적으로 경험주의에 속하는 것이고, 분석법학과 순수법학에서 현저하게 나타난다.

실정법은 특정한 시대에 특정한 사회에서만 효력을 가지고 있는 법규범을 말한다. 우리가 보통 법이라고 말할 때 이러한 실정법을 말한다. 즉, 실정법이란 국가권력에 의하여 사회구성원에게 행위의 규범으로서 강요되고 있는 규정의 총체를 말한다고 할 수 있다.

실정법은 자연법과 대비하여 정의되고 있다. 자연법이 비현실적 초인위적인 것에 기초를 둔 결과 일반적으로 관념적인데 반하여, 실정법은 일정한 사회적·경험적 사실에 근거를 두고 제정·변경되기 때문에 실정적이고 실효적이다. 그리고 실정법은 자연법과 달리, 시간적·공간적으로 한정된 현실사회 속에서 역사적·경험적 사실에 의하여 제약되고 인위적으로 생성·변화하는 경험적 소재를 통해서만 인식되는 법이다.

실정법은 보통 성문법의 형태로 존재하지만 예외적으로 관습법, 판례법, 조리법과 같은 불문법의 형태로도 존재한다. 그리고 성문법은 헌법을 정점으로 하여 법률, 명령, 규칙, 처분의 순서로 상하의 단계구조를 이루고 있다.

(2) 자연법과의 관계

자연법自然法은 정의를 중시하고 실정법實定法은 법적 안정성을 중요시한다. 그러나 자연법과 실정법은 상호모순·상반되는 것이 아니라 밀접한 관계에 있다. 자연법은 실정법 위에서 시공을 초월하여 존재하는 것으로 인간뿐만 아니라 자연계에 통용되는 이상적인 법이다. 따라서 현실의 법과 제도는 자연권을 완전하게 보장하고 이와 일치하도록 노력해야 한다. 그렇지 못하면 그 법은 국민들에게 강제력을 행사할 수 없다. 또한 자연법은 실정법에 초월적이면서 동시에 실정법에 내재하고 있다. 즉, 자연법은 가치적 비판적 원리로서 현실적 질서인 실정법 이상의 것으로서 초월적인 것이면서 아울러 실정법은 자연법을 세분화한 것이므로 자연법은 실정법에서 나타나고 있다.

따라서 자연법은 실정법의 이념이 되고 동시에 그 가치가 된다. 결국, 자연법과 실정법은 상호 동일한 평면상에 병존하는 2개의 다른 규범체계가 아니고 상호 제약−피제약의 결합관계에 있다고 할 수 있다.

3. 법실증주의와 악법

(1) 법실증주의

19세기에 대두된 법실증주의法實證主義(legal positivism)는 법학의 대상을 실정법에 국한하고 법을 형식·논리적으로만 이해하는 입장이다. 이러한 입장에서는 자연법과 실정법을 본질과 현상의 관계로 구별하지 않고 오직 실정법만을 법이라 한다. 그리고 법이 무엇인가에 대하여 아주 간단하게 처리한다. 즉, 그들은 권한 있는 자에 의하여 실정법규가 창설된다는 것을 역설하고, '그러므로 법은 힘이다' 또는 '법은 주권자의 명령이다'라고 한다. 그리스의 소피스트였던 트라시마코스Thrasymachos가 표현한 "강자에 의하여 필요하다고 인정된 것이 정의이다"라는 말을 기본신조로 삼은 것이다.

법실증주의자들은 실정법의 효력의 근거를 항상 현실적 요소 속에서 구하고 있다. 그래서 법의 배후에 있는 힘의 존재를 인정하므로 자연법과 달리 실정법의 내용이 완전무결할 것을 결코 요구하지 않는다.

또한 법의 내용의 정·부당을 문제로 삼지 않는다. 물론 법의 내용이 정당해야 한다는 명제에 반대하지는 않는다. 그러나 그들은 정당성 판단의 기준이 항상 상대적이라고 생각하기 때문에 법이 효력을 가지기 위해서 반드시 그 내용이 정당해야 할 필요는 없다고 한다. 그래서 "악법도 법이다"라는 말이 성립될 수 있다. 악법이 법으로서 타당할 수 있는 것은 그 법의 배후에 가장 근본적이면서 또한 가장 강력한 현실적인 힘이 있어서 이것에 의하여 법이 성립되고 계속적으로 유지되기 때문이라고 한다. 따라서 법실증주의는 법의 합목적성을 가장 중요한 법이념으로 강조하고 있다.

(2) 악법과 저항권

법실증주의에 의하면 정당한 절차를 거쳐 제정된 법이면 '악법惡法도 법'이고, 법적안정성을 강조하면 악법도 준수해야 한다. 그러나 법의 형식적 이념인 법적 안정성이 내용적 이념인 정의보다 우위에 있을 수 있을 것인가가 문제된다. 자연법론자들은 정의의 원리에 반하는 악법은 법이 아니라고 한다.

나치의 악법을 경험한 라드브루흐G. Radbruch는 법의 이념으로서 정의·합목적성·법적 안정성이 동등한 위치에 있다고 한 종래의 견해를 수정하고, 정의를 상위의 이념으로 설명하였다. 즉, 법이 정의를 부정하면 법률의 모습을 하고 있는 불법이라고 하였다. 그리고 "법률적 불법(악법)의 경우와 부당한 내용에도 불구하고 효력을 가진 법률을 명확하게 구별하는 것은 불가능하다. 그러나 정의가 한 번도 추구되지 않는 곳, 정의의 핵심을 이루는 평등이 실정법의 제정에 의식적으로 거부되는 곳에서는 그 법률은 단지 부정의로운 법만이 아니라 오히려 전혀 법적 성격을 결여하고 있는 것이다."라고 하였다. 이것을 라드브루흐 공식(Radbruch-formel)이라고 부른다. 이 공식에 의할 때 정당한 법률, 부정당하지만 효력을 갖고 있는 법률, 법적 성격을 갖지 못하는 법이라는 세 가지 개념이 설정될 수 있다. 이 중 악법은 객관적·내용적으로 정의를 포기하고 절차적으로 불평등하게 제정된 법률을 말한다. 따라서 주관적으로 나쁜 법이라고 생각하였다고 해서 그것이 악법이 되는 것이 아니며, 몇 개의 부정당한 요소가 포함되어 있다고 해서 모두 악법이라고 매도할 수 없다. 그리고 악법은 민주주의, 자유, 평등, 박애 등과 같은 전통적 가치나 인권을 부정하는 법이며, 기본권을 침해하는 법률, 즉 인간을 차별하여 생명·신체·재산·자유를 박탈하며, 언론·출판의 자유를 탄압하는 법률도 악법이다.

라드브루흐 공식에 의하여 판단된 부정당한 법은 일단 준수하면서 비판하여 입법기관을 통하여 정당한 절차에 따라 개선해 나가면 된다. 그러나 악법은 저항권의 대상이 된다.

저항권抵抗權(right of resistance)이란 민주적 법치국가적 헌법질서 또는 기본권 보장의 체계를 위협하거나 침해하는 공권력에 대하여 더 이상의 법적 구제방법이 없을 때, 주권자로서의 국민이 민주적·법치국가적 기본질서를 유지·회복하고 기본권을 수호하기 위하여 공권력에 저항할 수 있는 비상수단적인 권리를 말한다.

따라서 라드브루흐의 표현과 같이 악법에 복종하는 것은 범죄행위이다. 야스퍼스K. Jaspers는 '나치정권의 악법에 복종한 독일 국민 전체가 전범자'라고 하였는데,

이것은 악법惡法에 대한 저항권抵抗權을 적절하게 표현하고 있다.

제 6 절 법의 체계

1. 국내법과 국제법

국내법國內法(municipal law)과 국제법國際法(international law)은 법을 인정하는 주체 및 법이 효력을 갖는 지역적 범위를 표준으로 한 분류이다. 국내법은 한 국가가 인정하고 그 국가 안에서 시행되는 법이지만, 국제법은 다수의 국가가 인정하고 국제사회에 통용되는 법이다. 따라서 국내법은 국가와 국민 또는 국민 상호 간의 권리·의무를 규정하는 법인데 반하여, 국제법은 국가 상호 간의 권리·의무와 국제기구에 관한 법이다.

국제법과 국내법의 효력관계에 대하여 우리 헌법 제6조 제1항은 "헌법에 의하여 체결·공포된 조약과 일반적으로 승인된 국제법규는 국내법과 동일한 효력을 가진다."라고 하여 국제법 질서존중의 원칙을 명백히 선언하고 있다. 국제법의 국내법적 효력은 헌법에 의하여 인정되는 것이므로 국제법은 국내에서 헌법보다 낮은 효력을 가진다. 그러나 국제법과 법률은 형식적으로 동일한 효력을 가진다. 그러므로 양자兩者가 충돌할 때 신법이 우선하고, 특별법이 우선한다.[14]

2. 공법과 사법

공법公法(public law)과 사법私法(private law)으로 구별한 것은 로마법에서 시작된 전통이며, 그 이후에도 법학에서 학설상 논쟁이 계속되고 있다.

유럽대륙에서는 근대사회 이후 국가(군주)와 시민사회를 이원적으로 대립시켜 전자에 법적으로 특혜적 지위를 보장하는 정치적 요구에 기인하여 공·사법을 구별하여 왔다. 그러나 영미법 국가에서는 국가와 사인을 법적으로 동일하게 취급하는 법의 지배 원리에 따라 국가에만 적용되는 법체계, 즉 공법의 존재를 인정하지 않았다. 따라서 공법과 사법의 구별은 자연법적 절대적인 구별은 아니다.

---

14) 국제법은 국제사법(international private law; 섭외사법이라고도 함)과는 구별된다. 국제사법은 국가 상호관계를 규율하는 것이 아니라 한 국가 내에서 자국민과 외국인 사이의 섭외적 법률관계를 적용할 국가의 법을 정하는 법이다. 즉, 자국법을 적용할 것이냐 외국인의 본국법을 적용할 것이냐의 문제를 정하는 법이다.

공법과 사법을 어떤 기준에 따라서 구별하느냐 하는 문제는 간단한 것이 아니다.[15] 나아가서 오늘날에는 법의 사회적 기능의 강조로 공법도 사법도 아닌 사회법社會法(social law)의 출현으로 공·사법의 구별이 더욱 어렵게 되었다. 그러나 현행법 체계가 공·사법을 구별하고 있고, 그 원리도 다르므로 이를 구분할 필요가 있다.

공·사법의 구별은 원래 법의 개념이나 이념으로부터 선험적으로 추출되는 것이 아니라 역사적·연혁적인 구별이고 또한 상대적인 것이다. 따라서 하나의 보편타당한 표준을 구하려는 학설은 어느 것이나 자체적으로 완결한 것이 아니다. 따라서 네 개의 학설을 상호보완적으로 적용하여 합리적인 결론에 도달해야 한다.

그래서 주체설을 표준으로 여러 학설을 보완하여 공법과 사법을 구별하는 것이 어느 정도 타당할 것으로 생각한다. 즉, 공법은 행정주체(국가와 공공단체)와 개인 사이의 관계 및 행정주체 상호 간의 관계를 규율하는 법으로서, 원칙적으로 국가적·정치적·지배적·타율적·공익적 성질을 가지고 불대등不對等한 당사자 사이의 관계를 규율하는 법이고, 이와 반대로 사법은 사인상호 간의 관계를 규율하는 법으로서 원칙적으로 개인적·경제적·평등적·자율적·사익私益적 성질을 가지고 대등한 당사자 사이의 관계를 규율하는 법이라고 할 수 있다. 그러나 하나의 실정법규에 공법적 규정과 사법적 규정이 혼재하고 있으므로 공법과 사법을 획일적으로 정하기가 곤란할 때가 많다.

3. 사회법

① 의 의

자본주의(capitalism)가 생성된 18세기와 19세기의 개인주의적·자유주의적 사회 경제체제에서는 인간의 사적 자치를 인정하고, 국가가 최소한으로 개인의 생활에 간섭해야 하는 것으로 생각하였다. 그래서 법질서도 국가적 공법질서 외에 개인적 사법질서가 엄연히 존재하는 것으로 인식되었다.

이 시기에는 소유권 절대의 원칙(사유재산절대), 계약자유의 원칙(사적자치＝법률행위자유), 과실책임이 원칙(자기책임)이라는 근대사법의 3대 원칙에 입각하여 자본주의가 발전하였다.

자본주의資本主義가 고도화되고 독점자본주의(monopolistic capitalism)로 전환되면서 사회병리적 현상들이 속출하였다. 즉, 하나의 대기업大企業이 중소기업을 합병하여 기

---

15) ① 구별부정설, ② 이익설, ③ 주체설, ④ 법률관계설, ⑤ 생활관계설이 대립되고 있다.

업을 독점하면서 자본지배자로 군림하였고, 다수의 노동자와 농민은 빈곤의 늪에 빠지게 되었으며, 실업의 홍수가 터지고 빈부의 격차가 극심해져 계급의 대립이 격화되었다. 경제적 약자弱者(the weak)와 강자强者(the strong)의 대립, 노사勞使의 대립, 독점獨占(monopoly), 실업失業(unemployment), 공황恐慌(panic), 빈익빈 부익부 현상 등의 부조리不條理가 만연하여 불평등하고 불안정한 사회가 되었다.

따라서 20세기에서 국가는 국민생활의 안정을 위하여 사회복지社會福祉(social welfare)국가의 측면에서 자유주의적 사법원리를 수정修正하기 시작하였다.16) 국가의 적극적인 역할을 요구하여 사회적 강자를 누르고 약자를 떠받치는 법적 조치가 필요한 것이다(공공복리주의 임무가 강조). 이러한 법들이 집적되어 공·사법의 어느 영역에도 속하지 않는 독자적인 법영역이 등장하였다. 이러한 독자적인 사회적 법질서를 사회법社會法(social law)이라 한다.

사회법의 등장은 종래 전적으로 사법의 지배에 맡겼던 사적 당사자 간의 경제적 관계에 대하여 국가가 개입·간섭하게 되었다는 것을 의미한다. 이것을 일반적으로 '사법私法의 공법화', '사법과 공법의 혼합' 또는 '공법에 의한 사법의 지배'라고 한다.

② 사회법의 내용

사회정의(social justice; 공공복리)의 실현이라는 사명使命을 띠고 발생한 사회법은 사법의 존재와 그 고유영역을 인정하면서 근대 자본주의가 내재적으로 가지고 있는 부분적 모순을 수정하기 위하여 근대법 원리에 수정을 가한 법이며, 국가적 통제의 강화책으로서 사법체계의 대폭적인 수정을 위한 법이다. 이러한 사회법에는 노동법, 경제법, 사회보장법 등이 있다.

노동법勞動法(labor law)은 근로자의 생활질서를 규율하고, 근로자의 경제적·사회적 지위를 향상시켜 생존권의 확보를 목적으로 하는 법이다. 노동법에는 근로자의 근로의 권리를 보장하기 위한 개별적 근로관계법으로서 근로기준법, 산업재해보상보험법, 최저임금법, 산업안전보건법, 파견근로자보호 등에 관한 법률, 임금채권보장법, 고용정책기본법, 직업안정법, 고용보험법, 근로자직업훈련촉진법 등이 있고, 근로삼권17)을 보장하기 위한 집단적 노사관계법으로서 노사협의회법, 노동조합 및 노동관계조정법, 근로자참여 및 협력증진에 관한 법률 등이 있다.

---

16) 1919년 바이마르 헌법이 최초로 인간다운 삶의 보장을 선언한 이후 복지국가이론은 1940년대 영국에서 시작되어 영국, 스웨덴의 사회민주주의의 정당에 의하여 실시되었다.

17) 헌법 제33조의 근로삼권은 생존권적 기본권에 속하지만 일반 집회·결사의 자유와 다른 사회적 보호기능을 담당하는 자유권 또는 사회적 성격을 띤 자유권이라 할 수 있다(헌재94헌바13 결정).

경제법經濟法(economic laws)은 국민경제 전체를 유지·발전시키기 위한 법으로서, 수급관계를 조정하여 사적 경제생활에 대한 통제를 규정하고 있는 법이다. 경제법은 자본주의 경제체제를 인정하면서 자본주의 경제의 발전에 따라 나타나는 폐단과 모순을 국민경제적 입장에서 통제하고 있는데, 시장독점제도의 제한, 사회경제발전의 불균형 시정, 경제에 대한 규제와 조정, 소비자 보호 등 경제의 안정적 발전을 위한 내용을 담고 있다. 경제법에는 소비자보호법, 물가안정에 관한 법률, 독점규제 및 공정거래에 관한 법률 등이 있다.

사회보장법社會保障法(social security act)은 국가의 소득재분배에 관한 법으로서 '요람에서 무덤까지(from the cradle to grave)'의 평생 동안 국민의 생존권을 확인하고 그 생활을 보장하기 위한 정책을 실현하는 법이다. 즉, 자력으로 생활을 유지할 수 없는 국민에게 공적 부조와 보험 등의 방법으로 일정한 수준의 생활을 보장하고, 나아가서 모든 국민에게 문화적으로 최소한의 생활을 보장하려는 법의 총체이다. 사회보장법에는 사회보장기본법, 장애인복지법, 장애인고용촉진기본법, 의료보험법, 아동복지법, 노인복지법, 각종 연금법 등이 있다.[18]

4. 일반법과 특별법

일반법과 특별법은 법의 효력 범위를 기준으로 하여 구별하는 것이다. 일반법一般法은 그 효력범위가 일반적이어서 널리 적용되는 법이며, 특별법特別法은 일정한 좁은 범위에서만 적용되는 법이다. 일반법과 특별법은 사람, 사항, 장소에 대하여 그 효력 범위를 달리하고 있다.

사람을 기준으로 하면, 일반법은 국민 전체全體에 그 효력이 미치나, 특별법은 특정特定한 종류의 사람에게만 적용되는 법이다. 그리고 사항을 기준으로 할 때, 일정한 사항 전반에 걸쳐 효력이 미치는 법은 일반법이고, 특정한 사항에만 효력을 미치는 것은 특별법이다. 또한 장소를 기준으로 하면, 일반법은 국가의 전체 영역에 걸쳐 효력을 가지나, 특별법은 영역의 일부에서만 효력을 가진다. 예를 들면 지방자치법은 일반법이고 서울특별시 행정특례에 관한 법률은 특별법이다.

일반법과 특별법을 구별하는 실익은 특별법은 일반법에 우선한다는 소위 '특별법 우선의 원칙(lex speciales derogat legi generali; 일반법 보충의 원칙)'을 적용하는 데 있다.

---

18) 1848년 프랑스헌법이 사회보장제도를 최초로 규정하였다.

5. 강행법과 임의법

강행법과 임의법은 법률의 적용이 절대적이냐 상대적이냐에 의하여 구별된다. 강행법强行法(imperative law)은 당사자의 의사와 관계없이 절대적으로 적용되는 법이며, 임의법任意法(dispositive law)은 당사자의 의사에 따라 적용을 배제할 수 있는 법을 말한다. 공법은 대부분 강행법이며, 사법 중 계약법과 상행위법은 임의법이나, 기타의 사법, 즉 친족상속법, 물권법, 어음수표법 등은 강행법인 경우가 대부분이다. 그리고 법규 중에서 선량한 풍속, 기타 사회질서와 관계가 있는 법은 강행법이고, 이와 관계가 없는 법은 임의법이다. 또한 법령에서 '당사자의 특별한 의사표시가 없으면' 또는 '다른 의사가 없으면' 등의 표현이 있으면 그 규정은 임의법이다.

강행법에는 효력규정과 제한규정이 있다. 효력규정은 효력요건 내지 유효요건을 정한 규정으로서 그것을 위반한 경우 효력이 부정되며, 제한규정은 특정한 행위를 금지·제한하는 규정으로서, 그것을 위반한 경우 제재나 불이익을 부과하지만 행위의 효력에는 아무런 영향이 없다. 예를 들면 선거권이 없는 자의 투표는 무효임에 그치며, 법정요건에 따라 영업허가를 받지 아니하고 한 영업행위는 제재를 받지만 법률상 무효는 아니다.

임의법은 보충규정과 해석규정으로 나눌 수 있다. 보충규정은 당사자의 의사가 결여된 경우 이를 보완·보충하는 규정이고, 해석규정은 당사자의 불명확한 의사를 해석하는 규정이다.

6. 실체법과 절차법

실체법實體法(substantive law)은 법주체 상호 간의 관계, 즉 법률관계 그 자체를 규율하는 법으로서, 권리·의무의 내용·성질 및 발생·변경·소멸 등을 규율하는 법이다. 헌법, 행정법, 민법, 형법, 상법 등이 이에 속한다.

절차법節次法(adjective law)은 실체법을 구체적으로 운용하는 절차에 관한 법으로서 권리의 보존·실현·의무이행강제 등에 관하여 국가기관이 취해야 할 절차를 규율하는 법이다. 절차법에는 직접 소송에 관한 법과 그렇지 않은 법이 있는데, 민사소송법·형사소송법·행정소송법·행정심판법·가사심판법 등은 전자의 예이고, 행정절차법·부동산등기법·호적법 등은 후자의 예이다. 대부분의 사법은 실체법이며, 사회법은 실체법과 절차법의 성질을 아울러 가지고 있다.

법원法源은 실체법과 절차법이 서로 모순되는 경우 실체법이 우선하여 적용된다.

그리고 신법의 효력문제에서 실체법이 개정되면 소급금지의 원칙이 적용되나 절차법의 개정은 실체법의 운용방식을 변경하는 데 불과하므로 새로운 절차법을 적용하는 것이 원칙이다.

7. 민사법 및 형사법 등

기타 민사법과 형사법으로 구별한다. 사인私人 간의 법률관계를 규율하는 민사법民事法(civil law)과 범죄를 저지른 개인과 형벌권의 주체인 국가(검사) 간의 법률관계를 규율하는 형사법刑事法(criminal law)으로 분류한다.

민사법에는 민법, 상법, 민사소송법과 그에 관계된 민사특별법 등이 있으며, 형사법에는 형법, 형사소송법과 각종 형사특별법 등이 있다. 민사법은 개인과 개인, 부분과 부분 사이의 평균적 정의의 실현을 목적으로 하는 반면에 형사법은 국가와 개인, 전체와 부분 사이의 배분적인 정의의 실현을 목적으로 한다. 여기에서 형사법은 정치적 색채가 강하게 나타난다. 형사법중에서도 특히 형사소송법에서 정치적 색채가 강하게 나타나서 그 시대의 정치상황이 그대로 반영되고 정치적 변혁이 있는 곳에는 언제나 형사소송법의 개정이 따른다.

그리고 원칙법과 예외법이 있다. 원칙법原則法이란 일반적으로 적용되는 법을 말하며 예외법例外法은 원칙법에 대한 예외를 인정하는 법을 말한다. "사람은 생존하는 동안에 권리와 의무의 주체가 된다."(민법 제3조)는 전자의 예이며, "태아는 상속순위에 관하여는 이미 출생한 것으로 본다."(민법 제1000조 제3항)는 후자의 예이다.

고유법과 계수법이 있다. 고유법固有法(indigenous law)은 국가·민족의 고유한 사회적 흐름에서 자연적으로 생성된 법이며, 계수법繼受法(adapted law)은 타국에서 생성·발전된 법률을 받아들여 이것을 바탕으로 자국에서 제정한 법이다. 타국의 법을 모법母法(mother law), 계수법을 자법子法(filial law)이라 한다.

또한 조직법組織法과 행위법行爲法이 있다. 조직법은 사회제도의 조직을 규율하는 법이고, 행위법은 사람의 행위자체를 규율하는 법이다. 정부조직법, 법원조직법은 전자의 예이고 민법, 형법은 행위법이다.

신분법身分法(identity law)과 재산법財産法(property law)으로도 구별된다. 신분법은 친족관계, 가족관계 등의 신분적 공동생활관계를 규율하는 법으로서 가족법이라고도 하며, 친족법과 상속법이 있다. 재산법은 재산관계를 규율하는 법으로 물권법과 채권법 및 지식재산권법 등이 있다.

제 7 절 법의 효력(적용범위)

1. 서 론

법은 사실성事實性과 실효성實效性이라는 양면성을 가진다. 법은 사실이 아니라 현실생활을 지배하는 하나의 규범이기 때문에 법의 생명은 규범이 현실에서 시행되는 데 있다. 따라서 법은 현실로 행해지고 있거나 행해질 수 있는 것이어야 한다. 그렇지 않으면 법규범이 될 수 없다. 이것을 법의 사실성이라 한다. 이와 같이 법이 사실성을 띠고 있지만 항상 사실로서 실현되어진다고 할 수 없다. 법은 사실상 가끔 위반당하는 일이 있으나, 그렇다고 해서 법이 규범성을 잃는 것은 아니다. 법규범 속에는 그 내용이 실현되든 아니든 간에 그 규정에 따라 시행되어져야 한다는 강행성의 요구가 내재되어 있다. 이를 법의 실효성이라 한다. 우리가 법의 효력이라고 하는 것은 법의 실효성을 말한다.

따라서 법의 효력이란 법이 현실 속에서 어떻게 실현되느냐 하는 문제이다. 사람의 행위와 관련된 하나의 규범이 효력이 있다는 것은 그것이 구속성을 갖는다는 것, 즉 사람은 규범에서 정해진 방법에 따라서 행위를 하여야 한다는 것을 의미한다. 따라서 법의 효력이란 법이 구속력을 가진다는 것을 말한다.

법의 효력은 실질적 효력과 형식적 효력으로 나누어 고찰할 수 있다.

2. 법의 실질적 효력

(1) 법의 타당성

인간은 사회생활을 함에 있어서 '하여야 한다(명령규범)' 또는 '하지 말아야 한다(금지규범)'는 등의 규범에 구속되어 있다. 그러므로 규범은 자기가 지니고 있는 내용이 실현될 것을 요구한다. 행위규범의 하나인 법도 실제 내용의 실현 여부에 관계없이 일정한 사항을 요구 또는 금지(당위의 요구)하고 있다. 이를 법의 규범적 타당성이라 한다.

즉, 법의 타당성妥當性(validity)이란 법이 구속력을 가질 수 있는 정당한 자격 내지 권능을 말한다. 다시 말하면 법의 타당성이란 실정법으로서 제정된 이상 일정한 시간적·공간적 범위 내에서 그 효력을 가지는 것을 의미한다. 설혹 법의 규범내용이 현실적으로 저지되고 장래에 대한 실현가능성이 없다고 할지라도 법으로서의 효력은 그대로 유지된다.

(2) 법의 실효성

법의 실효성實效性(effectiveness)이란 일정한 명령, 금지 등을 요구하는 행위규범에 위반하는 일이 현실적으로 발생되었을 때, 그 위반자에게 강제집행을 하거나 형벌을 과함으로써 강제규범을 발동하는 것을 말한다(강제성이라고도 한다). 즉, 조직적인 국가권력이 강제규범으로서의 법규범을 실현하는 것을 법의 실효성이라 한다. 법의 사실적 실효성은 법이 현실로 규범의 내용을 실현시키는 근거이다. 이것은 법규범이 정한 것에 따라 사회적 사실을 움직이는 힘으로서, 재판규범에 의해 뒷받침된다.

법의 타당성이 법의 규범적 속성으로서 규범적인 면에서의 효력이라면, 실효성은 법의 본질적인 요구인 사실적 속성으로서 법의 사실 면에서의 효력이라고 할 수 있다. 법은 규범으로서 타당하다는 것만으로는 충분한 효력을 가지는 것은 아니고, 사실을 움직일 수 있는 힘이 있어야 한다. 그 힘이 있으면 인간은 법이 요구하는 행위를 구체적으로 사실화할 수 있다. 그러한 힘이 법의 실효성의 근본이다.

3. 법의 형식적 효력(적용범위)

실정법은 일정한 시대에서 역사적·사회적 사실에 의해 생성·발전·소멸하는 존재이므로 그 효력은 무제한일 수 없고, 일정한 시간적·장소적·인적으로 한정된 범위 안에서 효력을 가진다. 이를 형식적形式的 효력이라 한다. 법의 형식적 효력은 시간時間적·장소場所적·대인對人적 효력으로 나누어 설명할 수 있다.

(1) 시간적 효력

성문법은 시행일에서 폐지일까지 효력을 가진다. 이 기간을 법의 유효기간 또는 존속기간이라 한다. 관습법은 성립과 동시에 효력을 가지나 성문법은 시행에 앞서 공포하여야 한다. 공포는 법의 성립사실·내용을 국민에게 주지시키는 것을 말한다.

법은 원칙으로 공포와 동시에 효력을 가진다. 즉, 법은 공포일로부터 시행한다.

법에 따라서는 시행일을 따로 정하는 경우도 있다. 그러나 법에 특별한 규정이 없으면, 공포한 날로부터 20일이 경과하면 효력을 가진다.[19]

---

19) 헌법 제53조 ① 국회에서 의결된 법률안은 정부에 이송되어 15일 이내에 대통령이 공포한다. ② 법률안에 이의가 있을 때에는 대통령은 제1항의 기간 내에 이의서를 붙여 국회로 환부하고, 그 재의를 요구할 수 있다. 국회의 폐회 중에도 또한 같다. ③ 대통령은 법률안의 일부에 대하여 또는 법률안을 수정하여 재의를 요구할 수 없다. ④ 재의의 요구가 있을 때에는 국회는 재의에 붙이고, 재적의원과반수의 출석과 출석의원 3분의 2 이상의 찬성으로 전과 같은 의결을 하면 그 법률안은 법률로서 확정된다. ⑤ 대통령이 제1항의 기간 내에 공포나 재의의 요구를 하지 아니한 때에도 그 법률안은 법률로서

법의 폐지廢止란 법이 효력을 상실하여 그 구속력을 잃는 것을 말한다. 법의 폐지는 명시적明示的 폐지와 묵시적黙示的 폐지가 있다.

명시적 폐지는 명문의 규정에 의해 그 효력을 상실하는 것을 말한다. 묵시적 폐지는 명문에 의한 폐지가 아닌 경우로서 법의 개정改正과 해제조건解除條件부 법에서 발생한다.

법률불소급法律不遡及의 원칙이란 법은 일반적으로 시행일부터 효력을 가지고 그 시행 전에 발생한 사실에 소급하여 적용되지 아니한다는 원칙이다. 법률불소급의 원칙이 인정되는 이유는 법이 소급되면 사회생활에 혼잡과 분쟁이 발생하고, 구법 하에서 발생한 법률관계, 즉 기득권을 침해하기 때문에 사회생활의 법적 안정성을 기하기 위한 것이다. 그러나 법률불소급의 원칙은 형사법률관계에서는 엄격하게 적용되지만 그 밖의 영역에서는 절대적인 것은 아니다.

법률불소급의 원칙(legal non‑compliance principle)은 사후법제정事後法制定금지의 원칙과 기득권旣得權존중의 원칙을 그 내용으로 한다. 사후법제정금지의 원칙은 죄형법정주의(principle of legality)의 내용 중의 하나로서 형법의 입법원칙이다. 기득권 존중의 원칙이란 법률의 소급효를 인정하지 아니하는 결과 구법에 의해 취득한 기득권을 신법의 시행으로 소급하여 변경하거나 박탈하지 못한다는 원칙이다. 그래서 이것을 기득권 불가침의 원칙이고도 하는데, 법적 안정성을 보장하기 위한 법률적용상의 원칙일 뿐이고 입법상 절대적인 것은 아니다.[20]

(2) 장소적 효력

장소적場所的 효력이란 법의 지역적 적용범위를 말한다. 여기에 속지주의, 속인주의, 보호주의, 세계주의가 있다. 속지주의는 영역을 기준으로 하여, 한 나라의 법을 그 나라의 영역에 있는 모든 사람에게 국적 여하를 불문하고 적용하는 것이다. 속인주의는 사람의 국적을 기준으로 하여 한 나라의 법을, 행위지를 불문하고 자국민에게 적용하는 것을 말한다. 보호주의는 국적이나 장소를 불문하고 자국 또는 자국인

확정된다. ⑥ 대통령은 제4항과 제5항의 규정에 의하여 확정된 법률을 지체없이 공포하여야 한다. 제5항에 의하여 법률이 확정된 후 또는 제4항에 의한 확정법률이 정부에 이송된 후 5일 이내에 대통령이 공포하지 아니할 때에는 국회의장이 이를 공포한다. ⑦ 법률은 특별한 규정이 없는 한 공포한 날로부터 20일을 경과함으로써 효력을 발생한다.

20) 근거법조항으로는 헌법 제13조 제1항("모든 국민은 행위 시의 법률에 의하여 범죄를 구성하지 아니하는 행위로 소추되지 아니하며…"), 헌법 제13조 제2항("모든 국민은 소급입법에 의하여 참정권의 제한 또는 재산권의 박탈을 받지 아니한다."), 형법 제1조 제1항("범죄의 성립과 처벌은 행위 시의 법률에 의한다")이 있다.

의 법익을 침해한 범죄에 대해 자국自國법을 적용하는 것을 말하며, 세계주의는 범죄에 대한 사회방위의 국제적 연대성의 견지에서 국적과 장소를 불문하고 일체의 반인류적 범죄에 자국법을 적용하는 것이다.

우리 형법은 속지주의屬地主義(territorial supremacy)[21]를 원칙으로 한다. 즉, 우리나라의 법은 우리의 모든 영역에 걸쳐 내국인·외국인을 불문하고 모든 사람에게 일률적으로 적용된다. 그러나 속지주의를 적용하면 외국에 있는 자국민에게 우리의 법을 적용할 수 없기 때문에 이를 보충하기 위하여 속인주의屬人主義(personal supremacy)와 보호주의保護主義 및 세계주의世界主義를 예외로 적용하고 있다.[22]

(3) 인적 효력

인적人的 효력이란 법이 어떤 자에게 적용되는가 하는 문제이다. 법은 원칙적으로 법이 적용되는 장소와 시간의 효력이 미치는 범위 안에서 모든 자에게 일반적으로 그리고 평등하게 적용된다.

그러나 이에 대한 예외가 인정된다. 먼저 국내법상의 예외로서 대통령의 형사상 특권,[23] 국회의원의 불체포특권不逮捕特權(privilege not to be arrested)과 면책특권免責特權(immunity)이 헌법 제45조에서 인정되고 있다. 그리고 특별법상 인적 적용 대상을 한정하는 경우가 있다. 예컨대 공무원법은 공무원에게, 근로기준법은 사용자와 근로자에게, 미성년자보호법은 미성년자(민법상 만19세 미만자)와 그 친권자에게만 한정적으로 적용된다.

국제법상의 예외가 있다. 국제법상 특별한 지위와 신분을 가진 자는 현재 체류하고 있는 국가의 과세권과 경찰권에 복종을 받지 않을 특권을 말한다. 이런 특권을 가진 자를 치외법권治外法權(exterritorialty)자라 한다.

---

21) "형법은 대한민국 영역 내에서 죄를 범한 내국인과 외국인에게 적용된다(형법 제2조)."
22) 속인주의로는 형법 제3조에 "형법은 대한민국 영역 외에서 죄를 범한 내국인에게도 적용된다."고 하며, 보호주의 규정으로는 형법 제5조와 형법 제6조 등이 있다. 그리고 세계주의는 형법 제296조의2인 '약취·유인 및 인신매매의 죄'에 관하여 규정하고 있다.
23) "대통령은 내란 또는 외환의 죄를 범한 경우를 제외하고는 재직 중 형사상 소추를 받지 아니한다(헌법 제84조)."

제 8 절   법의 적용과 해석

1. 법의 적용
(1) 법의 적용과정

입법부는 법률을 제정하고(입법작용), 행정부는 법률을 집행하며(행정작용), 사법부는 법률을 적용(사법작용)한다. 법원法院은 재판과정에서 추상적·일반적 법규정을 대전제大前提로 하고, 사회생활에서 발생한 구체적·개별적 사건을 소전제小前提로 하여 판결을 이끌어 내는 삼단논법에 따라 법을 적용한다.

이와 같이 법의 적용適用이라 함은 해석에 의하여 확정된 법규에 따라서 개별적·구체적인 법률관계를 평가·판단하는 것을 말한다. 즉, 추상적이고 일반적인 법규정의 의미를 해석으로 확정한 후, 그것에 따라 구체적·개별적 사실에 대한 법률효과를 발생하게 함으로써 법규정을 구체적으로 실현시키는 것이다.

그래서 법의 적용은 다음과 같이 세 단계로 진행된다. 첫째, 사실문제로서 소전제가 되는 현실적으로 발생한 구체적 사실의 내용을 확정하고, 둘째, 법률문제로서 그 사실에 적용할 법규의 의미와 내용을 명확히 한 후, 셋째, 일반·추상적인 법규를 대전제로 하고 개별·구체적 사실을 소전제로 하여 법적 판단을 내린다.

(2) 사실의 확정

법을 적용하려면 먼저 소전제가 되는 구체적인 사실事實을 확정하여야 한다. 사실의 확정이란 법의 적용대상인 일정한 사실의 존재 여부를 확인하고, 그 내용을 정확히 결정하는 것을 말한다. 사실의 확정은 정의를 구현하는 전제조건으로서 재판의 당·부당을 결정하는 중요한 과정이다. 사실을 확정하는 방법은 입증立證(confirm, proof), 추정推定(estimation), 의제擬制(간주; regard)가 있다.

사실의 확정은 원칙적으로 증거證據(evidence)에 의한다.[24] 즉, 입증立證이 있어야 한다.[25] 증거는 사실의 존부에 관하여 확신을 얻게 하는 자료로서 법관의 사실인정에 객관성을 부여한다. 증거는 원칙적으로 그 사실을 주장하는 자가 입증해야 하는데, 주장하는 사실에 증거를 제시할 책임을 입증책임 또는 거증책임擧證責任(burden of proof)이라 한다.

---

24) 형사소송법 제307조에서는 증거재판주의를 원칙으로 한다.
25) 입증하는 방법은 제한이 없으며 물증, 서증, 검증, 현장검증, 증인심문, 감정인 심문 등이 있다.

직권주의職權主義(ex officio principle)를 취하고 있는 형사소송절차에서는 원고에게 원칙적으로 입증책임이 있으며 법관도 입증에 개입할 수 있다. 그리고 피고인의 자백이 있다고 할지라도 사실의 확정은 증거에 의해 확정된다(자백보강법칙과 자백배제법칙).

증거로서 확정하지 못하는 사실을 우선 있는 데로 확정하여 법률효과를 발생시키는 것을 사실의 추정推定이라 한다. 이것은 입증의 번거로움을 면하기 위해 우선 사실로서 확정하는 것이다. 그러나 이해관계인의 반증反證(rebuttal)에 의해 추정의 효과는 번복된다. 즉, 반대증거가 제출되면 법규정의 적용이 배제된다. 예컨대 "형사피고인은 유죄의 판결이 확정될 때까지는 무죄로 추정한다(헌법 제27조 제4항)."가 그것이다. 반면에 공익 기타의 이유로 진실 여부를 불문하고 법이 일정한 사실에 대하여 일정한 효과를 확정적으로 부여하는 것을 간주看做 또는 의제擬制라 한다. 사실의 진위眞僞를 불문하고 그렇다고 일응 인정하는 것으로서, 추정과 달리 상대적인 법률효과를 인정하는 것이 아니고 절대적인 법률효과를 확정하는 것이다. 따라서 반증으로 법규가 의제한 법률효과를 뒤집을 수 없고, 법원에 의해 취소의 절차를 밟아야 한다. 따라서 사실의 확정에 있어서 간주의 효과는 추정보다 강하다. 법규정에서는 '본다.' 또는 '간주한다.'는 용어를 사용한다. 예컨대 민법 제762조 "태아는 손해배상의 청구에 있어서 이미 출생한 것으로 본다."와 "죄에 있어서 관리할 수 있는 동력은 재물로 간주한다(형법 제346조)."는 규정들이 대표적이다.

2. 법의 해석

(1) 의 의

법의 적용適用을 위하여 사실이 확정되면 그 사실에 적용할 법을 발견해야 한다. 법을 발견한다는 것은 쉬운 일이 아니다. 법을 발견하려면 먼저 법의 의미·내용을 분명히 알아야 한다. 이것을 법의 해석解釋(interpretation)이라 한다. 즉, 법의 해석은 법규의 의미를 체계적으로 이해하고 법의 목적에 따라서 규범의 의미를 명확히 하는 논리직·기술적 조작이다.

법의 해석에 있어서는 법적 안정성安定性을 고려해야 한다. 법의 해석은 구체적 사건에 대한 법의 적용을 위한 것이므로 해석에 따라 법규를 구체적 사건에 적용해서 타당한 결과를 도출하도록 해야 한다. 그러므로 법의 해석에 있어서는 구체적 타당성뿐만 아니라 법적 안정성도 고려해야 한다. 그러나 구체적 타당성과 법적 안정성은 쉽게 조화될 수 없는데, 이들이 조화를 이룰 수 없는 경우에는 법적 안정성을 우선적으로 고려해야 한다. 그 이유는 법은 획일성을 가지고 있기 때문이다.

법의 해석 방법에는 유권해석과 무권해석(학리해석)이 있다.

(2) 유권해석

유권해석有權解釋(authentic interpretation)은 국가기관이 법규범의 의미를 확정·설명하는 것으로서 구속력이 인정된다. 따라서 이를 공권해석이라고도 한다. 유권해석에는 입법해석, 사법해석, 행정해석이 있다.

입법해석立法解釋(legislative interpretation)은 입법의 형식으로 법규의 내용이나 자구의 의미에 관한 해석규정을 두는 것을 말한다.

사법해석司法解釋(judicial interpretation)은 법원이 검사의 공소제기에 의하여 구체적인 소송사건의 해결을 위해 내리는 해석으로서, 재판을 통하여 이루어지므로 재판裁判해석이라고도 한다.

행정해석行政解釋(administrative interpretation)은 행정관청이 법을 집행할 때 또는 상급관청이 하급관청에 대해 훈령·지시를 통해 법을 해석하는 것이다. 행정관청은 최종 구속력이 있는 해석을 할 수 없으나 그릇된 해석에 따른 위법한 행정처분은 최종적으로 법원이 해석하여 고친다.

(3) 학리해석

학리해석學理解釋(doctrinal interpretation)은 사인私人, 특히 법학자가 학설로서 전개하는 법해석을 말하며, 어떠한 구속력도 없다. 그래서 이를 무권해석無權解釋이라고도 한다. 학리해석은 권력이 아니라 순수한 학문적 견지에서 하는 해석이므로 일반여론에 대하여 설득력을 가지며, 유권해석有權解釋에도 영향을 주고 있다. 또한 학리해석은 입법과 재판의 기초가 되기도 한다. 학리해석은 문리해석, 논리해석으로 나눌 수 있다.

문리해석文理解釋(grammatical interpretation)은 법규의 문자나 문장의 의미를 언어학적 의미에 의하여 밝힌 후, 조문 전체의 구성을 검토하여 그 의미와 내용을 밝히는 방법이다. 따라서 문장해석 또는 문언적 해석이라고도 한다.

논리해석論理解釋(logical interpretation)은 법규의 문자나 문장의 문법적 의미에 구애받지 않고, 또한 입법자의 심리적 의사에 관계없이, 법을 하나의 논리적 체계로 구성하여 각 조문을 유기적으로 관련시키고 입법취지, 연혁 등을 고려하여 논리적으로 법규의 의미를 확정하는 해석이다.

논리해석에는 축소해석, 확장해석, 유추해석이 있다. 축소해석縮小解釋(restrictive interpretation)은 법조문의 문구를 문리적으로 해석하여 법조문의 언어적 표현 자체보다 더 좁게 해석하는 것을 말한다. 확장해석擴張解釋(extended interpretation)은 축소해석과 반대로 법규의 문장의 의미를 그 본래 의미보다 확대하여 해석함으로써 법의 타당성을 확보하려는 해석 방법이다.[26] 유추해석類推解釋(analogical interpretation)은 어떤 사항에 대해서 법령에 직접적인 규정이 없는 경우에 그와 유사한 사항을 규정한 법규를 적용하여 같은 법적 효과를 인정하는 해석이다. 형법에서는 유추해석을 원칙적으로 금지하고 있다. 유추해석에 의하면 형법에 명시되지 아니하는 행위가 처벌되고 개인의 권리가 침해될 위험이 있기 때문에 죄형법정주의에 의하여 인정되지 아니한다. 그러나 개인의 기본권 보장 정신과 죄형법정주의 정신은 형법의 해석에 있어서 불명확한 사실이 있는 경우, '의심스러울 때는 피고인의 이익으로(in dubio, pro reo)'의 원칙에 따라서 피고인에게 유리하도록 해석할 것을 요구한다.

그 밖에 논리해석에는 보정해석,[27] 물론해석,[28] 반대해석,[29] 비교해석, 목적해석, 의사해석, 체계해석 등[30]이 있다.

제 9 절 법의 계통

1. 서 론

법은 단일민족이나 국가의 역사 속에서 수세기 동안 역사적 도태에 응전하고 살아남아서 다른 국가나 민족에 계수되어 확대·발전하면서 공통성을 가지게 된다. 그

---

26) 예컨대 형법 제366조의 재물손괴죄의 손괴의 의미는 물건의 물리적 형태를 파괴하는 것이라는 원래의 의미를 넘어서 음식용 식기에 오줌을 누는 것과 같이 감정상 그 물건을 다시 본래의 목적으로 사용할 수 없게 하는 것도 손괴에 해당하는 것으로 해석하는 것이다.

27) 보정(補正)해석은 법문의 자구가 잘못되었거나 표현에 부정확성이 있는 경우에 그 자구를 보정하거나 변경하는 해석으로서 변경해석이라고도 한다.

28) 물론(勿論)해석은 법문이 일정한 사례를 규정하고 있는 경우에 그 입법정신이나 사물의 성질상 당연히 다른 사항에 관해서도 그 적용이 있는 것으로 판단하는 해석이다.

29) 반대(反對)해석은 일정한 사항에 일정한 효과가 발생한다고 규정한 법문이 있는 경우에 그 외의 사항에는 그와 반대의 효과가 발생할 것이라고 해석하여 일정한 규정의 이면에 숨은 내용을 밝혀 해석하는 것이다.

30) 비교해석은 법규를 구법이나 외국법과 대조하면서 하는 해석이며, 목적해석은 법의 목적에 따라 하는 해석이며, 의사해석은 입법자료를 통해 입법자의 의사를 탐구하여 법규의 의미를 해석하는 방법이며, 체계해석은 법문의 의미내용을 다른 법규와 관련하여 체계적으로 해석하는 방법이다.

래서 한 국가의 법질서는 어떤 기원에서 비롯되었다고 할 수 있다. 이것을 법의 계통 또는 법계法系(legal system)라 한다. 즉, 어떤 국가의 법질서가 어떤 법의 계보에 속하는가 하는 것이다. 그리고 하나의 법계에 속하는 법은 일정한 특성을 가지고 있을 수 있다. 이를 법문화法文化(legal culture)라 한다. 법문화는 일정한 법계에 속하는 국가가 어떠한 특성 혹은 법제도, 법학, 법사상을 구성하여 운영하고 있는가를 총체적으로 지칭하는 개념이다.

대륙법계와 영미법계가 오늘날에도 여러 국가의 법질서에 큰 영향을 주고 있으며 그 밖에도 사회주의법계와 이슬람법계 등이 있으나 여기서는 대륙법계와 영미법계에 대하여 검토해보기로 한다.

2. 대륙법계

대륙법계大陸法系는 로마법과 게르만법을 근간으로 하기 때문에 로마·게르만법계 (roman‑germanic law system)라고도 한다. 대륙법계라고 표현하는 것은 이 법계에 속하는 국가가 주로 유럽대륙에 있기 때문이다. 대륙법계는 근대 국가의 성립과 함께 성립하였으며, 오늘날 법계 중에서 가장 넓게 분포하고 있다.

대륙법계에 속하는 국가는 프랑스, 독일, 스위스, 이탈리아, 벨기에, 네덜란드, 룩셈부르크, 스웨덴, 노르웨이, 덴마크, 스페인, 포르투갈, 기타 남미제국이며, 중국, 일본 등이다. 우리나라도 대륙법계에 속하여 출발하였다.

대륙법계의 특징은 첫째, 법을 올바른 행위규칙으로 생각하였기 때문에 정의·도덕의 관념과 깊은 연관을 맺고 있다. 이런 의미에서 법실무자보다는 법학자들이 이 법계의 발전에 큰 역할을 하였다. 둘째, 영미법의 불문주의와는 달리 성문법주의를 채택하고 있으므로 이론성과 논리성이 우수한 법계이다. 셋째, 주로 시민 간의 관계를 규율하기 위하여 사법을 중심으로 발전하였으며, 공법 등 법의 다른 분야는 늦게 사법의 원리에 따라 발전하였다. 넷째, 대륙법계는 다시 프랑스법계와 독일법계로 나눌 수 있는데, 프랑스법계는 개인주의·자유주의를 특징으로 하며, 독일법계는 게르만 고유법의 요소를 다분히 포함하여 단체주의를 특징으로 한다. 다섯째, 로마법과 게르만법을 비교하면, 로마법은 법조법, 도시법, 상인법 중심이었으며, 성문주의, 논리적 체계, 공·사법의 구분, 개인주의 사상을 그 내용으로 하고 있다.

그러나 게르만법은 민중법, 농촌법, 농민법 중심이며, 법분열의 경향이 강하고, 관습법주의, 상징주의, 공·사법의 융합, 단체주의 사상을 그 특색으로 한다.

3. 영미법계

영미법英美法계란 영국법과 이를 계수한 미국법을 가리킨다. 영국법은 유럽 대륙법의 영향을 받지 않고 독자적으로 생성·발전하여 왔으며, 대륙법계의 프랑스나 독일과 다른 법계를 형성하였다. 영미법은 보통법普通法(common law)을 중심으로 발전하였기 때문에 코몬로계라고도 한다.

영미법은 식민지정책이나 자발적인 법계수를 통하여 세계에 퍼져 나갔으며, 현재 영국, 미국, 캐나다, 오스트레일리아, 뉴질랜드 등이 영미법계에 속한다.

영미법계는 대륙법계와 달리 다음과 같은 특색을 가진다. 첫째, 영미법은 법질서의 조직화·일반화보다 구체적인 사실을 존중하고 개개 사건의 판례로 이루어진 판례법 중심, 즉 불문법주의를 채택하고 있다. 따라서 체계적·일반적인 법전이 없고 제정법은 특수한 영역에 한정되고 있었다. 둘째, 대륙법에서 법관은 법전의 해석자에 불과하지만 영미법에서는 법 발전의 담당자역할을 한다. 즉, 대륙법계와 달리 법관이 법실무에서 개인 간의 분쟁을 해결하는 판결을 통하여 영미법이 형성되었다. 셋째, 영미법은 대륙법과 같이 일반·추상적인 법칙을 제정하기보다는 구체적인 분쟁소송에서 해결책을 제시하는 데 중점을 두고 있다. 넷째, 영미법에서는 소송절차, 증거절차 등에 관련된 절차법규가 법률관계의 내용을 구성하는 실체법규 이상으로 중요하게 인정되고 있다. 다섯째, 영미법은 법의 연구에 있어서 이념적·관념적인 것보다도 실질적·분석적인 방법을 채택하고 있다.

제10절 법률관계의 내용

1. 의 의

인간의 사회생활은 법률적 생활관계와 사실적 생활관계로 나눌 수 있다. 법률적 생활관계, 즉 법률관계는 법적 평가를 받아 일정한 법률효과를 가지는 생활관계로서 법률에 의해 규율되는 생활관계이다. 입법, 사법, 매매, 저당, 혼인, 상속 등의 경우를 들 수 있다. 사실적 생활관계는 법의 지배를 받지 않는 생활관계로서 도덕, 종교, 관습에 의한 생활관계를 말한다.

법률관계는 사람과 사람의 관계이다. 왜냐하면 법은 사람과 사람의 생활관계를

규율하기 때문이다. 따라서 법률관계는 법에 의하여 구속되는 자와 법에 의해 보호
되는 자에 의하여 형성된다. 전자의 지위를 의무라 하고, 후자의 지위를 권리라 한
다. 따라서 결국 법률관계는 권리·의무관계라고 할 수 있다.

2. 권 리

(1) 개념과 본질

권리는 법에 의하여 주어지는 것이므로 법이 존재하여야 비로소 권리가 보장된
다. 법法과 권리權利(right)는 불가분의 관계로서 양자를 구별하기는 곤란하다. 객관적
으로는 법을 의미하는 'ius, recht, droit'라는 용어는 주관적으로 권리를 의미하는 것
에서 그 사실을 알 수 있다.

권리의 본질에 대한 학설로서는 의사설, 이익설, 법력설 등이 있다. 의사설意思說
은 칸트I. Kant, 헤겔G. W. F. Hegel, 사비니F. Savigny, 빈트샤이트Windscheid 등에 의하여
주장되었다. 이 설에 의하면 권리의 본질은 법률에 의해 주어지는 의사의 힘
(willensmach) 또는 의사의 지배라고 한다. 즉, 권리의 본질을 의사(wille)에서 구하고
있다. 이익설利益說은 예링R. von Jhering, 데른부르그H. Dernburg 등에 의하여 의사설의
결함을 보충하기 위하여 주장되었다. 이 설에 의하면 권리는 법에 의해 보호되는 이
익 또는 법률에 의해 개인에게 귀속되는 생활재화이다. 법력설法力說은 에넥케루스L.
Enneccerus, 메르켈J. Merkel, 레겔스베르거F. Regelsberger 등에 의하여 이익설을 발전시
킨 것이다. 이 설에 의하면 권리란 인간이 어떠한 생활이익을 향수하기 위하여 법률
에 의하여 주어진 힘 또는 가능성이라고 한다. 여기서 힘이란 법적인 힘으로서 사실
상의 실력인 완력 또는 지력과 구별된다. 그리고 가능성이란 권리자가 이익의 향수
를 위하여 현실적으로 행위를 하여야 한다는 뜻이다. 권리를 실정법으로 파악할 때
이 설이 다수설이며 타당하다고 할 수 있다. 결국 이익은 바로 권리라고 할 수 없고,
권리는 권리자에게 이익을 향유하게 하는 수단에 불과하다. 그 수단으로서 권리는
인간의 생활이익을 충족하기 위하여 법률에 의하여 객관적으로 인정되는 힘 또는 가
능성이라고 할 수 있다.

(2) 권리와 구별 개념

권능權能은 권리의 내용이 되는 개개의 법률상의 작용 또는 힘이다. 따라서 하나
의 권리에서 여러 권능이 나온다. 즉, 민법 제211조는 "소유권자는 법률의 범위 내에
서 그 소유물을 사용使用·수익受益·처분處分할 권리가 있다."고 규정하고 있다. 그래서

소유권에서 사용의 권능, 수익의 권능, 처분의 권능이 나온다. 이를 흔히 '……권'이라 하여 사용권, 수익권, 처분권으로 표현한다. 그러나 반드시 하나의 권리에서 여러 권능이 나오는 것은 아니다.

권한權限(authority)은 공법·사법상 법인 또는 단체의 기관이 법령이나 정관에 의해서 행할 수 있는 사무의 범위 내지 법률상의 자격 또는 지위를 말한다. 공무원의 권한, 이사의 권한 등이 이것이다. 권리를 행사하면 그 법적 효과가 권리자에게 귀속되나, 권한의 효과는 행위자가 소속된 단체(국가 또는 법인)에 귀속된다. 그리고 권한을 일탈한 행위는 무효이거나 취소할 수 있는 행위가 된다.

권원權原은 사실상·법률상 행위를 정당화시키는 법률적 근거를 말한다. 예컨대 개개의 토지에 물건을 부속시킬 수 있는 권원에는 지상권, 임차권 등이 있다.

반사적 이익反射的利益(reflective interests)은 행정주체나 객체에게 일정한 의무를 부과한 법의 규정, 공중변소·하천·공원 등 공공시설의 운영, 허가의 결과 등으로 인하여 저절로 받게 되는 이익을 말한다. 반사적 이익에는 적극적으로 어떤 힘이 부여되는 것이 아니기 때문에 타인이 그 향유를 침해하더라도 권리를 주장하여 법적으로 보호를 청구할 수 없다. 오늘날 실질적 법치주의가 확립되고 인권보장을 강조함에 따라 종래의 반사적 이익 중의 일부는 법적 보호이익으로 전화되어 구체적인 청구권을 인정하는 추세에 있다.[31]

(3) 권리의 분류

① 공 권

공권公權(public right)은 공법상 부여된 권리이다. 공권은 행정주체가 국민에 대하여 가지는 국가적 공권과 국민이 행정주체에 대하여 가지는 개인적 공권으로 나눌 수 있다.[32] 국가적 공권은 국가 등의 행정주체가 그 존립을 위해 가지는 권리 또는 그 구성원에 대해 가지는 권리이다. 국가는 통치권(입법권·사법권·행정권)을 가지며, 공공단체도 통치권에서 파생되는 권리를 가진다. 개인적 공권은 국민이 국가 등의 행정주체에 대해 가지는 권리로서 자유권·수익권·참정권 등이 있다.

② 사 권

사권私權(private right)은 사법상 개인에게 부여된 권리이다. 사권은 여러 기준에

---

31) 박균성, 행정법입문, 박영사, 2014, p. 47.
32) 국제법상 공권으로 독립권, 평등권, 자위권, 자존권, 교통권 등을 들고 있는 경우도 있다(홍성찬, 법학원론(개정판), 박영사, 2017, p. 201).

의하여 분류할 수 있다.

　권리의 내용에 따라 인격권, 신분권, 재산권, 사원권으로 나눌 수 있다. 인격권人格權(personal rights)은 권리자 자신을 객체로 하는 권리를 말한다. 권리주체와 분리할 수 없는 인격적 이익의 향수를 내용으로 하는 권리이므로 인격과 분리될 수 없다. 생명권, 명예권, 신체권, 성명권, 정조권, 신용권 등이 그 예이다. 신분권身分權(identity rights)은 특정한 신분관계에서 나타나는 지위에 따른 이익의 향수를 내용으로 하는 권리이다. 신분권은 친족권과 상속권을 포함한다. 친족권은 일정한 신분을 기초로 하는 권리로서 호주권, 친권, 부양권, 부양청구권 등을 말한다. 그리고 상속권은 타인의 인격 또는 재산을 상속받을 권리로서 호주상속권, 재산상속권 등이 있다. 이러한 신분권은 일신전속성을 가진다. 재산권財産權(property rights)은 경제적 이익·가치, 즉 재산적 가치·이익을 내용으로 하는 권리이다. 물권, 채권, 지적소유권이 이에 속한다. 물권物權은 특정한 물건을 직접 배타적으로 지배하여 이익을 받을 수 있는 권리이며, 물권법정주의에 의하여 소유권, 점유권, 용익물권用益物權(＝지상권, 지역권, 전세권), 담보물권擔保物權(＝유치권, 질권, 저당권)이 있다. 채권債權은 특정인에게 특정한 행위를 요구할 수 있는 권리로서 대금반환청구권을 그 예로 들 수 있으며, 계약자유의 원칙이 지배적이다. 그리고 지적소유권知的所有權은 발명·고찰·저작 등 정신적 창작물에 관한 독점적 또는 배타적인 권리로서 발명권, 저작권, 특허권, 의장권, 상표권, 실용신안권 등이다. 사원권社員權(employee rights)은 사단법인을 구성하는 사원이 그 구성원의 지위에서 법인에 대해 가지는 포괄적인 권리를 말하며, 공익권共益權과 자익권自益權이 있다. 공익권은 법인의 목적달성을 위해 법인의 운영에 참가할 권리로서 의결권, 감독권, 사무집행권 등이며, 자익권은 법인으로부터 경제적 이익을 얻을 권리로서 이익배당청구권, 시설이용권 등을 말한다.

　권리의 작용을 기준으로 분류하면 지배권, 청구권, 형성권, 항변권으로 나눌 수 있다. 지배권支配權(supremacy right)은 권리의 객체를 직접 배타적으로 지배할 수 있는 권리를 말한다. 물권, 지적소유권, 대부분의 친족권(친권·후견권·상속권 등)이 이에 속한다. 지배권은 배타성을 가지고 있기 때문에 타인의 협력을 얻지 않고서 직접 자기의 의사로서 권리의 내용을 실현할 수 있고, 타인의 권리침해를 배척할 수 있다. 청구권請求權(claim right)은 특정한 타인에게 작위·부작위·수인을 요구할 수 있는 권리이다. 채권은 모두 청구권이다. 또한 물권·무체재산권·친족권·상속권에서도 청구권이 발생할 수 있다. 형성권形成權(formative right)은 권리자의 일방적 의사표시로 일정한 법률관계의 변동, 즉 권리의 발생·변경·소멸 기타 법률상의 효과를 발생시키는 권리이다. 형성권은 의사표시만으로 성립되거나(예, 민법 제5조의 동의권), 법원의 판결로서 효력이 발생한다. 항변권抗辯權(defense right)은 상대방의 권리주장에 대하여 일정한 경우에 의무를 동시에 이행하기를 항변하는 권리로 쌍무계약에서의 동시이행항변권이 대표적이다.

권리의 효력범위, 즉 배타성排他性 유무를 기준으로 절대권과 상대권으로 나눌 수 있다. 절대권絕對權은 누구에게나 주장할 수 있는 권리로서 배타성 있다. 따라서 대세권對世權이라고도 하며 물권物權이 대표적인 예이다. 상대권相對權은 특정인에게만 주장할 수 있는 권리로서 대인권對人權이라고도 하며 배타성이 없으며 채권債權이 대표적인 것이다.

전속성專屬性, 즉 양도성 유무에 따라 일신전속권과 비일신전속권으로 분류할 수 있다. 일신전속권一身專屬權은 권리자에게만 전속하는 권리로서, 권리자와 분리할 수 없고 상속·양도 등으로 타인에게 이전할 수 없다. 신분권, 인격권 등이 여기에 속한다. 반면에 비일신전속권非一身專屬權(대체권)은 타인에게 이전할 수 있는 권리로서 양도讓渡가 자유롭다. 대부분의 재산권이 여기에 속한다.

3. 의 무

의무義務(duty)는 일정한 작위作爲, 부작위不作爲, 수인受忍, 급부給付를 해야 할 법률상의 구속을 말한다. 의무의 종류에도 공법상 의무와 사법상 의무가 있다. 권리와 의무는 법률관계에서 서로 대응되는 것이 원칙이다. 채권에 대응하여 채무가 발생되는 것이 그 대표적인 예이다. 그러나 권리 없는 의무(상법 제6조의 미성년자의 영업과 등기)가 있고, 의무없는 권리(민법상 각종 취소권)도 있으며, 권리인 동시에 의무인 것(민법 제913조의 미성년자를 보호·부양할 권리와 의무; 친권)도 있다. 의무는 책임責任(responsibility)과 구별해야 한다. 의무는 자기의 의사와 관계없이 일정한 작위, 부작위 등을 해야 할 법률상의 구속(또는 부담)이지만, 책임은 의무를 위반하거나 불이행한 경우에 형벌·강제집행·손해배상 등의 제재制裁를 받게 되는 지위이다. 의무는 책임을 수반함으로서 그 구속성을 확보한다. 즉, 책임은 의무의 담보수단인 것이다. 그러나 책임을 수반하지 아니하는 책임 없는 의무도 있다. 이를 자연채무自然債務라 한다. 예를 들면 소멸시효가 완성된 후에도 채무가 존재함에도 불구하고 그 채무에 대한 청구권은 발생하지 아니하나 변제는 부당이득이 발생하지 아니한다.

4. 권리와 의무의 주체와 객체

(1) 주 체

권리·의무를 가지는 자, 즉 권리가 귀속되는 주체를 권리의 주체主體(subject of rights)라고 하고, 의무를 부담하는 자, 즉 의무가 귀속되는 주체를 의무의 주체라고 한다. 권리의 주체가 될 수 있는 자만이 의무의 주체가 되고, 의무의 주체가 될 수 있는 자만이 권리의 주체가 될 수 있다. 따라서 일반적으로 권리의 주체라는 말에는 의무의 주체라는 의미가 포함되어 있다.

권리의 주체가 될 수 있는 법률상의 지위 또는 자격을 권리능력權利能力 또는 인격人格이라 한다. 그래서 권리능력을 가진 자를 인격자라 하며 법률상 자연인과 법인만 권리능력자이다. 자연인自然人은 출생出生과 동시에 누구나 당연히 권리능력을 가지고, 법인法人은 행정관청의 허가를 얻고 등기登記를 해야 권리능력을 가진다. 자연인은 사망死亡으로 권리능력을 상실하고 법인은 해산解散으로 권리는 능력을 상실한다.[33]

출생과 사망을 언제로 할 것인지는 민법상 대단히 중요한 의미가 있다. 사람은 생존하는 동안, 즉 출생한 때로부터 사망할 때까지만 권리와 의무의 주체가 될 수 있는 권리능력을 가지고 있으므로, 사망하면 권리를 행사하거나 의무를 부담할 수 있는 자격을 상실한다. 그리고 사망에 의하여 재산에 관한 권리·의무는 포괄적으로 상속인에게 승계되고, 재산에 관한 권리·의무 이외의 일신전속적인 권리·의무(예컨대 혼인에 의한 부부 사이의 권리·의무 및 친자관계에 의한 부양에 따른 권리·의무)는 소멸된다. 법률상 언제부터 출생出生으로 보아야 할 것인가에 관하여 진통설, 일부노출설, 전부노출설, 독립호흡설 등 학설이 대립하고 있다. 그러나 전부노출설에 의하면 태아가 모체로부터 분리되어 출산이 완료된다고 하는 사실이 외부적으로 명백하기 때문에, 이 설이 민법상 통설通說이고 형법상은 진통설(陣痛說; 분만개시설)이 통설이다. 그러나 제왕절개수술에 의한 분만의 경우에는 의사의 수술 시(자궁절개 시)에 사람이 된다(통설).[34]

그리고 사망死亡의 시기始期에 대해서는 호흡종지설과 맥박종지설 및 종합설이 주장되고 있으나, 우리나라에서는 현재까지는 맥박종지설이 통설이다. 그래서 심장의 고동이 영구적으로 정지한 때가 사람의 종기이다. 그러나 현재에는 뇌사설이 대

---

33) 해산(解散)과 청산(淸算)은 구별된다.
34) 대판2005도3832.

두되어 사망의 시기에 대하여 복잡한 문제가 야기되고 있다. 일반적으로 사람은 심박동 정지(심장사), 폐기능의 상실과 호흡정지(폐사), 또는 뇌의 기능의 불가역적 정지(뇌사)라는 일련의 과정을 통하여 사망한다.

전통적으로 사망死亡이란 심장사를 의미한다. 그래서 ① 호흡이 정지되고, ② 심장의 박동이 멈추고, ③ 양안의 동공이 산대散大되는 세 가지 징후에 의하여 사망을 결정하는 심장사만이 사망으로 인정하여 왔다.

뇌사를 법적인 사망으로 인정할 것인가? 법을 사회규범의 하나라고 전제한다면 뇌사가 법적인 사망으로 인정되기 위해서는 사회 전체가 뇌사를 사람의 죽음으로 이해하여야 한다. 즉, 뇌사를 사망으로 인정하는 것에 대한 사회적 합의가 형성되어야 한다. 이러한 합의를 위해서 뇌사가 사망이라는 사실에 대한 정당성이나 설득력이 요구된다.[35]

현재 미국의 33개 주가 뇌사를 법으로 인정하고 있으며, 나머지 주에서도 뇌사를 의학적인 죽음으로 승인하고 있다. 그리고 세계 55개 이상의 국가가 뇌사를 사망의 기준으로 삼고 있다. 우리나라에서도 현재 뇌사에 대한 사회적 관심은 점차 증대하여 그러한 합의가 성립되어 뇌사를 인정하고 있다고 생각한다.

(2) 객 체

권리는 특정한 생활이익을 그 내용 또는 목적으로 하므로 그 내용이 성립하기 위하여 일정한 대상이 있어야 한다. 이를 권리의 객체客體(object of rights)라 한다. 즉, 권리·의무의 객체란 권리·의무의 목적으로서 지배하거나 지배되는 것을 말한다. 예를 들면 물권은 일정한 물건을 직접 배타적으로 지배하는 것이 그 목적이므로 물권의 객체는 물건이다. 채권은 특정인에게 특정한 행위를 요구하는 것이 그 목적이므로 채권의 객체는 채무자의 행위이다. 그리고 친족권의 객체는 일정한 친족관계에 있는 사람의 지위이며, 인격권의 객체는 생명, 신체, 자유, 명예, 비밀 등이다.

5. 법률관계

(1) 의 의

인간의 사회생활을 지배하는 법은 권리·의무를 중심으로 구성되어 있다. 이와 같이 법에 의해 지배되는 생활관계를 법률관계法律關係라고 한다. 따라서 법률관계는

---

35) 1968년 하버드 의과대학이 뇌사를 뇌가 영원히 기능을 상실한 상태라고 정의함으로써 1968년 프랑스가 이를 인정한 후 미국, 핀란드, 캐나다, 호주, 대만 등이 뇌사를 인정하고 있다.

권리·의무관계라고 할 수 있다. 법률관계의 내용은 구체적인 권리와 의무이다. 즉, 매매賣買(dealing)라는 법률관계에서 매도인賣渡人은 소유권 이전의무와 매매대금청구권을 가지고, 매수인買受人은 소유권이전 청구권과 매매대금지급의무를 가지고 있다.

법률관계는 가족, 애정, 우정, 예의관계와 같은 인간관계와 구별된다. 이러한 생활관계에는 법적 효과가 발생하지 않는다. 따라서 인간관계에서 약속을 불이행했다고 하여 약속의 이행을 청구하거나 손해배상을 청구하는 것이 인정되지 않는다. 이러한 청구권을 인정하면 약속의 의미가 파괴되기 때문이다.

(2) 법률관계의 변동

근대법近代法의 체계는 권리 위주로 구성되어 있기 때문에 법률관계는 어떤 사람이 다른 사람에 대해 권리를 가지고 있다는 모습으로 나타난다. 그런데 법률관계는 생활관계의 발전에 따라 변동된다. 즉, 권리가 발생·변경·소멸하는 것이다. 이를 법률효과라 한다. 그리고 법률효과를 발생하게 하는 원인을 법률요건法律要件이라고 하고, 법률요건을 구성하고 있는 사실을 법률사실法律事實이라 한다. 즉, 법률사실로 구성된 법률요건에 의하여 법률효과法律效果가 발생하는 것이다.

① 발 생

법률요건에 의하여 권리·의무가 새로운 주체와 결합하는 것을 권리·의무의 발생이라고 한다. 여기에는 원시취득과 승계취득이 있다. 원시취득原始取得은 기존의 권리·의무를 기초로 하지 않고 전혀 새로운 권리·의무가 주체에 결합되는 것을 말한다. 취득시효에 의한 권리의 취득, 조수鳥獸의 보호, 해산물의 취득 등이 그것이다. 승계취득承繼取得은 기존의 권리·의무를 전제로 하여 이를 기초로 하여 권리·의무를 취득하는 것을 말한다. 매매로 인하여 소유권을 취득하는 경우가 여기에 해당한다.

② 변 경

권리·의무가 동일성同一性을 유지하면서 그 목적 또는 태양만이 변경되는 경우를 권리·의무의 변경이라 한다. 이것은 주체의 변경이 아니라 권리·의무의 객체, 내용, 작용의 연장 또는 단축을 말한다. 예를 들면 무이자채권을 이자부채권으로 바꾸는 것은 객체의 변경이고, 채무불이행으로 인하여 손해배상청구권이 발생하는 것은 내용의 변경에 해당하며, 소유권 등기로 인하여 소유권을 취득하는 것은 작용의 변경이다.

③ 소 멸

권리·의무의 소멸이란 권리·의무가 그 주체로부터 분리되는 것을 말하는데, 절대적·상대적 소멸이 있다. 절대적絕對的 소멸은 권리·의무 자체의 소멸이다. 권리의 객체인 물건이 소멸되어 그 물건이 누구에게도 속하지 않음으로서 그에 대한 물권이 소멸되거나, 변제로 인하여 채무가 소멸되는 경우를 말한다. 상대적相對的 소멸은 권리·의무가 타인에게 양도讓渡되어 양도인의 권리·의무가 소멸되고, 양수인에게 그 권리·의무가 승계되어 존속되는 경우이다. 물건이나 권리의 양도 또는 상속 등이 여기에 해당한다.

제11절 권리의 행사와 의무의 이행

1. 권리의 행사

권리의 행사行使란 권리를 가진 자가 자신의 의사에 따라 자유롭게 권리의 내용인 이익을 구체적으로 실현하는 과정을 말한다. 예를 들면 소유권을 가지고 있는 자가 자신이 소유하고 있는 물건을 사용하거나 양도하는 것은 물권의 행사에 해당한다. 권리의 행사방법은 권리의 내용에 따라 다르게 나타난다. 지배권支配權의 행사는 권리의 객체를 지배하여 사실상 이익을 향유하는 것이며, 청구권請求權의 행사는 상대방에 대하여 행위를 요구하거나 그 결과를 수령하는 것이다. 형성권形成權은 현실적으로 일방적인 의사표시를 하는 형식으로 행사되며, 항변권抗辯權은 청구권자의 이행청구가 있을 때 이를 거절하는 형식으로 행사된다.

원칙적으로 권리의 행사는 권리자의 자유에 속한다. 그리고 법규가 어떤 권리를 준다는 것은 그 권리자의 이익을 위하여 그와 대립되는 반대의 이익이 침해되는 것을 전제로 하는 것이다. 따라서 권리의 행사로 타인에게 손해를 주더라도 그 손해를 배상賠償할 필요는 없다. 그래서 '자기의 권리를 행사하는 자는 그 누구를 해하는 것도 아니다'라고 하여 권리행사의 절대성이 인정된다. 그러나 19세기 말부터 자본주의의 발달에 따른 심한 부의 불평등不平等이 나타나자 이를 시정하기 위하여 권리의 절대성이 부정되기 시작되었고, 권리에 대하여 일정한 제약을 가하기 시작하였다. 그것은 권리의 근거는 사회적 승인에 있고, 권리는 본래 사회적으로 시인되는 범위 내에서만 존재하는 데 지나지 않는다는 이론에 기초를 두고 있다. 권리는 의무를 전제로 가능한 것이며 권리는 이에 따른 의무를 부담한다(rights carry duties). 따라서 오늘날에는 권리의 상대성相對性이 인정되고 권리의 행사와 의무의 이행에 여러 가지 제한이 따르게 되었다.

(1) 헌법상 권리행사의 제한

국민이 국가권력에 대하여 기본권을 주장하거나 개인 사이에 기본권을 적용하는 경우에 기본권의 경합競合과 기본권의 충돌衝突이 발생한다. 기본권의 경합관계는 한 사람의 국민이 국가권력에 대해 자신의 일정한 행위를 보호받기 위하여 동시에 여러 기본권의 적용을 주장하는 것을 말한다.

기본권의 충돌관계는 두 사람 이상이 서로 충돌하는 권익을 실현하기 위하여 국가에 대하여 각각 대립되는 기본권의 적용을 주장하는 것을 말한다.

우리 헌법 제21조 제4항은 언론출판의 자유가 '타인의 명예나 권리 또는 공중도덕이나 사회윤리를 침해하여서는 아니 된다.'라고 하고, 제8조 제4항에서는 '정당의 목적과 활동이 민주적 기본질서에 위배되어서는 아니 된다.'라고 하고 있으며, 제21조 제3항은 '재산권의 행사는 공공복리에 적합하도록 하여야 한다.'는 규정을 두고 있다.

이와 같은 타인의 권리의 불가침, 도덕률의 준수, 헌법질서·공중도덕·사회윤리·공공복리의 존중 등은 그에 관한 명문의 규정이 없는 그 밖의 기본권에도 필연적으로 내재하는 한계적 요소라고 할 수 있다.

우리 헌법 제37조 제2항은 "국민의 모든 자유自由와 권리權利는 국가안보·질서유지 또는 공공복리를 위하여 필요한 경우에 한하여 법률로서 제한할 수 있으며, 제한하는 경우에도 자유와 권리의 본질적인 내용을 침해할 수 없다."고 하여 법률에 의한 기본권의 일반적 제한과 그 한계를 규정하고 있다. 제한의 대상이 되는 기본권은 국민의 모든 자유와 권리이지만 실제로는 성질상 제한이 불가능한 절대적 기본권(양심형성의 자유, 신앙의 자유, 학문연구의 자유 등)은 제외된다.

이러한 제한의 한계를 벗어난 법률은 위헌법률이 되며, 국민은 청원권請願權이나 위헌법률심사違憲法律審査(dealing)를 청구할 수 있으며, 헌법소원憲法訴願(constitutional complaint)을 제기할 수 있다.

(2) 민법상 권리행사의 제한

민법 제2조는 권리의 사회적 제약을 규정하고 있다. 즉, 제2조 제1항은 "권리의 행사와 의무의 이행은 신의에 쫓아 성실히 하여야 한다."라고 하고, 제2항은 "권리는 남용하지 못한다."라고 규정하고 있다. 전자는 신의성실(treu und glauben)의 원칙을, 후자는 권리남용금지의 원칙을 선언한 것이다. 신의성실信義誠實의 원칙이란 사회공동생활의 일원으로서 그 질서를 유지하기 위하여 법률상 상대방의 신뢰를 배반하지 않고 성실히 행동하여야 한다는 것이다. 여기서 신의성실이란 법적으로 정의·형평을 의미하며, 사회의 일반적 도덕의식을 가리킨다. 법질서도 이러한 도덕의식을 기초로 하여 성립하므로 법률상 권리행사와 의무이행은 이 도덕의식에 합치되어야 한다. 구체적으로 권리의 행사가 신의성실에 합치되는가 하는 것은 법관이 판단할 문제이다. 신의성실의 원칙에 의할 때, 채권자는 수령지체에 대하여 책임을 지며, 임대차와 같은 물건의 이용관계나 고용과 같은 계속적인 채권관계에서는 상호 간의 신뢰와 협력이 요구된다. 신의성실의 원칙에서 사정변경事情變更의 원칙과 실효失效의 원칙이 파생된다. 사정변경의 원칙(clausula rebus sic stantibus)이란 모든 법률행위는 그 행위가 성립할 시의 사정이 존속하는 한 효력이 있다는 것을 전제로 하고, 만약 그 사정이 변경된 경우 그 행위는 이미 구속력을 상실한다는 것이다. 이 원칙은 '계약은 준수되어야 한다(pacta sunt servanda)'는 원칙에 반한다. 따라서 우리 민법은 이 원칙을 직접적으로 인정하는 규정을 두고 있지 않으며, 다만 이 원칙에 기초하는 규정이 산재하고 있을 뿐이다.[36] 우리 대법원 판례도 이 원칙을 인정하고 있지 않다.

　'실효失效의 원칙(venire contre factum proprium)'이란 권리자가 장기간 그의 권리를 행사하지 아니하여 상대방이 이제는 그 권리를 행사하지 않을 것으로 믿을 만한 정당한 사유가 있게 된 경우에는 그 권리를 행사하지 못한다는 원칙이다.

　그리고 권리남용權利濫用(abuse of rights)이란 외형상 권리의 행사로 볼 수 있으나 구체적·실질적으로 검토할 때, 그것이 권리의 공공성·사회성에 반하여 권리 본래의 사회적 목적에 벗어났기 때문에 정당한 권리의 행사로 인정할 수 없는 행위를 말한다.

　근대 초기에는 개인주의·자유주의 사상에 의하여 개인의 권리행사는 자유였으나, 20세기에 이르러 권리도 공공복리公共福利(public welfare)에 적합해야 한다는 원칙이 성립되면서 권리의 남용이 금지되었다.[37]

---

36) 예컨대 민법 제218조(시설변경청구권), 제286조(지상권에서 지료증감청구권), 제557조(승여계약해세청구권), 제628조(임대차에서 차임증감청구권) 등이다.

37) 프랑스에서는 1850년대 이른바 질투건축, 질투로 우물파기 등의 판결에서 권리남용의 금지를 인정하여 건축물의 철거 또는 손해배상을 명하였다. 그리고 독일 민법 제226조에서는 권리의 행사가 타인에게 손해를 줄 목적을 가진 경우에는 허용되지 아니한다고 하여 이른바 시카네(schikane)의 금지를 명문화하였다. 시카네의 금지는 권리남용자의 가해목적이라는 주관적인 요건을 요구하였기 때문에 권리의 개인성에서 완전히 벗어나지 못하였다. 그 뒤 스위스 민법 제2조는 권리의 남용은 법의 보호를 받지 못한다고 규정하여 객관적 가해사실만으로 권리남용이 성립된다고 선언한 후, 오늘날 대부분의 국가에서 권리남용금지를 인정하고 있다. 우리 민법도 제2조에서 이 원칙을 명문화하고 있다.

권리남용이 성립되기 위해서는 첫째, 권리의 행사라고 볼 수 행위가 있어야 하며, 둘째, 그 권리가 인정되는 사회적 이유에 반하여 행사되어야 한다. 즉, 권리의 행사가 신의성실의 원칙 위반, 사회질서 위반, 정당한 이익의 결여, 권리의 사회적 경제적 목적 위반, 사회적 이익의 균형 파괴 등 권리의 본래 목적에 부합되지 않아야 한다. 다만 권리남용에서는 시카네schikane의 금지에서 요구되는 권리자의 주관적 의도가 요건이 아니므로, 가해의 의사나 목적이 없더라도 권리남용이 인정될 수 있다. 권리의 행사가 남용으로 인정되면 그 법률효과法律效果는 발생하지 아니한다.

2. 의무의 이행

의무의 이행은 의무자가 자기가 부담하여야 하는 의무의 내용을 실현하는 것이다. 예컨대 돈을 빌린 사람이 채무자에게 돈을 갚는 것과 같다. 이러한 의무의 이행에도 신의성실의 원칙이 적용된다. 그래서 의무의 이행이 신의성실의 원칙에 반하는 경우 의무의 이행의 외관을 갖추고 있으나 의무이행으로 인정되는 않는다. 신의성실의 원칙에 반하는 의무의 이행은 이행의 효과가 발생하지 아니하며, 채무불이행에 해당하여 민사상 책임을 지거나, 형법상 또는 행정법상의 제재를 받을 수 있다.

제12절 법률규정 위반의 제재

1. 서 론

법의 사명使命은 국가와 사회의 질서를 유지하는 것이다. 그러나 법을 준수하는 것이 쉬운 일은 아니므로 사람들은 일상생활을 해가면서 법적 의무를 이행하지 않거나 불법행위를 할 수 있다. 법은 구속력이 있지만 그것만으로 실효성이 보장될 수는 없는 것이다. 결국 법이 그 목적을 달성하려면 법을 위반한 자에게 여러 가지 강제수단을 동원하는 수밖에 없다. 이와 같이 법을 위반한 자에게 가하는 각종 강제수단을 법의 제재制裁라 한다.

한편 법의 제재에는 항상 강제력이 포함되기 마련이므로 법치주의法治主義(constitutionalism)의 입장에서 볼 때, 제재를 하려면 반드시 법적 근거가 있어야 한다. 법의 제재는 그 법적 근거에 따라 공법상 제재와 사법상 제재로 나누어 볼 수 있다. 공법상 제재는 공법에 근거하여 가하는 제재로서 행위자를 처벌하는 데 그치며, 피해자를 직접 구제하는 것과는 무관하다. 반면 사법상 제재는 사법私法에 근거하는 것으로서 제재가 곧 피해자에 대한 권리구제수단權利救濟手段이 된다. 공법상 제재는 헌법상 제재, 행정법상 제재, 형법상 제재로 구분되고, 사법상 제재로는 손해배상, 강제이행, 권리의 상실, 무효·취소의 인정 등이 있다.

2. 공법상 제재

(1) 헌법상 제재

헌법상 제재란 헌법기관憲法機關이 국민의 기본권 보장과 국가권력의 조직과 행사방법을 위반한 경우에 그 기관에 가하는 제재를 말한다. 대표적인 것으로 탄핵, 위헌정당해산, 국회의원의 징계 등을 들 수 있다. 탄핵彈劾(impeachment)은 일반적인 사법司法 및 징계懲戒 절차에 따라 소추 또는 징계하기에는 곤란한 고위공무원이 직무상 중대한 비위를 범한 경우 의회가 소추하여 파면하는 제도이다. 파면은 행정부와 사법부에 대한 의회의 중요한 통제수단이다. 탄핵 소추의 대상자는 대통령, 국무총리, 국무위원, 행정각부의 장, 헌법재판소 재판관, 법관, 선거관리위원회 위원, 감사원장과 감사위원, 기타 법률이 정한 고위공무원이다. 이들의 직무집행이 헌법과 법률에 위배된 때에는 국회가 재적의원 3분의 1 이상의 발의와 재적의원 과반수의 찬성으로 탄핵소추를 의결한다. 그러나 대통령에 대한 탄핵소추는 국회재적의원 과반수의 발의와 재적의원 3분의 2 이상의 찬성이 필요하다. 국회에서 탄핵소추를 의결하면 헌법재판소에서 탄핵결정을 하게 된다. 탄핵결정에는 헌법재판소 재판관 6인 이상의 찬성이 필요하다. 국회에서 탄핵소추가 의결되면 헌법재판소의 탄핵심판이 있을 때까지 그 권한행사가 정지된다. 그리고 헌법재판소의 탄핵결정이 있으면 공직公職에서 파면되며, 5년 이내에 공직 취임이 금지된다.

정당의 목적이나 활동이 민주적 기본질서에 위배될 때에는 정부가 제소하고 헌법재판소가 심판하여 그 정당을 해산하는 것이 위헌정당해산제도違憲政黨解散制度이다. 헌법 제8조 제4항에서 규정하고 있다. 위헌정당이란 그 목적이나 활동이 민주적 기본질서에 위배되는 정당을 말하는데, 여기서 민주적 기본질서란 자유민주적 기본질서(freedemocratic basic order)만을 의미한다.

국회의원의 징계懲戒란 국회의 원내 질서를 문란하게 하거나 국회의 품위를 손상한 의원이 있을 때, 국회가 당해 의원에게 과하는 특별한 제재로서 공무원의 징계와 유사하다. 징계대상 의원이 있으면 윤리특별위원회의 심사를 거쳐 국회의 의결로서 징계를 결정한다. 징계는 공개회의에서의 경고, 공개회의에서의 사과, 30일 이내의 출석정지, 제명의 네 가지이다. 제명을 의결하려면 재적의원 3분의 2이상의 찬성이 있어야 하며, 기타의 징계는 일반정족수에 의하여 의결된다.

(2) 행정법상 제재

행정법은 공익을 실현하기 위하여 국민에게 각종 의무를 부과하고 있다. 국민이 이를 이행하지 않거나 위반한다면, 행정목적을 달성할 수 없기 때문에 각종 권력적 수단을 동원하여 의무이행을 확보하려고 한다. 그 수단을 행정상 제재라 한다. 행정상 제재에는 일반국민에 대한 것으로서 행정상 강제집행, 행정상 즉시강제, 행정벌 등이 있고, 공무원에 대한 것으로 징계벌이 있다.

행정상 강제집행強制執行(compulsory execution)은 국민이 행정상 의무를 불이행한 경우에 행정목적을 달성하기 위하여 행정주체가 사람의 신체 또는 재산에 실력을 가하여 의무를 이행시키거나 이행한 것과 같은 상태를 실현하는 작용을 말한다. 행정상 강제집행에는 대집행代執行, 집행벌執行罰, 직접강제直接强制, 행정상 강제징수强制徵收가 있다.[38]

행정상 즉시강제卽時强制는 목전에 급박한 위해를 제거할 필요가 있는 경우 또는 의무의 이행을 명할 시간이 없거나 성질상 의무를 명하여 목적을 달성하기 곤란한 경우에 직접 국민의 신체 또는 재산에 실력을 가하여 행정상 필요한 상태를 실현하는 작용을 말한다. 행정상 즉시강제는 대인적 즉시강제, 대물적 즉시강제, 대가택적 즉시강제로 나눈다. 경찰관 직무집행법, 감염병예방법, 도로교통법, 청소년보호법 등에 규정되어 있다. 행정벌行政罰은 행정법상의 의무위반에 대하여 일반통치권에 기하여 재제로서 과하는 행정벌을 말한다. 행정벌에는 행정형벌과 행정질서벌이 있다. 행정형벌行政刑罰은 형법상 형명刑名이 있는 형벌로서 형법총칙을 적용하여 형사소송법

---

38) 대집행은 무허가 건축물 철거와 같은 대체적 작위의무(代替的 作爲義務)를 이행하지 않는 경우 의무를 부과한 행정청이 스스로 그 의무를 이행하거나 또는 제3자로 하여금 이를 이행하게 하고 그 비용을 의무자로부터 징수하는 강제집행을 말한다. 집행벌은 부작위 의무 또는 비대체적 작위의무를 이행하지 아니할 때, 그 의무를 이행을 확보하기 위해 과태료 형식으로 부과되는 금전부담으로서 강제금이라고도 한다. 가산금제도(국세기본법 제47조)와 이행강제금제도(건축법 제80조) 등이 그것이다. 직접강제는 행정상 의무를 불이행하는 경우 직접 의무자의 신체·재산에 실력을 발동하여 의무가 이행된 것과 같은 상태를 실현하는 작용을 말한다. 사증 없이 입국하는 외국인의 강제퇴거(출입국관리법 제46조), 위험식품 등의 폐기처분(식품위생법 제56조), 교통방해물의 강제제거(도로교통법 제67조), 공중위생영업소의 폐쇄(공중위생관리법 제11조) 등을 그 예로 들 수 있다. 행정상 강제징수는 세금과 같은 공법상 금전급부의무를 이행하지 아니할 때에 행정청이 의무자의 재산에 실력을 가하여 그 의무가 이행된 것과 같은 상태를 실현하는 작용을 말한다. 국세징수법에 의한 독촉(督促)과 체납처분(滯納處分)의 절차가 대표적이다.

의 절차에 따라 부과하는 것을 말하며, 행정질서벌行政秩序罰은 행정법상 의무위반이라는 비행이 직접 행정목적을 침해한 데 이르지 못하고 간접적으로 행정목적의 달성에 장애를 미칠 위험성이 있는 비행, 즉 단순한 의무위반에 대하여 과태료를 부과하는 제재를 말한다. 행정벌의 부과절차에 있어서 통고처분通告處分과 즉결심판卽決審判이라는 특수한 절차가 인정된다.

그리고 공무원이 공무원관계에 의거하여 부담해야 하는 의무를 위반한 경우 국가가 공무원관계의 목적달성을 위하여 사용자의 지위에서 그 위반에 대해 과하는 제재를 징계懲戒라 하며, 그 제재로서의 벌을 징계벌이라 한다. 공무원의 징계에는 파면, 해임, 정직, 감봉, 견책이 있다.

(3) 형법상 제재

형법상 제재로서 형벌刑罰이 있다. 반사회적 행위인 범죄를 범한 자에게 부과하는 제재이다. 형벌에는 사형, 징역, 금고, 자격상실, 자격정지, 벌금, 구류, 과료, 몰수의 9종류가 있으며 형의 경중을 나타낸다. 가장 중한 형벌인 사형死刑은 인간 존재의 바탕인 생명을 빼앗아 사람의 사회적 존재를 말살하는 형벌이므로 생명의 소멸을 가져온다는 의미에서 생명형生命刑이자, 성질상 모든 형벌 중에서 가장 무거운 형벌이라는 의미에서 극형이다.

다음으로 징역懲役과 금고禁錮 및 구류拘留는 사람의 신체적 자유를 박탈하므로 자유형自由刑이라 한다. 징역은 죄수를 교도소에 구치하여 신체의 자유를 박탈하고 노역을 부과하는 것으로서 그 기간은 30일 이상이다. 금고는 징역과 같으나 노역을 부과하지 않는다. 구류는 금고와 같으나 그 기간이 30일 미만이다.

자격상실資格喪失과 자격정지資格停止는 사람의 선거권이나 피선거권 등의 자격을 상실하게 하거나 정지시키는 것이므로 명예형名譽刑이라고 한다. 사형·징역·금고형에 부가되는 것이 보통이다. 자격상실은 사형·무기징역·무기금고의 판결을 받은 자가 공무원이 되는 자격 또는 공법상 선거권과 피선거권 등의 자격을 상실하는 것이며, 자격정지는 유기징역 또는 유기금고의 판결을 받은 자가 그 형의 집행이 종료되거나 면제될 때까지 일정한 자격이 정지되는 것을 의미한다.

마지막으로 벌금罰金, 과료科料, 몰수沒收는 일정한 재산을 박탈하는 것으로서 재산형財産刑이라 한다. 벌금은 5만 원 이상의 금전으로 과해지는 형벌이며, 과료는 2천 원 이상 5만 원 미만인 금전형(재산형)이다. 몰수는 장물·흉기 등 범죄행위와 관련된 재산을 박탈하는 것을 말한다.

기타 형법상 제재에는 보안처분이 있다.

3. 사법상 제재

사법私法상 제재에는 손해배상, 강제이행, 권리의 상실, 무효·취소의 인정 등이 있다. 손해배상損害賠償(compensation)은 채무불이행債務不履行(민법 제390조) 또는 불법행위不法行爲(illegal act, 민법 제750조 이하) 등에 의하여 타인에게 손해를 입혔을 경우 그 손해를 전보하여 손해가 없었던 상태를 회복시켜 주는 것을 말한다. 손해배상은 금전배상(민법 제394조와 제763조)이 원칙이나 명예훼손의 경우 법원이 피해자의 청구에 의하여 손해배상을 갈음하거나 손해배상과 함께 명예회복에 적당한 처분(사죄광고 등)을 명할 수 있다(민법 제764조). 강제이행强制履行은 채무를 이행할 수 있음에도 불구하고 이행하지 아니하는 경우 채권자가 법원에 청구하여 국가의 공권력에 의하여 강제적으로 채무의 내용인 급부를 실현하게 하는 것을 말한다(민법 제389조). 강제이행의 방법으로는 직접강제, 대체집행, 간접강제 등이 있다.

직접강제는 채무자의 의사를 무시하고 국가의 공권력에 의하여 채권의 내용을 실현하는 것이다. 예를 들면 물건의 인도의무에 있어서 목적물의 점유를 채무자로부터 빼앗아 채권자에게 교부하거나 금전채무에 있어서 채무자의 재산을 경매하여 그 대금을 채권자에게 배당하는 것이다. 대체집행은 채무자의 일신에 전속하지 아니하는 작위를 목적으로 하는 채무를 불이행하거나 부작위를 목적으로 하는 채무를 위반한 경우, 채무자를 대신하여 채권자 또는 제3자로 하여금 채무자의 채무이행과 같은 상태를 실현하도록 하고, 그 비용을 채무자에게 부담하게 하는 것이다(민법 제389조). 예컨대 건물을 철거해야 할 의무를 채무자가 임의로 이행하지 않을 경우에 채권자로부터 징수한 비용으로 인부를 고용하여 채권의 내용을 실현하는 것이다.

간접강제는 채무의 성질상 강제이행을 할 수 있는 경우 법원은 채권자의 신청에 따라 결정으로 상당한 기간을 정하고 채무자가 그 기간 내에 이행을 하지 아니할 때에는 그 지연기간에 응하여 일정한 배상을 할 것을 명하거나 또는 즉시배상을 할 것을 명하는 것을 말한다(민사집행법 제261조).

권리의 상실喪失 또는 실권失權은 일정한 권리를 가진 자가 법을 위반한 경우 그 법률상의 자격 또는 권리를 상실하게 하는 제재를 말한다. 법률에 특별한 규정이 있는 경우에만 인정되는데, 민법 제924조의 친권의 상실이 그것이다. 무효無效란 일정한 법률행위에 대하여 성립 당시부터 그 효력의 발생을 부정하는 것을 말하고, 취소란 성립 당시에는 효력을 인정하지만 나중에 취소되면 소급하여 효력을 부정하는 것을 말한다. 민법에 의하면 선량한 풍속 기타 사회질서에 반하는 사항을 내용으로 하는 반사회질서의 법률행위(민법 제103조)는 무효이다. 그리고 당사자의 궁박·경솔 또는 무경험으로 인하여 현저하게 공정성을 잃은 불공정한 법률행위(민법 제104조)도 무효이다. 한편 사기나 강박에 의한 계약(민법 제110조)이나 계약의 내용의 중요 부분에 착오가 있는 법률행위(민법 제109조)는 취소할 수 있다.

제3편

형사사법

제1장 서 론

제1절 형사사법의 개념과 영역

사법司法(administration of justice)이란 실질적으로는 입법·행정에 대하여 개개의 구체적 사건의 분쟁을 해결하기 위하여 공권적公權的인 법률판단을 하여 법을 적용하는 국가공권력의 작용을 지칭한다. 형식적으로는 법원의 권한으로 되어 있는 법을 집행하는 사항을 말한다.[1]

사법의 범위는 국가에 따라 다르며 영국·미국에 있어서는 구체적인 쟁송爭訟에 법을 적용하는 모든 작용을 의미한다. 즉 민사·형사의 재판 외에 공무원 행위의 적법성에 관한 쟁송도 포함시키고 있다. 반면에 독일·프랑스 등 대륙법계 국가에서는 민사·형사의 재판에만 권한을 가지며, 행정사건에 관한 다툼은 행정권과 결부된 행정재판소의 권한에 속한다. 한국은 영미법적 통일관할주의하에서 행정사건의 재판까지도 이에 포함시키고 있다(헌법 107조 제3항).[2] 따라서 분쟁의 성질에 따라 민사사법과 형사사법 및 행정사법 등으로 나눈다.[3]

그러므로 형사사법刑事司法은 각종 구체적인 형사사건(범죄 등)이 야기될 때 적정절차에 의하여 법규정을 적용하여 제재를 가하고 그에 의하여 집행을 하는 일련의 국가사법기관의 작용이라고 정의할 수가 있다.

따라서 그 업무의 영역에 있어서는 넓은 의미에서는 범죄원인과 범죄예방, 범죄자 교정 등 범죄와 관련된 경찰, 검찰, 법원, 교정, 보호관찰 등 기관의 정책과 운영활동이라고 정의[4]하기도 한다.

---

1) 헌법 제101조 ① 사법권은 법관으로 구성된 법원에 속한다. ② 법원은 최고법원인 대법원과 각급법원으로 조직된다. ③ 법관의 자격은 법률로 정한다.
2) 제107조 ① 법률이 헌법에 위반되는 여부가 재판의 전제가 된 경우에는 법원은 헌법재판소에 제청하여 그 심판에 의하여 재판한다. ② 명령·규칙 또는 처분이 헌법이나 법률에 위반되는 여부가 재판의 전제가 된 경우에는 대법원은 이를 최종적으로 심사할 권한을 가진다. ③ 재판의 전심절차로서 행정심판을 할 수 있다. 행정심판의 절차는 법률로 정하되, 사법절차가 준용되어야 한다.
3) 따라서 민사사법의 주된 절차법은 민사소송법이며 형사사법은 형사소송법 그리고 행정사법의 기본법은 행정소송법이다. 물론 그에 대한 특별법들도 많이 있다.
4) 윤우석 외 7인, 형사사법 연구방법론, 2013. 도서출판 그린, 서문.

　　그러나 형사사법절차의 전자화를 촉진하여 신속하고 공정하며 투명한 형사사법
절차를 실현하고, 다양한 형사사법 분야의 대국민 서비스를 개선하여 국민의 권익
신장에 이바지함을 목적으로 제정한 형사사법절차 전자화 촉진법(약칭: 형사절차전자화
법)의 제2조(정의) 제1호에서 "형사사법업무란 수사, 공소, 공판, 재판의 집행 등 형사
사건의 처리와 관련된 업무를 말한다."라 하고, 제2호에서 "형사사법업무 처리기관이
란 법원, 법무부, 검찰청, 경찰청, 해양경찰청 및 그 소속 기관과 그 밖에 형사사법업
무를 처리하는 기관으로서 대통령령으로 정하는 기관을 말한다."라고 입법적으로 정
의하고 있다. 나아가서 제3호에서 "형사사법정보란 형사사법업무 처리기관이 형사사
법업무 처리와 관련하여 형사사법정보시스템을 이용하여 작성하거나 취득하여 관리
하고 있는 자료로서 전자적 방식으로 처리되어 부호, 문자, 음성, 음향 또는 영상 등
으로 표현된 것을 말한다."고 규정하여 어느 정도 구체화하고 있다.

　　국가공권력의 침입적 작용 특히 형사사법의 처분은 필연적으로 국민의 기본적인
인권을 침해할 우려가 높다. 따라서 형사사법의 준거가 되는 형법에서는 '법률 없으
면 범죄 없고 형벌도 없다.'는 죄형법정주의 원칙이 크게 요구된다.

　　또한 형법적용의 공익公益적 차원과 개인의 자유라는 사익私益이 예리하게 충돌
하는 형사사법절차에서 요구되는 조화를 형사절차법은 지향指向하여야 할 것이다. 그
러므로 개인의 자유제한을 최소화와 국가형벌권의 발동을 최후수단으로 하는 형사사
법절차를 법률로 규정하는 요구에 도달한다. 이러한 요구에서 탄생한 것이 형사절차
법정주의이다.

　　우리 헌법 제12조 제1항은 "모든 국민은 신체의 자유를 가진다. 누구든지 법률
에 의하지 아니하고는 체포·구속·압수·수색 또는 심문을 받지 아니하며, 법률과 적
법한 절차에 의하지 아니하고는 처벌·보안처분 또는 강제노역을 받지 아니한다."고
규정하여 죄형법정주의 형사절차법정주의를 선언한 것이라고 보아도 좋다.[5]

　　형사사법의 양대 지주인 형법과 형사소송법은 사법법으로 형사법이라 한다. 전
자는 실체법으로 정적靜的인 법률관계에 관한 법이고 윤리적 색채가 강한 법이고 후
자는 절차법으로 동적動的·발전적發展的 법률관계에 관한 기술적 성격이 강한 법이라
는 차이가 있으나 형사사법작용의 정의를 실현하는 근거법이라는 공통점이 있다.[6]

---

5) 이재상·조균석, 형사소송법(제12판), 박영사, 2019, p. 4; 신동운, 신형사소송법(제5판), 법문사, 2014,
　　p. 4.
6) 강구진은 '칼자루와 칼날', 김기두는 '망원경의 두 개의 렌즈'라고 비유하기도 하였다(이재상·조균석,
　　p. 6).

그리고 양 형사법은 사법법司法法이므로 기본적으로 법적 안정성이 강하게 요구된다. 그러나 형사절차법은 형법만큼 법적 안정성이 엄격하게 유지되지는 못한다. 동적인 법이므로 절차의 발전변화에 따라 그 성격을 달리하지 않을 수가 없다. 특히 수사활동이나 형의 집행절차에서는 합목적성을 강조하지 아니할 수 없고 형사사법절차도 사법행정司法行政과 분리해서 생각할 수 없기에 행정법行政法과도 밀접하게 교류하고 있다.

제 2 절 경찰형사사법의 원칙

1. 의 의

경찰형사사법이란 어떤 행위를 범죄로 규정하고 이에 대한 효과로 형사제재, 즉 형벌과 보안처분 등을 부과하는 일련의 과정 중 경찰단계에서 필요로 하는 형사사법절차를 말한다. 형사사법의 단계에서는 시민의 권리와 자유를 크게 침해할 우려가 있다는 점에서 지도원리가 요구된다. 따라서 헌법과 각종 형사법 등에서는 요구되는 주요한 지도원리를 법규화하여 명문으로 보장하고 있다. 아래의 원칙이 대표적인 것이다.

2. 인도주의적 원칙

경찰의 형사사법도 범죄인을 인간으로 보는 데서 출발하여야 한다는 원칙이다. 근본적으로 범죄발생에 대하여 국가나 사회에 대하여도 일정한 책임을 부과하는 원리이다. 따라서 유죄의 판결을 받는 범죄인의 재사회화에 행형의 목표를 두고 사형제도의 운영을 지극히 신중해야 하는 입장으로 형사사법의 운용이 인도적인 차원에서 이루어져야 한다는 원칙이다.[7]

3. 책임주의 원칙

경찰의 형사사법단계에서도 책임이란 범죄자에 대한 규범적 비난가능성이다. 행위자를 비난할 수 없으면 형벌이 없다는 사상이 형사사법을 지배하는 원칙이다. 즉 "책임 없으면 형벌 없다"는 원칙을 말한다. 여기에서 책임 없는 자 또는 책임 없이 행위하여 결과를 발생시킨 자는 형벌을 받지 않는다는 것과 형벌은 책임의 양을 넘

---

[7] 이재상/장영민/강동범, p. 9.

어서는 안 된다는 것과 행위시에 책임이 있어야 한다는 것을 도출하는 원칙이다.

오늘날 책임은 응보가 아니라 예방의 시각에서 그리고 형벌의 상한을 설정하는 데 기준이 된다.

4. 적정절차의 원리

경찰의 형사사법단계에서는 국가에 대하여 형벌권을 부여함으로써 범죄로부터 국가와 사회 그리고 개인을 보호하지만 한편으로 시민의 자유와 권리에 심각한 침해를 가할 우려가 있으므로 형벌권의 남용을 방지하는 원칙이 요구된다. 이것이 적정절차의 원칙이다.[8] 헌법과 각종 형사사법에서 규정하여 보장하고 있다. 이 원칙은 구체적으로 형식적 법치주의인 법률주의와 실질적 법치주의인 인간존엄성 구현과 형법의 보충성, 과잉금지원칙, 비례성원칙, 수단의 적정성 원칙 등이 추구된다.

---

8) 이를 법치국가의 원칙이라고도 한다(이재상/장영민/강동범, p. 10).

제 2 장 형법총론

제 1 절 서 론

제 1 항 형법기본이론

1. 의 의

형법刑法(criminal law)이란 일반적으로 범죄의 성립요건과 그에 대한 효과로서의 형사제재刑事制裁(형벌과 보안처분)[1]를 규정한 국가법규의 총체를 말한다. 즉, 어떤 행위가 범죄가 되고 그에 대한 효과로 어떤 형벌을 과할 것인가를 규정하는 법규범들을 말한다. 그러므로 형법에 있어서 범죄와 형벌은 밀접한 관계가 있다. 그러므로 이 법의 명칭도 국가에 따라서 형벌법刑罰法 또는 범죄법犯罪法으로 사용되기도 한다. 우리나라에서 사용되는 형법은 지금까지의 관행상 형벌에 중점을 둔 용어에 지나지 않는다.[2]

형법의 분류로는 먼저 형식적 의미의 형법과 실질적 의미의 형법으로 구분한다. 전자는 '형법'이라는 명칭으로 제정·공포된 법률, 형법전刑法典[3]을 말하며, 후자는 명칭 여하를 막론하고 범죄와 그에 대한 형사제재를 규정한 모든 법규범을 말한다. 형식적 의미의 형법 속에는 살인죄나 내란죄에 관한 규정처럼 실질적 의미의 형법규정이 대부분을 차지하지만, 실질적 의미의 형법에 해당하지 않는 규정도 다수 포함되어 있다. 예컨대 실질적 의미의 형사소송법인 소추조건인 친고죄親告罪와 반의사불벌죄反意思不罰罪, 형의 집행에 관한 규정, 형의 실효에 관한 규정 등이 그것이다.

그리고 협의의 형법과 광의의 형법으로 구별한다. 전자는 형법이라는 명칭이 붙여진 형법전刑法典을 지칭하며, 형식적 의미의 형법과 일치한다. 반면에 후자는 그 명

---

1) 이외의 기타 형사제재로는 소년법상의 보호처분(제32조), 형법상 보호관찰(제59조의2)·사회봉사명령(제62조의2)·수강명령(제73조의2), 특정범죄자에 대한 위치추적 전자장치 부착 등에 관한 법률에 의한 '전자감시제도', 성폭력처벌법상의 신상공개명령제도 등이 있다.
2) 이하 박현준, 경찰형사법(상) 형법, 박영사, 2019, pp. 3-154를 추가 및 요약 재구성함.
3) 1953년 법률 제293호로 제정.

칭 및 형식을 불문하고 범죄와 그에 대한 법적 효과로서 형벌과 보안처분保安處分 등을 규정한 모든 법규범을 의미한다.[4]

형법학의 연구는 광의의 형법을 대상으로 하며, 특별한 규정이 없는 한 총칙의 규정은 광의의 형법에 대하여도 적용된다(형법 제8조). 광의의 형법에는 협의의 형법은 물론 특별형법(예컨대 폭력행위 등 처벌에 관한 법률, 국가보안법 등), 행정형법(예컨대 도로교통법, 조세범처벌법 등)이 모두 포함된다.[5]

협의의 형법과 형식적 의미의 형법은 그 내용이 보통 일치하지만, 광의의 형법과 실질적 의미의 형법은 그 내용이 항상 일치하지는 않는다. 광의의 형법에는 형식적 의미의 형법이 포함되는데, 협의의 형법인 형법 속에는 위에서 본 바와 같이 실질적 의미의 형법에 해당하지 않는 규정도 다수 포함되어 있기 때문이다.

형법의 법체계法體系상 성격은 범죄자를 처벌하는 국가의 형벌권에 관한 법으로서 공법公法에 속하며, 사법법司法法에 해당하며, 형사사법刑事司法이며, 절차법인 형사소송법에 대해 재판의 대상인 사건의 실체에 관한 법으로서 실체법實體法으로서의 성격을 갖는다.

규범적規範的 성격은 일정한 범죄를 조건으로 하여 이에 대한 법적 효과로서 형벌을 과하는 가언적 규범假言的 規範이다. 예컨대 형법 제250조 제1항은 "사람을 살해한 자는 사형, 무기 또는 5년 이상의 징역에 처한다."라고 규정한다. 이는 사람의 살해하는 자를 전제조건(가언적)으로 하여 이에 대하여 사형 등의 법적 효과를 부과하는 형식으로 되어 있다. 이 점에서 정언적定言的인 형식을 취하는 도덕 및 종교규범과는 엄격히 구별된다.[6]

행위규범行爲規範과 재판규범裁判規範은 규범의 수명자受命者가 누구인가에 따른 분류이다. 형법은 일반국민에게는 일정한 행위를 금지禁止 또는 명령命令함으로써 행위규범을 제시한다. 예컨대 살인죄는 살인을 금지하는 금지규범을, 퇴거불응죄는 퇴거를 요구하는 명령규범으로 일반인의 행위의 준칙으로 삼고 있다. 한편 형법은 재판의 기준이 됨으로써 법관의 사법활동을 규제하는 재판규범으로서의 성격도 가진다.

형법은 일정한 범죄의 유형을 명확하게 규정함으로써 어떠한 행위가 형법상 위

---

[4] 형사사법과 관계있는 모든 형벌법규로서 최광의의 형법을 형사법이라고도 한다. 여기에는 형사실체법인 광의의 형법, 형사절차법인 형사소송법, 그리고 형집행법인 형의 집행 및 수용자의 처우에 관한 법률이 포함된다.

[5] 행정형법은 주로 행정법적 내용을 담고 있지만 그 목적을 달성하기 위하여 일정한 행위들을 범죄로 규정하고 그에 대해 형벌을 과하고 있다.

[6] 도덕·윤리적 명령은 대체로 '효도하라', '우애가 있어라'는 식의 무조건의 명령이다.

법행위 인가에 대한 객관적인 가치판단을 내리고 있다. 따라서 형법의 제1차적인 규범적 성격은 평가규범評價規範에 있다. 아울러 형법은 일정한 행위를 위법한 것으로 평가함으로써 수범자인 국민에 대하여 그러한 행위를 해서는 안 된다는 의무를 부과함으로써 의사결정규범意思決定規範으로의 작용도 한다.

2. 형법의 기능

사회 내에서 형법의 작용 및 역할을 형법의 기능機能이라 한다. 그 종류는 학자에 따라서 약간의 용어상 차이는 있으나 보통 규제적 기능, 보호적 기능, 보장적 기능의 세가지를 들고 있다. 규제적規制的 기능이란 형법의 행위규범 및 재판규범으로서의 기능으로 규율적 기능 또는 규범적 기능이라고도 하며 이는 형법의 가장 근원적인 기능으로서, 이로부터 보호적 기능과 보장적 기능이 파생된다. 규제적 기능을 국가적·사회적 측면에서 보면 질서유지 내지 사회보호기능으로 파악될 수 있다.

그리고 형법이 범죄로부터 공동체의 기본가치를 보호하는 기능을 수행하는 것을 형법의 보호적保護的 기능이라고 한다. 여기에서 보호의 중점을 법익法益의 보호냐? 또는 사회윤리의 보호냐에 대립되어 왔다. 형법이 법익의 보호를 목적으로 한다는 점에 관하여는 의문의 여지가 없다. 법익法益이란 법적으로 보호되는 이익이다. 예컨대 생명, 재산, 국가의 기능, 공공의 신용 등이다. 형벌은 가장 강력한 국가강제력國家强制力의 행사이므로 형법은 다른 법에 의해서는 이익보호가 불가능한 경우에 최후의 수단(ultima ratio)으로 사용되어야 한다. 이를 보충성補充性의 원칙이라고 한다.[7]

보장적保障的 기능이란 형법이 국가의 형벌권 발동을 제한함으로써 국가권력으로부터 국민의 자유와 권리를 보장하는 기능을 말한다. 이는 적극적 보호기능과 달리 소극적 보호기능으로서, 헌법과 형법에 규정된 죄형법정주의罪刑法定主義로 표현된다. 이 기능을 일명 '마그나 카르타magna charta적 기능'이라고도 한다.

3. 형벌의 역사

(1) 복수시대

형벌제도의 기원은 복수復讐에 있다. 복수는 단체 상호 간에 침략의 반동으로서 피의 보복으로 행해진 대외적 투쟁방법이었다. 그 당시에는 그것은 정의正義이고 의무義務이었다. 시간의 경과로 피의 복수가 잔혹함에 비하여 형벌적 효과가 적다는 것

---

7) 형법의 보충성의 원칙은 형사제재의 최후수단성과 비례성을 포함한다. 비례성의 구체적인 내용은 과잉범죄화(overcriminalization) 금지와 과잉형벌화(overpenalization) 금지를 의미한다.

을 느끼어, 그러한 형벌제도가 물질적 배상으로 갈음하는 속죄금贖罪金 및 탈리오talio
라는 동해보복同害報復제도에 의하여 구체화되었다. 이러한 제한은 단체가 국가로 발
전함으로써 형벌집행의 국가화로 전향하게 되었다.[8]

(2) 국가시대

시기적으로 고대국가에서 17세기까지를 지배하던 형벌로서 위하시대라고도 한
다. 형벌의 국가화가 되면서 국가는 일정한 조건을 정하여 형벌권을 실행하고 복수
와 배상은 국가의 평화적 질서를 파괴하는 것으로서 그 제한의 요건이 강화되어 금
지되기에 이르렀다. 이 시대의 형벌의 특징은 한마디로 위하적이었다. 이는 아직도
국가존립기반이 확고하지 못하고 국가적 통일에만 급급했던 터라, 통치자의 위엄과
국가질서에 침해되는 행위에 대하여 엄벌에 처함으로써 사회기강을 잡아 국가의 존
립의 기초를 다지고, 통치자의 권위를 확립하자는 데 있었다.[9]

(3) 법률시대

18세기 초에서 19세기 중엽까지 개인주의·자유주의에 의한 개인의 권리와 자유
를 존중하는 사조에 부응하여 국가는 개인의 지위를 법률로써 보장하는 죄형법정주
의罪刑法定主義가 형법상의 원칙으로 되었고 법치주의法治主義가 지배하게 되었다. 이 시
대를 흔히 형법의 박애博愛시대라고 한다.[10]

(4) 개별화시대

19세기 후반에 자연과학의 눈부신 발달은 형법학계에도 중대한 영향을 주었다.
즉, 범죄와 범죄인에 대한 자연과학적·사회학적 연구는 범죄의 원인을 실증적으로
규명하여, 형벌은 범죄사실에 대하여 부과되는 것이 아니라 범죄인의 인격에 대하여
과해지는 것이라 하여 형벌의 인격화를 강조하여 범죄인의 재사회화를 위하여 형벌
의 성질과 분량을 개별적으로 정해야 한다는 형벌의 개별화를 중시하게 되었다.[11]

4. 한국형법전

1953년 9월 18일 법률 제293호로 제정된 형법전刑法典은 총칙(제1조 내지 제86조)과
각칙(제87조 내지 제372조) 그리고 부칙으로 구성되어 있다.

형법총칙總則은 범죄와 형벌에 관한 일반적인 규정으로서 형식적 의미의 형법을

---

8) 고대 함무라비법전이 대표적이다.
9) 16세기 카로리나 법전이 대표적이다.
10) 대표적인 학자는 베카리아(Beccaria), 포이어바흐(Feuerbach), 칸트(Kant), 헤겔(Hegel).
11) 대표적인 학자는 롬브로소(Lombroso), 페리(Ferri), 가로팔로(Garofalo), 리스트(Liszt).

포함한 광의의 형법에 널리 적용된다. 형법총칙의 효력에 관하여 형법 제8조는 "본법 총칙은 타 법령(실질적 형법)에 정한 죄에 적용한다. 단, 그 법령에 특별한 규정이 있는 때에는 예외로 한다."라고 규정하고 있다.

형법각칙各則은 범죄가 될 행위를 개별적으로 유형화하고 또 각 범죄에 대하여 과하여 질 형벌의 종류와 범위를 규정한 것으로서, 이를 특별구성요건特別構成要件 또는 개별구성요건이라고 한다.

제 2 항 죄형법정주의

1. 의 의

죄형법정주의罪刑法定主義라 함은 일정한 행위를 범죄로 하고 이에 대하여 일정한 형벌을 부과하기 위해서는 반드시 행위 시 이전에 국회에서 제정된 형식적 의미의 법률로서 명확하게 규정되어 있어야 한다는 근대형법의 기본원리를 말한다.

독일의 형법학자인 포이어바흐A. Feuerbach는 이를 "법률 없으면 범죄 없고, 형벌도 없다(nullum crimen, nulla poena sine lege)."는 말로 표현하였다.

죄형법정주의 원칙은 시민혁명(1789년 프랑스대혁명)의 승리를 통하여 확립된 근대 자유주의 정치사상의 결실이다. 이 원칙의 확립을 통하여 시민계급의 대표가 법률로 정한 행위만을 범죄로 인정하고 또 막을 수 있게 되었다.

우리 헌법憲法 제12조 제1항[12]과 제13조 제1항[13]과 형법 제1조 제1항[14]은 죄형법정주의를 규정하고 있다. 죄형법정주의는 단지 형법의 원칙에 그치는 것이 아니라 그 이전에 헌법적 원칙이기 때문에 죄형법정주의에 반하는 법률은 위헌법률심사違憲法律審査 또는 헌법소원심판憲法訴願審判의 대상이 된다. 또한 죄형법정주의는 단지 형법의 해석원칙에 그치는 것이 아니라 입법원칙으로서의 측면도 가지고 있다.

죄형법정주의의 기원은 1215년 영국의 존John왕이 공포한 대헌장 제39조의 "어떠한 자유인도 동등한 신분에 있는 자의 적법한 재판 또는 국법에 의하지 아니하고는 체포·구금·재산박탈…… 되지 아니한다."는 규정에서 찾을 수 있다. 그러나 대헌

---

12) 제12조 ① 모든 국민은 신체의 자유를 가진다. 누구든지 법률에 의하지 아니하고는 체포·구속·압수·수색 또는 심문을 받지 아니하며, 법률과 적법한 절차에 의하지 아니하고는 처벌·보안처분 또는 강제노역을 받지 아니한다.

13) 제13조 ① 모든 국민은 행위시의 법률에 의하여 범죄를 구성하지 아니하는 행위로 소추되지 아니하며, 동일한 범죄에 대하여 거듭 처벌받지 아니한다.

14) 제1조(범죄의 성립과 처벌) ① 범죄의 성립과 처벌은 행위시의 법률에 의한다.

장(Magna Charta) 자체는 절차적 보장에 불과하고 죄형법정주의의 실체법적 보장을 선언한 것은 아니라고 평가되고 있다.

죄형법정주의는 근대 시민혁명의 성과물로서 프랑스 인권선언 제8조에서 채택되고 그 후 헌법 또는 형법에 규정됨으로써 전 세계적으로 확립되었다. 대표적으로 1776년 미국 버지니아권리선언 제8조, 1787년 미국 헌법 제1조 제9항, 1789년 프랑스 인권선언 제8조, 1810년 나폴레옹 형법 제4조 등이다. 오늘날 세계 각국은 체제 여하를 막론하고 거의 모두가 죄형법정주의를 채택하고 있다.

죄형법정주의의 사상적 기초를 제공한 것은 17, 18세기의 계몽사상啓蒙思想이었으며, 그중에서 대표적인 것은 몽테스키외Montesquieu의 권력분립론과 포이어바흐A. Feuerbach의 심리강제설이다.

권력분립론權力分立論은 국가권력 간의 견제와 균형을 통하여 국가권력의 남용을 막는 원칙이다. 이 원칙은 입법권을 국회에 부여하고, 사법권은 철저하게 법원에, 행정권은 정부에 속할 것을 요구한다.

심리강제설心理强制說은 공리주의사상에 뿌리를 두고 인간을 쾌(快)와 불쾌(不快), 즉 공리의 계산자로 본다. 범죄행위란 형벌의 불쾌에도 불구하고 범죄를 통하여 쾌를 얻는 행위이다. 이러한 관점에서 볼 때 국가가 범죄를 통제하기 위해서는 일정한 행위를 범죄로 규정하고 동시에 그에 부과될 형벌을 규정함으로써, 일반 국민들로 하여금 형벌이라는 불쾌를 무릅쓰면서까지 범죄에 나아갈 것인가의 여부를 판단하게 하여야 한다.

따라서 이러한 계산이 불가능한 경우, 즉 행위 이전에 범죄로 규정되어 있지 않은 경우에 사후입법을 통하여 소급하여 형벌을 가할 수는 없게 되는 것이다.

2. 내 용

죄형법정주의의 내용을 이루는 파생원칙派生原則으로는 용어상의 차이는 있으나 법률주의, 소급효금지의 원칙, 명확성의 원칙, 유추해석금지의 원칙, 적정성의 원칙이 논의되고 있다.

(1) 법률주의

범죄와 형벌은 성문의 '법률'로 정해야 한다. 여기에서 법률法律이란 국회가 제정한 형식적 의미의 법률을 의미한다. 법률주의는 관습형법금지慣習刑法禁止의 원칙을 핵심내용으로 한다. 법률주의의 당연한 귀결로서 관습법에 의한 처벌은 금지된다. 형법에서는 관습법이나 조리條理가 법원法源이 될 수는 없다. 따라서 법률주의를 관습형법 금지의 원칙이라고도 한다.

국민의 자유와 권리는 국회에서 제정한 형식적 의미의 법률에 의해서만 침해·제한될 수 있다.

(2) 소급효금지의 원칙

형법은 그 시행 이후의 행위에 대해서만 적용되고, 그전에 이루어진 행위에 대해서는 소급하여 적용되지 않는다는 원칙을 말한다(형벌불소급원칙, 소급입법금지 및 소급적용금지). 만일 사후입법事後立法에 의한 처벌을 허용한다면 법적 안정성과 예측가능성豫測可能性을 해칠 뿐만 아니라, 일반국민에 대한 일반예방의 효과도 거둘 수 없는 무의미한 형벌이 될 것이기 때문이다. 물론 법적 안정성만이 유일한 법의 이념이 아니기 때문에 경우에 따라서는 법적 안정성을 희생하고서라도 다른 이념을 살려야 하는 경우를 생각할 수 있으나, 이러한 경우는 극히 예외적인 경우로 '5·18 특별법' 제정처럼 그 불법이 도저히 감당할 수 없는 정도에 달한 경우에 한하여야 한다. 그러나 이러한 경우에도 입법이 아니라 해석을 통해서 소급적으로 범죄의 성립을 인정하고, 형벌을 가하는 것은 절대로 허용되지 않는다.

소급효금지의 원칙은 행위 시에는 죄가 되지 않던 것을 사후입법에 의하여 처벌하는 것뿐만 아니라, 사후입법에 의한 형의 가중에 대하여도 적용된다. 그리고 이 원칙은 행위자에게 불리한 소급효를 금지하는 것이지, 유리한 소급효까지 금지하는 것은 아니다(형법 제1조 제2항, 제3항).

(3) 명확성의 원칙

형법은 구성요건과 형벌을 명확하게 규정하고 있어야 한다. 범죄와 형벌을 행위 시의 법률로 규정한다 해도 그 내용이 불명확한 경우에 소급효금지의 원칙이 무의미하게 되기 때문이다.

구성요건構成要件은 통상의 판단능력을 가진 일반국민이 무엇이 금지禁止된 행위인가를 예견할 수 있을 정도로 명확하게 규정되어야 한다. 가치판단에 대한 입법자의 결단이 법률에 표현되어 있어야 하며, 가치판단 자체를 법관에게 위임하는 것은 허용되지 않는다. 또한 보다 구체적으로 규정하는 것이 가능한 경우에 추상적으로 규정하는 것도 명확성의 원칙에 반한다(구성요건의 명확성).

또한 명확성의 원칙은 형사제재(형벌과 보안처분)에서도 지켜져야 한다(제재의 명확성). 다만, 형벌에 대한 명확성의 원칙은 구성요건의 명확성의 요구와 같이 엄격한 것

은 아니다. 따라서 단순히 "징역에 처한다."라고 규정하는 식의 절대적 부정기형은
허용되지 않으나(절대적 부정기형금지의 원칙), "단기 1년 장기 3년의 징역에 처한다."는
식의 상대적 부정기형相對的不定期刑은 죄형법정주의에 반하지 않는다(소년법 제60조).[15]

(4) 유추해석금지

유추해석類推解釋이란 예컨대 업무상 비밀누설죄(형법 제317조)[16]의 주체에 변호사
아닌 변호인이나 세무사도 포함되는 것으로 해석하는 것과 같이, 법률에 규정이 없
는 사항에 대하여 그것과 유사한 성질을 가지는 다른 사항에 관하여 법률을 적용하
는 것을 말한다.

유추해석類推解釋은 법관에 의한 법창조로 일종의 입법에 해당하는 것이며, 또한
이것을 허용하게 되면 아무리 형벌법규가 명확하게 규정되었다 해도 법관의 자의恣意
를 막을 길이 없게 되므로 이를 금지하는 것이 원칙이다.

그러나 형법의 해석은 오로지 문언文言에 따라서 엄격히 해석하는 문리해석文理解
釋으로 제한하고 해석상 불분명할 때는 피고인被告人에게 유리하도록 하는 'in dubio
pro reo(의심스러울 때에는 피고인의 이익으로)'라는 형법학의 요청에 따라 해석하여야
한다.

(5) 적정성의 원칙

죄형법정주의의 모든 파생원칙들이 지켜진다 할지라도 형법의 내용이 실질적 정
의에 반하는 내용을 담고 있다면 국민의 자유와 권리는 보장될 수 없다. 그러므로 죄
형법정주의에 의하여 형법의 보장적 기능을 다하기 위해서는 법률의 내용이 헌법에
합치하는 적정한 것이어야 하는데 이를 적정성適正性의 원칙이라 한다.

형법은 인간의 공동생활을 보장하기 위한 불가결한 가치를 보호하기 위한 수단
으로만 사용되어야 하며, 부득이한 경우에 최소한으로 발동하여야 한다(필요 없으면 형
벌 없다). 그리고 형법은 행위자에게 책임이 있는 경우에 한하여 부과되어야 하며(책임
없으면 형벌 없다), 또한 책임의 정도를 초과해서는 안 된다(불법 없으면 형벌 없다)는 내
용을 가지고 있다.[17]

---

15) 제60조(부정기형) ① 소년이 법정형으로 장기 2년 이상의 유기형(有期刑)에 해당하는 죄를 범한 경우
에는 그 형의 범위에서 장기와 단기를 정하여 선고한다. 다만, 장기는 10년, 단기는 5년을 초과하지
못한다.
16) 형법 제317조(업무상비밀누설죄) ① 의사, 한의사, 치과의사, 약제사, 약종상, 조산사, 변호사, 변리사,
공인회계사, 공증인, 대서업자나 그 직무상 보조자 또는 차등의 직에 있었던 자가 그 직무처리 중 지
득한 타인의 비밀을 누설한 때에는 3년 이하의 징역이나 금고, 10년 이하의 자격정지 또는 700만 원
이하의 벌금에 처한다.

제 3 항   형법의 적용범위(효력)

형법의 적용범위에는 실질적인 것과 형식적인 것이 있다. 전자의 내용으로는 형법의 실효성實效性과 타당성妥當性을 의미하며, 후자의 경우에는 적용범위適用範圍로써 일반적으로 다음의 세 가지 측면에서 효력을 검토할 수가 있다. 먼저 법은 어느 시점의 행위에 대하여 적용되는가(시간적 효력), 그리고 어느 장소에서 행해진 행위에 대하여 적용되는가(장소적 효력), 마지막으로 누구에게 적용되는가(인적 효력)가 문제이다. 일반적으로 법의 효력은 형식적인 법의 적용범위를 말한다.

1. 시간적 효력

형벌법규의 변경으로 인하여 행위시법(行爲時法＝구법)과 재판시법(裁判時法＝신법)이 동일하지 않은 경우에 행위시법을 적용할 것인가 또는 재판시법을 적용할 것인가의 문제를 말한다. 여기에서 신·구법의 차이는 다음의 두 가지의 유형으로 분류할 수 있다. 먼저 행위시에는 불가벌이었던 행위가 후에 범죄로 규정되거나, 또는 행위 후 법률의 변경에 의하여 형이 중하게 변경된 경우이다. 그리고 행위 시에 유효했던 처벌법규가 후에 폐지되거나, 또는 행위 후 법률의 변경에 의하여 형이 경하게 변경된 경우이다. 일반적으로 신법新法은 구법舊法보다 발전적이므로, 형법 이외의 분야에서는 재판시법주의가 원칙으로 되어 있으나, 형법에서는 행위시법주의를 원칙으로 하고 피고인에게 유리한 경우에 한하여 행위시법주의의 예외로서 재판시법주의를 채택하고 있다.

2. 장소적 효력

형법은 어떤 장소에서 발생한 범죄에 대하여 적용되는가의 문제를 말한다.[18] 입법주의로는 속지주의·속인주의·보호주의·세계주의의 네 가지 입법주의가 있다.

속지주의屬地主義는 자국自國의 영역 내에서 발생한 모든 범죄에 대하여 범죄인의 국적을 불문하고 자국의 형법을 적용한다는 원칙을 말한다. 국외를 운항 중인 자국의 선박이나 항공기 내에서 발생한 범죄에 대해서 자국의 형법을 적용한다는 기국주의旗國主義도 속지주의의 특수한 원칙에 속한다.

---

17) 적정성의 원칙의 내용으로는 적합성원칙, 필요성원칙, 책임원칙, 비례성원칙(균형성, 과잉금지, 인도성)이 있다.

18) 우리 형법의 적용이 문제될 수 있는 경우는 한국인의 국내범죄, 한국인의 국외범죄, 외국인의 국내범죄, 외국인의 국외범죄의 4가지다.

속인주의屬人主義는 자국민의 범죄에 대하여는 범죄가 어느 곳에서 행해진 것이든 자국의 형법을 적용한다는 원칙이다. 국적주의國籍主義라고도 한다.

보호주의保護主義는 자국 또는 자국민의 법익을 침해하는 범죄에 대하여는 누구에 의하여 어느 곳에서 발생하였는가에 관계없이 자국형법을 적용한다는 원칙을 말한다.

세계주의世界主義는 국제사회의 시민의 연대성에 입각하여 인신매매, 마약거래, 테러, 항공기 납치 등 인류공동의 법익을 침해하거나 또는 인간의 존엄을 직접 침해하는 반인도적 범죄에 대하여는 누가 어디에서 누구에게 행한 범죄인가를 불문하고 자국의 형법을 적용한다는 원칙이다.

우리 형법은 속지주의屬地主義를 기본원칙으로 하면서(제2조 국내범; domestic crimes, 제4조 국외 있는 내국선박 등에서 외국인이 범한 죄), 속인주의(屬人主義; 제3조 내국인의 국외범)와 보호주의(保護主義; 제5조 외국인의 국외범, 제6조 대한민국과 대한민국국민에 대한 국외범) 및 세계주의(世界主義; 제296조의2 약취·유인 및 인신매매의 죄)를 적절하게 가미하여 규정하고 있다.

3. 인적 효력

형법은 시간적·장소적 효력이 미치는 범위에서 모든 사람에게 적용되는 것이 원칙이지만, 특별한 정책적 이유에서 다음과 같은 예외가 인정되고 있다. 먼저 국내법상의 예외로 대통령大統領은 내란 또는 외환의 죄를 범한 경우를 제외하고는 재직 중 형사상의 소추를 받지 아니하며(헌법 제84조; 민사소추 및 행정처분은 받음), 국회의원國會議員은 국회에서 직무상 행한 발언과 표결에 관하여 국회 외에서 책임을 지지 아니하는 면책특권(免責特權; 헌법 제45조)이 그것이다. 국제법상의 외교특권(치외법권)에 의한 예외, 즉 외국의 원수와 외교관, 그 가족 및 내국인이 아닌 종자에 대하여는 형법이 적용되지 않는다. 또한 외국 영사의 직무상의 행위에 대해서도 우리나라의 사법권의 적용이 배제된다.

그리고 공무집행 중의 외국군 등의 범죄 즉 승인받고 주둔하는 외국군인과 그 군속에 대해서는 협정에 의하여 형법의 적용이 배제될 수 있다. 그러므로 한·미 간의 군대지위협정(Status of forces agreement; SOFA)에 의하여 공무집행 중인 미군의 범죄에 대하여는 형법의 적용이 배제된다.[19]

---

19) 미합중국 군속에 대한 형사재판권은 대한민국 법령에 의하여 행사할 수 있다(대판2005도798).

제 2 절 범죄론

제 1 항 일반적인 범죄론

1. 범죄의 의의

범죄를 정의할 때에는 흔히 형식적 의미의 범죄로 정의하여 '구성요건構成要件에 해당하고 위법違法하고 책임責任있는 행위行爲'로 정의한다. 그러므로 범죄가 성립되기 위한 최소한의 요소로 '구성요건해당성', '위법성', '책임성'을 들 수가 있다.

이렇게 성립된 범죄의 본질로는 권리침해설, 법익침해설, 의무위반설, 그리고 법익침해와 의무위반의 결합설(다수설) 등 학설의 대립이 있다. 그러나 최소한의 요소로 범죄가 성립이 되었다 하더라도 모든 범죄가 처벌되는 것은 아니다. 즉, 처벌조건處罰條件[20]과 소추조건訴追條件[21]이 구비되지 않으면 형벌을 가할 수가 없다.

범죄의 종류로는 구성요건적 결과발생의 유무에 따른 결과범(실질범)과 거동범(형식범), 보호법익의 침해정도에 따른 침해범과 위험범[22], 범죄행위의 시간적 계속성 요부에 따른 즉시범과 계속범,[23] 정범이 되는 행위자의 범위에 따른 일반범과 신분범[24] 및 자수범 등으로 나눈다.[25]

2. 범죄의 성립요건

(1) 구성요건해당성

구성요건은 처벌근거가 되는 형법 등의 조문으로 형법상 금지禁止 또는 요구要求

---

[20] 범죄의 처벌조건이란 일단 성립된 범죄의 가벌성만을 좌우하는 조건을 말하며 객관적 처벌조각사유(파산죄의 파산선고 등)와 인적처벌조각사유(친족상도례)가 있다.
[21] 소추조건이란 범죄가 성립되고 형벌권이 발생한 경우라도 그 범죄에 대하여 형사소송법상 공소제기를 위하여 필요한 소송조건을 말하며 친고죄의 '고소'와 반의사불벌죄의 '피해자의 명시적인 의사표시'가 있다.
[22] 위험범이란 보호법익에 대한 위험상태의 야기만으로 구성요건이 충족되는 범죄로 추상적 위험범(일반적 위험성만으로 충족되는 현주건조물방화죄, 공용건조물방화죄, 위증죄, 업무방해죄 등)과 구체적 위험범(현실적 위험성이 있어야 구성요건이 충족되는 자기소유일반건조물방화죄, 일반물건방화죄)이 있다.
[23] 즉시범의 대표적인 예로 살인죄, 방화죄, 상해죄, 모욕죄 등이며, 계속범은 체포·감금죄, 주거침입죄, 약취·유인죄 등이 있다.
[24] 신분범에는 일정한 신분이 있는 자만이 정범이 될 수 있는 진정신분범(수뢰죄, 횡령죄, 배임죄, 위증죄등)과 행위자의 신분이 형의 가중·감경사유로 되는 부진정신분범(존속살해죄, 업무상횡령죄, 영아살해죄 등)이 있다.
[25] 그 밖의 범죄분류로는 단일범과 결합범, 작위범과 부작위범, 고의범과 과실범, 목적범과 경향범 등이 있다.

되는 행위가 무엇인가를 추상적·일반적으로 기술해 놓은 것을 말하며, 주관적 구성
요건요소와 객관적 구성요건요소로 구성되는데, 전자에는 고의故意와 과실過失, 목적,
경향, 불법영득(이득)의사 등이 있고, 후자에는 행위行爲, 범죄(행위)의 주체, 범죄(행위)
의 객체, 인과관계 등이 있다.

① 고 의

일반적으로 통설·판례는 고의故意란 구성요건적 범죄사실에 대한 인식認識과 의
사意思를 의미하며, 범죄체계론상 지위로는 주관적 구성요건요소이자 책임요소라고
하여 고의의 이중적二重的 기능을 인정한다. 그리고 고의는 지적요소(객관적 구성요건 요
소들에 대한 인식)와 의지적 요소(실행하려는)로 구조화 되어 있다.

고의는 행위시에만 존재하면 된다. 따라서 사전고의나 사후고의(형법상 추인은 허
락되지 않는다)는 고의로서 인정되지 않는다.

약간의 차이는 있으나 고의故意에는 확정적 고의와 불확정적 고의로 나눈다. 불
확정적 고의로 가장 약한 미필적 고의26)가 있다. 고의에 관한 형법의 규정으로는 제
13조(범의; criminal intent)에서 "죄의 성립요소인 사실을 인식하지 못한 행위는 벌하지
아니한다. 단 법률에 특별한 규정이 있는 경우에는 예외로 한다."라고 하고 있다.

② 사실의 착오

범죄사실에 대한 행위자의 주관적 인식·의사와 객관적 결과발생사실과의 불일
치를 말하고, 구성요건적 착오라고도 한다. 착오의 대상은 구성요건적 고의의 지적요
소의 대상이 되는 모든 객관적 구성요건표지이다(예컨대 행위, 주체, 객체, 인과관계 등).27)

사실의 착오(mistake of fact)의 유형으로는 구체적 사실의 착오(동일한 구성요건 내의
착오)와 추상적 사실의 착오(다른 구성요건에서의 착오) 그리고 방법의 착오(타격의 착오)
와 객체의 착오가 있다.28) 착오를 해결하는 학설로는 구체적 부합설, 추상적 부합설,
법정적 부합설(판례·다수설)이 있다.

형법 제15조 제1항은 "특별히 중한 죄가 되는 사실을 인식하지 못한 행위는 중
한 죄로 벌하지 아니한다."라고 규정하고 있다.

---

26) 미필적 고의란 행위자가 객관적 구성요건실현의 가능성을 충분히 인식하고 또한 그것은 감수·용인하
   는 의사를 표명한 경우의 고의로 인식 있는 과실과는 구별되어야 한다(대판2004도74).
27) 형벌의 종류, 가벌성, 처벌조건, 소추조건, 책임능력, 범행동기에 대한 착오는 사실의 착오가 아니다.
28) 객체의 착오는 동일성에 대한 착오로 갑이라고 살해한 결과 을이었다거나 갑이라고 살해한 결과 갑
   의 집개가 죽었다는 경우이며, 방법(타격)의 착오는 행위의 수단·방법이 잘못되어 발생한 착오로 갑
   을 살해하려고 하였는데 옆에 있는 을이 죽었다거나 갑을 살해하려고 했는데 옆의 개가 죽었다는 경
   우이다.

③ 과실(범)

형법 제14조에 "정상의 주의를 태만함으로 인하여 죄의 성립요소인 사실을 인식하지 못한 행위는 법률에 특별한 규정이 있는 경우에 한하여 처벌한다."라고 규정하여 과실로 범죄를 범한 경우에도 처벌하는 근거를 두고 있다.

과실過失(negligence)이란 사회생활상 요구되는 주의의무를 위반 또는 태만함으로써 구성요건적 결과발생을 예견像見하지 못하거나 회피回避하지 못한 경우(객관적 주의의무위반; 결과예견의무와 결과회피의무의 위반·태만), 즉 '정상주의의 태만(neglect of normal attention)'이라고 할 수가 있다. 그 불법과 책임이 고의범보다 가볍다.

역시 체계적 지위는 주관적 구성요건요소이자 책임요소로서의 기능을 한다(이중적 기능). 특히 미필적 고의와 인식 있는 과실의 구별은 범죄의 성립에 중요한 의미가 있다. 과실범의 구성요건해당성으로 객관적 주의의무위반과 결과발생 및 인과관계·객관적 귀속이 요구된다. 그리고 객관적 주의의무의 제한(배제)원리로는 '허용된 위험의 이론', '신뢰의 원칙'[29]이 있다.

과실의 종류로는 업무상과실과 일반과실, 중重과실과 경輕과실로 구별[30]하며, 과실범은 법률에 처벌규정이 있을 때에만 특별히 예외적으로 처벌한다.[31]

④ 인과관계

형법 제17조에서 "어떤 행위라도 죄의 요소인 위험발생에 연결되지 아니한 때에는 그 결과로 인하여 벌하지 아니한다."라 하여, 특히 결과범(침해범)에서 행위와 결과 간의 연관관계를 밝히고 있다.

인과관계因果關係(causation)에 대한 전통적인 학설學說로는 조건설(conditio sine qua non 공식; 절대적 제약공식), 원인설(개별화설), 상당인과관계설(주관적 상당인과관계설, 객관적 상당인과관계설, 절충적 상당인과관계설; 판례), 중요설, 합법칙적 조건설[32] 등이 있다. 범죄사실적인 인과관계는 합법칙적 조건설에 의하여 확정하고, 그 결과를 행위자에

---

29) 신뢰의 원칙은 1935년 독일제국법원 판결에서 형성된 과실책임을 제한하는 원리로서 교통규칙을 준수하는 운전자는 다른 관여자들도 교통규칙을 신뢰해도 좋고, 다른 관여자들이 교통규칙을 위반하는 경우까지 예상하여 이에 대한 방어조치를 취할 의무는 없다는 원칙이다. 우리나라에서도 자동차 교통 등 과실범죄에 있어서 이 원칙이 인정되고 있다(통설·판례).

30) 중과실과 경과실의 구별은 사회통념을 고려하여 결정할 문제이다(대판79도305).

31) 실화죄(제170조), 과실폭발성물건파열죄(제173조의2), 과실일수죄(제181조), 과실교통방해죄(제189조), 과실치사상죄(제266조 내지 제268조), 업무상과실장물취득죄(제364조) 등 6가지와 형사특별법에도 과실범을 처벌하는 규정이 있다.

32) 합법칙적 조건설이란 결과와 행위에 시간적으로 뒤따르면서 그 행위와 자연법칙적으로 연관되어 있을 때 행위와 결과 간에 인과관계가 있다는 학설로 독일 통설이고 우리나라의 다수설이다.

게 귀속시킬 수 있는 가의 여부를 결정하자는 것이 객관적 귀속이론[33]이다.

　⑤ 결과적 가중범

　결과적 가중범이란 고의에 의한 기본범죄에 의하여 행위자가 예견하지 않았던 중한 결과가 발생한 경우에 그 형이 가중되는 범죄를 말한다. 형법 제15조 제1항에 "결과로 인하여 형이 중한 죄에 있어서 그 결과의 발생을 예견할 수 없었을 때에는 중한 죄로 벌하지 아니한다."하여 중한 결과의 예견이 가능했을 때는 중한 죄로 처벌한다는 죄로, 고의故意에 의하여 행위자가 예견하지 못했던 중한 결과가 발생한 경우에 그 형이 가중되는 범죄를 말한다. 이 경우 같은 결과를 과실로 실현한 과실범보다 가중처벌하는 이유는 중한 결과가 고의적인 기본범죄에 전형적으로 내포된 잠재적인 위험의 실현이라는 점에서 단순한 과실범보다 행위반가치가 크기 때문이다.

　결과적 가중범의 구성요건해당성으로는 '고의의 기본범죄', '중한 결과발생', '인과관계', '객관적 귀속으로 직접성 원칙', '중한 결과에 대한 예견가능성'이 있다. 예컨대 폭행의 고의故意로 폭행을 하였는데, 그로 인하여 상해傷害를 입었거나, 사망하였다면 일반적으로 예견이 가능한 경우라면, 비록 행위자가 예견을 못했다 해도 행위자行爲者는 중한 결과인 폭행치사상죄暴行致死傷罪로 처벌된다. 방화치사상죄, 상해치사죄 등도 그 예이다.

　일반적으로 죄명의 표기에 '치致'자가 있는 범죄이다. 그러나 형법 제26장 과실치사상죄 등은 예외로 결과적 가중범이 아니다.

　⑥ 부작위범

　형법 제18조에 "위험의 발생을 방지할 의무가 있거나 자기의 행위로 인하여 위험발생의 원인을 야기한 자가 그 위험을 방지하지 아니한 때는 그 발생된 결과에 의하여 처벌한다."라고 규정하여, 부작위범不作爲犯도 일정한 경우에 처벌하고 있다.

　부작위(omission)란 규범적으로 요구되는 일정한 신체적 거동을 하지 않는 소극적 태도를 말한다. 형법에서의 행위에는 작위와 부작위가 있다. 작위作爲는 거동을 만드는 것이고(금지규범의 위반), 부작위는 거동을 할 의무義務가 있음에도 거동을 만들지 않는 경우(명령규범의 위반)를 말한다.

　일반적으로 범죄는 대부분 작위범으로 행해지나, 부작위에 의해서도 성립된다.

---

33) 객관적 귀속이론이란 인과관계가 인정되는 결과를 행위자의 행위에 객관적으로 귀속시킬 수 있는가를 확정하는 이론으로 인과관계가 있는가의 존재론적인 문제가 아니라 그 결과가 정당한 처벌이라는 관점에서 행위자에게 객관적으로 귀속될 수 있느냐라는 법적·규범적 문제에 속한다. 귀속의 판단기준으로는 '지배가능성이론', '위험창출이론', '위험실현이론', '규범의 보호목적이론'이 있다.

부작위범이 성립되기 위한 전제조건으로는 작위의무作爲義務가 존재해야 한다.

부작위범의 종류로는 작위의무가 일반인 모두에게 인정되는 진정부작위범과 보증인적 지위에 있는 자에게만 작위의무가 인정되는 부진정부작위범으로 분류된다. 형법상 진정부작위범(형법상 부작위범을 부작위로 실현)으로는, 퇴거불응죄(退去不應罪; 제319조 제2항)와 다중불해산죄(多衆不解散罪; 제116조), 전시공수公需계약불이행죄(제117조), 전시군수(軍需)계약불이행죄(제103조 제1항), 집합명령위반죄(제145조 제2항), 중립명령위반죄(제112조)가 있다. 그리고 형법상 작위범을 부작위로 실현하는 범죄형태인 부진정부작위범의 예로는 갓난 애기에게 수유授乳를 하지 아니하여 사망케 한 어머니의 행위가 부작위에 의한 영아살해가 대표적이다. 어머니는 수유(작위)의무가 있음에도 불구하고 수유하지 않아서 아사餓死하게 하였으므로 부작위의 행위정형의 동가치성同價置性에 따라 처벌을 받게 된다.

부진정부작위범에서의 작위의무가 발생하는 지위를 보증인保證人 지위라 한다. 작위의무의 발생근거는 법령, 계약, 선행행위先行行爲, 그리고 기타 사회상규에 의하여 발생한다.

(2) 위법성

위법성違法性은 범죄성립의 두 번째 요소로서 구성요건에 해당하는 행위가 법질서 전체의 입장과 객관적으로 모순·충돌하는 성질을 말하며, 책임이 '행위자行爲者에 대한 비난가능성'이라면 위법은 '행위行爲에 대한 비난가능성'이라 할 수가 있다. 불법不法과는 구별하는 것이 보통이다(통설).

우리 형법刑法은 무엇이 위법인가를 적극적으로 규정하지 않고, 구성요건에 해당하는 행위의 위법성을 배제하는 사유, 즉 위법성조각사유違法性阻却事由를 소극적으로 규정하고 있다.

위법성조각사유란 구성요건에 해당하는 행위의 위법성을 배제하는 특별한 사유를 말하며, 정당화사유 또는 허용구성요건이라고도 한다.

형법총칙의 위법성조각사유로는 정당행위(제20조), 정당방위(제21조), 긴급피난(제22조), 자구행위(제23조), 피해자의 승낙(제24조)의 5종이 있고, 각칙상의 위법성조각사유로는 명예훼손죄에 있어서 '사실의 증명'(제310조)과 도박죄에 있어서 '일시오락의 정도'(제246조 제1항 단서)가 있다.

특별법상의 위법성조각사유로는 인공임신중절(모자보건법 제8조), 현행범의 체포(형사소송법 제212조), 점유권자의 자력구제(민법 제209조) 등이 있다. 그 효과로는 구성

요건해당성이 인정되더라도 위법성조각사유가 존재하면 적법한 행위가 되므로 행위
자는 형벌 및 보안처분을 받지 않는다. 이 점에서 책임조각사유가 존재하는 경우에
는 형벌은 과할 수가 없지만 보안처분은 가능한 것과는 다르다.

① **정당행위**(제20조)

정당행위正當行爲(justifiable act)란 "법령法令에 의한 행위 또는 업무業務로 인한 행위
기타 사회상규社會相規(social rules)에 위배되지 아니하는 행위는 벌하지 아니한다."라고
규정하여 '사회상규에 위배되지 아니하여 국가적·사회적으로 정당시되는 행위'를 말
한다. 정당행위는 사회상규라는 일반조항을 둠으로써 관습법·자연법 등 모든 초법규
적 위법성조각사유를 포괄하여 실정법상의 일반적 위법성조각사유로 인정한 점에 큰
의의가 있다.

형법 제20조에 규정된 법령에 의한 행위, 업무로 인한 행위는 사회상규에 위배
되지 아니하는 행위의 예시에 지나지 않는다(통설). 따라서 사회상규는 위법성 판단에
있어서 가장 원칙적이고 일반적인 원리 내지 실질적 위법성의 기준이 되며, 거꾸로
개별적인 위법성조각사유나 법령에 의한 행위라도 사회상규에 위배되면 위법성이 조
각될 수 없다는 결론이 된다.

법령에 의한 행위의 예는 헤아릴 수 없을 정도로 많으나, 중요한 예로는 공무원
의 직무집행행위(사형집행, 구속·압수·수색, 강제집행 등), 징계행위(학교장, 소년원장, 친권
자), 현행범인의 체포(형사소송법 제212조), 노동쟁의행위(노동조합법) 등이 있다. 업무로
인한 행위의 종류는 역시 다양하다. 대표적인 예로는 의사의 치료행위와 변호사 또
는 성직자의 직무수행행위를 들 수 있다. 그리고 사회상규에 위배되지 아니하는 행
위로서 논의되는 대표적인 예는 안락사安樂死,[34] 경미한 법익침해, 소극적 방어행위의
법리, 징계권 없는 자의 징계행위 등이 있다.

② **정당방위**(제21조)

정당방위正當防衛(self-defense)란 '자기 또는 타인의 법익에 대한 현재의 부당(不
當)한 침해를 방위하기 위한 상당한 이유가 있는 행위'를 말한다. 긴급행위의 일종이
다. 정당방위는 부정不正 대 정正의 관계로서 '법은 불법에 양보할 필요가 없다.'는 명
제를 기본사상으로 하고 있는 위법성조각사유이며, 이 점에서 자구행위와 같고 정正

---

34) 안락사가 위법성이 조각되기 위해서는 ① 사기(死期)가 절박하고 치료가 불가능한 경우, ② 환자의
격렬한 육체적 고통, ③ 본인의 사망에 대한 진지한 부탁·애원이 있어야 한다. ④ 원칙적으로 의사에
의한 시술이어여 한다. ⑤ 안락사의 수단·방법이 사회상규에 위배되지 않아야 한다.

대 정正의 관계인 긴급피난과는 구별된다.

정당방위는 현재現在의 침해에 대한 사전적事前的 긴급행위이다. 이 점에서 긴급피난과 같고 과거의 침해에 대한 사후적 긴급행위인 자구행위와 구별된다.

정당방위의 요건[35]을 구비한 경우에는 방위행위가 비록 범죄의 구성요건에는 해당하더라도 위법성이 조각되어 범죄가 성립하지 않는다. 정당방위는 적법행위이므로 정당방위에 대한 정당방위는 허용되지 않는다. 과잉방위와 오상방위는 경우에 따라서 형의 감면사유가 된다.

③ 긴급피난(제22조)

긴급피난緊急避難(necessity)이란 "자기 또는 타인의 법익에 대한 현재의 위난을 피하기 위한 상당한 이유가 있는 행위는 벌하지 아니한다."를 말한다. 정당방위는 위법한 침해를 전제로 하여 침해자에 대하여 행해지기 때문에 부정 대 정의 관계로 표현되지만, 긴급피난은 법익이 상호충돌하는 정正 대 정正의 관계로서 위난의 원인과 무관한 제3자에게 희생을 전가시키는 제도이다. 따라서 정당방위에는 이익교량의 원칙이 적용되지 않으나 긴급피난에는 이익교량의 원칙이 적용된다는 점에서 근본적인 차이가 있다.

긴급피난의 요건[36]을 구비한 경우에는 피난행위가 범죄의 구성요건에 해당하더라도 위법성이 조각되어 범죄가 성립하지 않는다. 어떤 행위가 긴급피난으로 인정되면 이에 대한 정당방위는 허용되지 않으나 긴급피난은 가능하다.

긴급피난의 특칙特則으로 직무職務를 수행함에 있어서 마땅히 일정한 위난을 감수해야 할 의무가 있는 자에게 긴급피난이 제한된다(예컨대 군인·소방관·경찰관 등). 이들이 수행하는 직무내용이 이들 개인의 법익에 대한 위태화를 전제로 할 뿐만 아니라, 법이 이러한 자의 이익보다는 부과된 의무를 중시하기 때문이다. 특별의무자라고 해서 절대적 희생의무가 있는 것은 아니므로, 타인을 위한 경우와 감수해야 할 의무의 범위를 넘는 자기의 위난에 대해서는 긴급피난이 가능하다.

특수한 긴급피난으로 의무의 충돌衝突이란 수개의 의무(동등한 의무)를 동시에 이행할 수 없는 긴급상태에서 그 중 어느 한 의무를 이행하고 다른 의무를 방치한 결과, 그 방치한 의무불이행이 구성요건에 해당하는 가벌적 행위가 되는 경우에도 범죄가 되지 않는 것을 말한다. 의무충돌의 법적 성질이 무엇인가에 관하여는 다수설

---

35) 정당방위의 성립요건으로는 정당방위상황, 방위행위, 상당한 이유가 있어야 한다.
36) 긴급피난의 요건으로 긴급피난상황, 피난행위, 상당한 이유가 있다.

은 '긴급피난의 특수한 경우'로 보고 있다.

④ 자구행위(제23조)

자구행위自救行爲(self-help)란 "법정절차에 의하여 청구권을 보전하기 불가능한 경우에 그 청구권의 실행불능 또는 현저한 실행곤란을 피하기 위한 행위는 상당한 이유가 있는 때에는 벌하지 아니한다."를 말한다. 자구행위는 정당방위와 긴급피난과는 구별된다. 모두가 긴급행위의 일종이고, 주관적 정당화요소와 상당한 이유가 있어야 한다는 점은 공통이나. 부정不正 대 정正의 관계라는 점에서 정당방위와 유사하고 침해된 권리의 실현을 위한 사후적 긴급행위라는 점에서 사전적 긴급행위인 정당방위와 긴급피난과 구별된다. 정당방위와 긴급피난은 타인의 법익을 보호하기 위해서도 할 수 있으나, 자구행위는 자기의 청구권보전을 위해서만 할 수 있다.

자구행위는 보충성補充性 원칙이 엄격히 적용되나 균형성均衡性 원칙은 엄격하게 적용되지 않는 점에서 정당방위와 긴급피난과 각각 차이가 있다. 법적 성질에 대하여 우리 형법은 자구행위에 관한 명문규정을 별도로 두고 있기 때문에, 자구행위는 긴급행위의 일종으로서 정당방위 및 긴급피난과 별도의 독자적인 위법성조각사유라는 데에 견해가 일치되어 있다.

⑤ 피해자의 승낙(제24조)

피해자의 승낙承諾(consent of victim)이란 "처분할 수 있는 자의 승낙에 의하여 그 법익을 훼손한 행위는 법률에 특별한 규정이 없는 한 벌하지 아니한다."라고 규정하여, '피해자가 자기의 법익(legal interest)에 대한 침해를 허용하는 것'을 말한다. 피해자의 승낙에 대하여 어떠한 법적 효과를 인정할 것인가는 기본적으로 개인과 공동체와의 관계를 어떻게 파악하느냐에 달려 있다.

오늘날에는 자기보존과 함께 자기처분도 정당화원리의 하나로 인정하여, 피해자의 승낙을 위법성조각사유로 인정하는 것이 일반적인 견해로 되었다. 그러나 모든 범죄에 대하여 승낙이 위법성조각사유가 되는 것은 아니다.

형법각칙에는 피해자의 승낙이 있더라도 위법성이 조각되지 않는 특별규정들이 다수 존재하는데, 이 규정들은 다음과 같은 3가지 유형으로 분류할 수 있다. 먼저 승낙이 감경적 구성요건에 해당하는 경우로 ① 살인죄에 대한 촉탁·승낙살인죄(제252조 제1항), ② 타인소유일반건조물방화죄에 대한 자기소유일반건조물방화죄(제166조 제2항), ③ 타인소유일반물건방화죄에 대한 자기소유일반물건방화죄(제167조 제2항), ④ 부동의 낙태죄에 대한 동의낙태죄(제269조 제2항, 제270조 제1항) 등이며, 승낙이 범죄성

립에 영향이 없는 경우로는 ① 미성년자의제강간·강제추행죄(제305조), 피구금간음죄
(제303조 제2항)가 있으며, 승낙이 구성요건해당성을 조각하는 경우로는 ① 강간죄(제
297조), 강제추행죄(제298조), 체포·감금죄(제276조), ② 절도죄(제329조), 횡령죄(제355조
제1항), 손괴죄(제366조), ③ 주거침입죄(제319조), 비밀침해죄(제316조) 등이 있다.

(3) 책임성

① 일반론

책임責任이란 규범적規範的으로 행위자에 대한 비난가능성非難可能性을 의미한다.
형식적으로 범죄란 구성요건에 해당하고 위법하고 책임있는 행위라고 할 때, 책임은
범죄가 성립되기 위한 세 번째의 요소이다, 두 번째까지는 행위行爲에 초점을 두었지
만 책임의 단계에서는 행위자行爲者에 초점을 맞춘다. 즉 책임의 단계에서는 그 위법
한 행위를 한 행위자를 개인적으로 비난할 수 있느냐를 문제 삼는다. 형법 전반을 지
배하는 책임주의責任主義란 '책임 없으면 형벌 없다'는 말로 대변할 수 있다. 이는 우선
책임은 형벌의 성립근거라는 것을 의미하며, 아울러 형벌의 양은 책임의 양量을 초과
하여서는 안 된다는 것을 의미한다.

② 책임능력

행위자를 비난할 수 있으려면 우선 행위자에게 책임있는 행위를 할 수 있는 능
력(책임능력)이 있어야 한다. 책임능력責任能力이란 법규범의 의미를 이해하여 명령命令
과 금지禁止를 인식할 수 있는 통찰능력과 이에 따라 행위할 수 있는 조종능력을 말
한다. 형법 제10조 제1항에서는 좀 더 구체적으로는 '의사결정능력'과 '사물변별능력'
이라고 규정하고 있다. 책임능력이 없는 사람(책임무능력자)의 행위는 비난가능성이 없
기 때문에 범죄는 성립되지 못한다.

책임능력에 관해서 형법은 연령과 정신장애 및 농아자인 가의 여부를 그 판단기
준으로 삼고 있다. 책임무능력자責任無能力者를 제외한 모든 사람은 책임능력자로서 그
의 행위가 범죄로 성립될 수 있다. 다만, 책임능력이 미약하여 책임이 감경될 수 있
는 한정책임능력사限定責任能力者가 있을 뿐이다. 책임능력의 유무 또는 책임능력이 미
약한가의 여부를 판단하는 것은 항상 행위 당시를 기준으로 한다는 점을 유의하여야
한다.

③ 책임무능력자와 한정책임능력자

책임무능력자로 형법은 만14세 미만의 자를 형사미성년자刑事未成年者(criminal minors)
라고 하여 책임무능력자로 다루고 있다. 제9조에서 "14세 되지 아니한 자의 행위는

벌하지 아니한다."라고 규정하고 있다. 여기서 만 14세란 실질적인 나이를 말하고 입증(거증)책임은 현행법상 검사에게 있다. 정신적 성숙은 사람마다 모두 다르지만 형법은 14세 미만의 자를 획일적으로 책임무능력자로 규정한 것이다. 14세 이상이라 할지라도 소년인 경우에는 성인(19세 이상; 민법상)과 달리 특별히 유리한 처우를 받는다(소년법 제55조 이하).

한편 소년법은 형법에 저촉되는 행위를 한 12세 이상 14세 미만의 소년(촉법소년)과 장래 형벌법령에 저촉되는 행위를 할 우려가 있는 소년(우범소년)에 대해서는 보호처분을 부과할 수 있다(소년법 제4조, 제32조).

또한 형법상 형사미성년자에 대해서는 책임능력을 전제로 한 형벌을 부과할 수 없도록 규정하고 있지만 여기에도 예외가 있다. 조세범처벌법(제4조), 담배사업법(제31조), 관세법(제194조) 등은 형법 제9조(형사미성년자), 제10조 제2항(심신미약자), 제11조(농아자)의 적용을 배제한다(형법 제8조). 예컨대 형사미성년자가 면허를 받지 않고 술을 제조하거나 판매하였다면 벌금형을 받게 된다(조세범처벌법 제4조, 제8조).

또 다른 책임무능력자로 정신장애로 인하여 행위의 옳고 그름을 판단할 능력이 없거나 그 판단에 따라 행위할 능력이 없는 자인 심신상실자心神喪失者(persons with mental disorders)가 있다.

형법 제10조 제1항에 "심신장애로 인하여 사물을 변별할 능력이 없거나 의사를 결정할 능력이 없는 자의 행위는 벌하지 아니한다."라고 규정하고 있다. 여기서 말하는 정신장애란 정신병이나 백치와 같은 비교적 지속적인 장애뿐만 아니라 실신·마취·최면·만취상태 등과 같은 일시적 장애를 모두 포함한다. 심신상실자라 할지라도 보안처분保安處分은 받을 수 있다.

책임무능력자를 제외하고는 형법상 모두 책임능력자이다. 다만, 책임능력이 미약微弱하여 그 책임이 감경되는 경우가 있을 뿐이다. 책임능력이 미약하여 책임이 감경될 수 있는 자를 한정책임능력자限定責任能力者라 한다.

한정책임능력자로서 형법 제10조 제2항에 "심신장애로 인하여 전항의 능력이 미약한 자의 행위는 형을 감경할 수 있다."는 심신미약자心神微弱者와 제11조 "농아자의 행위는 형을 감경한다."라고 하여 농아자聾啞者(deaf-mutes)를 규정하고 있다.

책임능력은 범죄행위 당시에 존재하여야 한다. 이를 '행위와 책임의 동시존재同時存在의 원칙'이라 한다. 거꾸로 말하면 행위 당시에 책임무능력자의 상태 또는 한정책임능력의 상태에 있었다면 그의 행위는 책임이 조각되거나 감경되며, 그 이전에 책임능력의 상태에 있었다거나 범죄행위 이후에 책임능력의 상태로 돌아왔다 하더라도 책임의 조각·감경에 영향을 미치지 않는다. 그러나 행위 당시에 책임능력이 없거나 한정책임능력 상태에 있으면 책임이 조각되거나 감경된다는 점을 악용하거나 부주의로 말미암아 이러한 사태가 벌어질 가능성이 발생한다.

따라서 행위자가 고의 또는 과실로 책임무능력(또는 한정책임능력)의 상태를 야기하고, 그러한 상태하에서 범죄행위를 저지르는 경우 행위자를 어떻게 다루어야 할 것인가 하는 점이 문제가 된다. 이른바 원인에 있어서 자유로운 행위란 행위자가 고의 또는 과실로 자기를 정신장애(심신상실 또는 심신미약)의 상태에 빠지게 한 후(원인설정행위) 이러한 상태에서 범죄를 실행하는 것(실행행위)을 말한다. 정신장애 상태를 야기시키는 원인의 설정은 행위자가 책임능력이 있는 상태에서 자유롭게 행하였다는 점에서 원인에 있어서 자유로운 행위(actio libera in causa)라고 부른다.

형법 제10조 제3항에서 "위험의 발생을 예견하고 자의로 심신장애를 야기한 자의 행위에는 전 2항의 규정을 적용하지 아니한다."라고 규정하고 있다.

그 효과로는 비록 그 실행행위가 심신상실상태에서 행해졌을지라도 면책(免責)되지 아니하며, 심신미약상태에서 행해졌을지라도 형이 감경되지 않는다.

④ **강요된 행위**(제12조)

강요된 행위(action compelled)는 "저항할 수 없는 폭력이나 자기 또는 친족의 생명·신체에 대한 위해를 방어할 방법이 없는 협박에 의하여 강요된 행위는 벌하지 아니한다."라고 규정하고 있다.

강요된 행위는 그러한 상태하에서는 적법행위로 나올 것을 기대할 수 있는 가능성이 없으므로 책임이 조각된다. 적법행위에 대한 기대불가능성이 책임을 조각한다는 예시규정이다.[37]

강요된 행위는 폭력이나 협박에 의해 강요된 상태에서 행한 행위이다. 이때의 폭력은 저항할 수 없는 폭력이어야 한다. 여기서의 '저항할 수 없는 폭력'이란 주로 피강요자의 심리에 작용하여 그 자로 하여금 어떠한 행위를 하지 않으면 안 되게 하는 간접적인 유형력의 행사를 말한다(강제적 폭력 또는 심리적 폭력). 그러나 강제로 사람의 손을 붙들어 증명서류에 서명·날인하게 하는 경우와 같이 사람의 신체에 직접

---

37) 기대가능성이란 행위 시의 구체적 사정으로 보아 행위자가 범죄행위를 하지 않고 적법행위를 할 것을 기대할 수 있는 가능성을 의미한다. 현재는 기대불가능성을 초법규적 책임조각사유로 이해하는 것이 통설·판례의 입장이다(대판65도1164).

저항할 수 없는 유형력을 행사하여 피강요자의 동작을 단순히 '의사 없는 도구'로서 이용하는 경우(절대적 폭력)에는 형법상 피강요자의 행위가 있었다고 볼 수 없고 단지 강요자의 행위만 있었으므로 여기에서 말하는 폭력에 해당하지 않는다.

자기 또는 친족의 생명·신체에 대한 위해危害를 방어할 방법이 없는 협박이 있어야 한다. 방어할 방법이 없다는 것은 달리 위해를 저지하거나 피할 수 없어서 범죄를 행하는 것이 위해를 피하기 위한 유일한 방법이라는 의미이다. 또한 여기에서 위해는 자기 또는 친족의 생명·신체에 대한 위해에 한하므로 그 밖의 자유·재산·명예·비밀 등에 대한 위해는 포함하지 않는다.

이상과 같은 강제상태에서 행한 행위, 즉 강요자가 요구하는 대로 할 수밖에 없던 행위가 있어야 한다. 그러한 행위의 효과로는 피강요자의 행위는 기대가능성이 없으므로 책임이 조각된다. 이때 강요자는 자유 없이 행동하는 도구를 이용하여 범죄를 행한 것이므로 간접정범間接正犯으로 처벌받는다.

제 2 항 기타의 범죄론

1. 미수범론

범죄는 일반적으로 범죄결심 → 예비·음모 → 미수 → 기수 → 범죄의 종료의 단계로 이루어진다. 미수범未遂犯이란 범죄의 실행에 착수하여 행위를 종료하지 못하였거나 결과가 발생하지 않은 때의 범죄를 말한다. 범죄의 완성에 이르지 못한 원인이 자기의 의사(자의)로 인하였는가의 여부에 따라 중지미수中止未遂와 장애미수障碍未遂로 구별하는데, 좁은 의미로 미수라고 할 때에는 장애미수만을 지칭하므로 형법 조문의 미수범(未遂犯; 제25조)은 바로 장애미수를 말한다. 미수범(장애미수)의 형은 기수범보다 감경할 수 있다(임의적 감경).

미수범은 범죄의 실행에 착수하여 행위를 종료하지 못하였거나 또는 결과가 발생하지 않은 경우에 성립하므로, 미수범의 객관적 구성요건은 범죄실행의 착수와 범죄의 미완성(실행행위의 미종료 또는 결과의 불발생)의 두 개의 면으로 고찰할 수 있다. 그리고 미수범의 경우에도 주관적 구성요건(고의)을 필요로 함은 물론이다.

미수범의 종류는 제25조 장애미수障碍未遂(criminal attempts), 제26조 중지미수中止未遂(voluntarily ceased crime) 및 제27조 불능미수不能未遂(impossible crime)가 있다. 미수범의 형은 기수범보다 감경할 수 있고 중지미수인 경우에는 형을 필요적으로 감면한다

(필요적 감면).

범죄의 예비·음모는 형법 제28조에 의하여 특별한 처벌규정이 있을 때에만 처벌한다. 예컨대 형법 제255조의 살인예비·음모죄가 있다.

2. 공범론

(1) 의 의

형법에서는 대부분의 범죄구성요건은 원칙적으로 단독범행을 예상하여 규정되어 있다. 그러한 구성요건을 단독이 아닌 2인 이상이 실현하였을 때 이를 어떻게 다룰 것인가에 관한 범죄이론이 공범론共犯論이다.

공범이란 넓은 의미에서는 2인 이상이 가공加功하여 범죄의 구성요건을 실현하는 것을 말한다. 필요적 공범과 구별하기 위해 임의적 공범이라고 부른다. 공범론이 문제되는 것은 원칙적으로 임의적 공범任意的 共犯에서이며 필요적 공범은 본 장의 이론은 적용되지 않는다.

형법은 제30조 이하에서 공동정범(제30조; co-principals), 교사범(제31조; instigator), 종범(제32조; accessories) 및 간접정범 등(제34조; indirect principals)을 규정하고 있다. 이들을 광의의 공범이라 한다.

그런데 공동정범共同正犯이나 간접정범間接正犯은 두 사람 이상이 범행에 등장하지만 어디까지나 정범正犯의 일종이다. 그러한 점에서 교사범敎唆犯이나 종범從犯과는 성질이 다르다. 이러한 의미에서 고유한 의미의 공범은 바로 교사범과 종범 만을 말한다(협의의 공범). 즉 정범에 대립되는 개념으로서의 공범은 협의의 공범(교사범과 종범)을 가리킨다.

한편 필요적 공범必要的 共犯은 형법 각칙의 특별구성요건 중에는 그 구성요건 자체가 2인 이상 또는 단체의 행동을 전제로 한 것도 있다. 예컨대 내란죄(제87조), 소요죄(제115조) 등과 같이 다수인의 집합에 의하여 구성되는 군중범죄(이를 필요적 공범 중에서도 집합범이라 부른다)와 뇌물죄(제129조)와 같이 2인 이상의 대향적 협력(수뢰와 증뢰)에 의하여 동일목표를 지향하는 범죄(이를 특히 대향범이라 한다)[38] 등이다. 필요적 공범은 그 구성요건이 2인 이상의 사람에 의하여 비로소 성립하며 각자에게 적용될 형벌도 각칙에 규정되어 있으므로, 필요적 공범에 관하여는 형법총칙의 공범에 관한 규

---

38) 대향범적 필요적 공범의 기타 예로는 도박죄, 자기낙태죄와 동의낙태죄, 배임수재죄와 배임증재죄, 음화판매죄, 범인은닉·도피죄, 음행매개죄 등이 있다.

정(제30조 내지 제34조)이 그대로 적용되지는 않는다.

공범은 정범에 종속하여 성립하는 가에 대하여 공범독립성설과 공범종속성설이 대립하고 있으나 우리 형법에서는 후자가 통설通說이다. 따라서 공범은 적어도 정범이 구성요건에 해당하는 실행행위로 나아가야만 이에 종속하여 성립한다.

종속從屬의 정도에 대하여는 최소한의 종속형식(구성요건에 해당), 제한적 종속(구성요건해당하고 위법; 통설), 극단적 종속(구성요건해당 위법하고 유책), 확장적 종속(구성요건해당하고 위법하고 유책하면서 모든 가벌성요건을 구비)의 형식이 있다.

(2) 구체적 내용

① 공동정범(제30조)

공동정범共同正犯(co-principals)이란 2인 이상이 공동하여 범행하는 경우를 말한다. 형법 제30조에 "2인 이상이 공동하여 죄를 범한 때에는 각자를 그 죄의 정범으로 처벌한다."라고 규정하고 있다.

공동정범은 2인 이상이 '공동하여' 죄를 범한다는 점에서 협의의 공범인 교사범 및 종범과 구별된다. 2인 이상이 각각 구성요건의 '전부'를 실현한 때, 예컨대 갑과 을이 각각 칼로써 병의 급소를 찔러 살해한 경우에는 각자가 병에 대한 살인죄의 정범이 되는 것은 당연하다. 그러므로 이러한 경우에 대비하여서는 공동정범이라는 개념을 새로 만들어 규정할 필요는 없을 것이다.

오히려 각자가 개별적으로 구성요건의 전체를 실현한 경우가 아니라 하더라도 (구성요건의 일부만을 실현한 경우에도) 그 전체에 대한 책임을 지게 하는 데에 공동정범의 이론적 존재의의가 있다. 예컨대 갑과 을이 유흥비를 충당하기 위해 강도짓을 같이 하기로 공모하고, 갑이 골목을 지나던 행인에게 칼을 들이대고 협박하는 동안 을은 그 행인의 핸드백을 뒤져 지갑을 꺼내간 경우, 갑은 협박죄, 을은 절도죄로 처벌되는 것이 아니라, 갑과 을은 강도죄의 공동정범이다. 이처럼 공동의 결의(주관적 요건으로 공동의사) 아래 기능적으로 역할을 분담(객관적 요건으로 실행행위의 분담)하여 범죄행위를 분업分業적으로 실행함으로써 각자가 범죄행위 전체를 공동으로 지배하였다는 점에서 공동정범의 특수성을 찾을 수 있다(기능적 행위지배설). 공동정범은 각자를 그 죄의 정범으로 처벌한다. 공동정범의 법정형法定刑이 동일하다는 의미이다(처단형과 선고형은 다를 수가 있다).

공동정범에서 '2인 이상이 공동하여'라고 할 경우에 무엇을 공동으로 한다는 의미인가의 문제에 대하여, 수인이 공동하여 특정한 범죄를 행하는 것이 공동정범이라는 객관주의 범죄이론의 입장인 범죄공동설과 수인이 행위를 공동으로 하여 각자 자기의 범죄를 실행하는 것이 공동정범이라는 주관주의 범죄이론의 입장인 행위공동설이 대립되고 있으나 판례는 행위공동설의 입장에서 과실범의 공동정범을 인정하고 있다(대판4294행상598).

공동정범은 공동의사共同意思의 범위 안에서만 책임을 진다. 따라서 공동정범 가운데 어느 한 사람이 공동의사의 범위를 초과한 경우에는 초과된 부분에 대하여는 공동정범의 성립을 부정하여야 한다. 예컨대 갑과 을이 강도를 결의하고 실행에 옮기던 중 을이 상해행위에까지 나아간 경우, 갑은 강도죄 을은 강도상해죄가 된다고 보아야 한다. 갑을 강도상해죄의 공동정범으로 인정하려면 갑에게 적어도 을의 행위에 대한 미필적 고의가 있을 것을 요한다.

② **교사범**(제31조)

교사범教唆犯(instigator)이란 타인을 교사하여 죄를 범하게 한 자를 말한다. 형법 제31조 제1항에서 "타인을 교사하여 죄를 범하게 한자는 죄를 실행한 자와 동일한 형으로 처벌한다."라고 규정하고 있다. 이때의 '타인'을 피교사자被教唆者라 하며 이는 정범, 즉 '죄를 실행한 자'에 해당될 사람이다.

교사범은 스스로 실행행위를 분담하지 않는다는 점에서 공동정범과 구별된다. 또한 범죄의사가 없던 자에게 범죄의 결의를 가지게 한다는 점에서 종범과 구별된다. 종범은 타인(정범)의 범죄결의를 전제로 하며, 종범은 이러한 정범의 실행을 유형적·무형적으로 돕는 데 지나지 않기 때문이다. 그리고 교사범은 협의의 공범으로서 정범의 범죄를 전제[39]로 하고 있으나 간접정범은 타인을 도구로 이용하는 정범이다. 교사범은 정범과 동일한 형[40]으로 처벌한다(제31조 제1항). 이는 피교사자가 범한 죄의 법정형法定刑의 범위 내에서 교사범을 처벌한다는 의미이고, 양자의 구체적 선고형宣告刑이 동일하여야 한다는 것이 아니다. 심지어 정범이 처벌받지 않는 상황이 있을 수도 있다(책임무능력 또는 처벌조건·소추조건의 결여 등을 이유로). 자기의 지휘·감독을 받는 자를 교사教唆한 때에는 정범에 정한 형의 장기 또는 다액의 2분의 1까지 가중한다(특수교사; 제34조 제2항).

교사의 교사인 간접교사와 연쇄교사는 모두 가벌可罰적이며, 교사의 미수는 미수

---

39) 교사범 성립의 종속성(대판99도1252).
40) 형벌의 종류가 같다는 의미이다. 예컨대 정범이 징역형이면 교사범도 징역형으로 형량은 다를 수가 있다.

범으로 효과 없는 교사와 실패한 교사는 예비·음모에 의한다.

③ **종범**(제32조)

종범從犯(accessories)이란 정범의 범죄실행을 방조한 자를 말한다.

형법 제32조 제1항에는 "타인의 범죄를 방조한 자는 종범으로 처벌한다."라고 규정하고 있다. 종범을 방조범幇助犯이라고도 한다. 방조란 타인의 범죄를 도와주는 행위라고 할 수 있다.

종범은 이미 범죄의 실행을 결의하고 있는 자에 대하여 그 결의를 강화하거나 실행을 쉽게 하기 위한 것이지만, 교사범은 아직 범죄의 결의를 하지 않은 자에게 새로이 범죄의 결의를 갖도록 한다는 점에서 구별된다. 공동정범은 공동의사에 의한 기능적 행위지배가 있는 경우이지만 종범은 그러한 행위지배가 없다는 점, 그리고 공동정범 상호 간에 의사의 연락이 있어야 하지만 종범의 경우에는 정범과 의사의 연락이 없어도 된다는 점에서 차이가 난다.

정범의 실행을 방조하는 행위를 독립된 구성요건(개별범죄)으로 규정한 경우에는 종범에 관한 규정(제32조)이 적용되지 않는다. 독립된 구성요건의 예로서는 간첩방조(제98조 제1항 후단), 도주원조(제147조), 아편흡식기 등 장소제공(제201조 제2항), 자살방조(제252조 제2항), 도박개장죄(제247조) 등이 있다.

방조행위의 수단·방법에는 제한이 없다. 따라서 조언, 격려, 충고, 정보제공, 장물처분, 알리바이증명의 약속 등 정신적 방조도 가능하다. 또한 부작위에 의한 방조도 가능하다(대판2003도4128).

종범의 형은 정범의 형보다 감경한다(필요적 감경; 제32조 제2항). 그러나 특수종범의 경우, 즉 "자기의 지휘·감독을 받는 자를 방조하여 결과를 발생하게 한 자는 정범의 형으로 처벌한다(제34조 제2항)."

④ **간접정범**(제34조)

간접정범間接正犯(principal through innocent human agent and aggravation of punishment for particular instigation or aiding and abetting)이란 타인을 도구道具로 이용하여 범행하는 것을 말한다. 형법 제34조 제1항에서 "어느 행위로 인하여 처벌되지 아니하는 자 또는 과실범으로 처벌되는 자를 교사 또는 방조하여 범죄행위의 결과를 발생하게 한 자는 교사 또는 방조의 예에 의하여 처벌한다."라고 규정하고 있다.

여기에서 도구로 이용당하는 사람을 피이용자라 부른다. 종래의 전통적 이론에 따르면 스스로 구성요건적 행위를 한 자가 정범正犯이므로 간접정범은 공범이 될 수

밖에 없었다.

⑤ **공범과 신분**(제33조)

신분 있는 자와 신분 없는 자가 공범관계에 있을 경우 이를 어떻게 다룰 것인가 하는 문제에 대하여, 형법 제33조는 공범과 신분(complicity and status)이라 하여 "신분관계로 인하여 성립될 범죄에 가공한 행위는 신분관계가 없는 자에게도 전3조의 규정을 적용한다. 단, 신분관계로 인하여 형의 경중이 있는 경우에는 중한 형으로 벌하지 않는다."라고 규정한다. 형법 제33조는 본문과 단서로 구성되어 있다. 즉, "신분관계로 인하여 성립될 범죄에 가공한 행위는 신분관계가 없는 자에게도 전3조의 규정을 적용한다. 단, 신분관계로 인하여 형의 경중이 있는 경우에는 중한 형으로 벌하지 않는다."라고 구분하여 규정한다.

통설通說의 해석에 의하면, 본문은 진정 신분범眞正身分犯(구성적 신분범)에 대해서만 규정한 것이고, 단서는 부진정 신분범不眞正身分犯(가감적 신분범)에 대해서 규정한 것이라 한다. 따라서 예컨대 비공무원인 갑이 공무원 을의 수뢰를 교사한 경우에는 갑은 수뢰죄의 교사범이 된다. 그리고 A는 친구B와 함께 B의 아버지를 살해하면 B는 존속살해죄, A는 살인죄로 처벌된다.

3. 죄수론

죄수론罪數論이란 범죄의 수가 1개인가 또는 여러 개인가를 밝히고 어떻게 처벌할 것인가를 위한 논의를 말한다.

죄수론은 ① 일정한 행위(하나 또는 수개의 행위)가 1개의 범죄에 해당하는가, 수개의 범죄에 해당하는가, 그리고 ② 수개의 범죄에 해당한다면 이를 어떻게 처리할 것인가의 2가지 문제로 구성된다.

죄수를 결정하는 기준에 관하여는 여러 학설이 제기되고 있다. 범죄의 본질은 행위이므로, 행위가 하나이면 범죄도 하나라는 견해(행위표준설)와 범죄의 본질은 법익침해에 있으므로, 침해되는 보호법익의 수를 기준으로 결정해야한다는 견해(법익표준설), 범죄란 범죄의사의 징표이므로, 범죄의사를 기준으로 죄수를 설성해야 한다는 견해(의사표준설), 구성요건의 해당사실을 기준으로 죄수를 결정하는 견해(구성요건표준설)가 있다. '죄'란 구성요건을 전제로 한 개념이므로, 구성요건표준설을 우선적 기준으로 하여 행위의 개수, 범죄의사 및 법익 등을 종합적으로 고려하여 각각의 범죄에 합당한 기준을 찾아야 할 것이다.

수죄가 경합競合하는 경우의 처벌방법에는 3가지 기본원칙이 있다. 먼저 수죄의 형기刑期를 합산하여 처벌하는 방법이다. 우리 형법은 경합범에서 각 죄에 정한 형이 무기징역이나 무기금고 이외의 다른 종류의 형인 경우에만 병과주의倂科主義를 채택하고 있다(제38조 제1항 제3호). 그리고 수죄 가운데 가장 중한 죄에 정한 형을 적용하고 다른 경한 죄에 정한 형은 여기에 흡수시키는 방법이다.

제 3 절 형벌론

1. 의 의

형벌刑罰(penalty)이란 범죄에 대한 법률상의 효과로서 국가가 범죄자의 일정한 법익을 박탈하는 것을 말한다. 장래의 범죄예방을 지향하여 행위자의 위험성을 기초로 부과되는 보안처분과는 구별된다(이원론).

형법이 규정하고 있는 형벌에는 사형, 징역, 금고, 자격상실, 자격정지, 벌금, 구류, 과료 그리고 몰수의 9가지 종류가 있다(제41조).

이를 형벌에 의해 박탈되는 법익의 종류에 따라 분류하면 생명형生命刑, 자유형自由刑, 명예형名譽刑 그리고 재산형財産刑의 4가지 유형으로 구분할 수 있다. 사형死刑(death penalty)은 생명형, 징역懲役(imprisonment)·금고禁錮(imprisonment without prison labor)·구류拘留(detention)는 자유형, 자격상실資格喪失(deprivation of qualifications)·자격정지資格停止(suspension of qualifications)는 명예형, 벌금罰金(fine)·과료科料(minor fine)·몰수沒收(confiscation)는 재산형이다.

2. 양 형

형법은 일정한 범죄에 대하여 형벌의 종류와 범위만을 규정하고 있을 뿐이다. 따라서 이 범위 내에서 법원法院은 구체적인 사건에 적용할 형의 종류와 양을 정하여야 한다. 이를 형의 양정, 양형量刑 또는 형의 적용이라 한다.

양형의 단계는 보통 법정형 → 처단형 → 선고형의 순서로 한다. 법정형法定刑이란 일정한 범죄에 대하여 법률이 정해 놓은 형벌을 말한다.

형법은 제51조에서 "형을 정함에 있어서는 다음 사항을 참작하여야 한다."라고 하면서, 다음 사항을 열거한다. ① 범인의 연령, 성행, 지능과 환경(the age, character and conduct, intelligence and environment of the offender), ② 피해자에 대한 관계(offender's relation to the victim), ③ 범행의 동기, 수단과 결과(the motive for the commission of the crime, the means and the result), ④ 범행 후의 정황(circumstances after the commission of the crime).

3. 누 범

금고 이상의 형을 받아 그 집행을 종료하거나 면제를 받은 후 3년 내에 금고 이상에 해당하는 죄를 범한 자를 누범累犯(repeated crimes)이라 한다.

4. 선고유예·집행유예·가석방

선고유예宣告猶豫(suspension of impositions of sentence)는 비교적 가벼운 범죄행위자에 대해 일정기간 형의 선고를 유예하고, 그 유예기간을 경과한 때에는 면소(免訴)된 것으로 간주하는 제도이다(제59조).

집행유예執行猶豫(suspension of execution of sentence)는 일단 유죄를 인정하여 형을 선고하되 일정기간 동안 그 형의 집행을 유예하고, 그 집행유예기간 중에 특정한 사고없이 그 기간을 경과한 때에는 형선고의 효력을 상실시키는 제도이다(제62조).

가석방仮釋放(parole)은 자유형의 집행을 받고 있는 자가 뉘우치는 마음이 뚜렷하다고 인정될 때 형기만료 전에 조건부로 수형자를 석방하는 제도이다. 이는 불필요한 구금을 줄임으로써 수형자의 사회복귀를 앞당기게 하며, 수형자로 하여금 개과천선하면 형기만료 전에 석방될 수 있다는 희망을 갖게 한다.

5. 형의 시효와 소멸

형의 시효時效(prescription for execution of judgment of guilty)는 형의 선고를 받아 판결이 확정된 후 그 집행을 받지 않고 일정기간이 경과한 때에 집행이 면제되는 제도를 말한다. 형사시효에는 형의 시효 외에 공소시효가 있는데, 공소시효는 공소권을 소멸시키는 제도이며(따라서 공소제기를 할 수 없다), 형의 시효는 이미 확정된 형벌의 집행권을 소멸시키는 제도라는 점에서 다르다.

형의 소멸消滅(extinction of punishment)이란 유죄판결의 확정으로 발생한 형의 집행권을 소멸시키는 제도이다. 소멸원인으로는 ① 형집행종료, ② 가석방기간만료, ③ 형집행면제, ④ 시효의 완성, ⑤ 범인의 사망 등이다.

형의 실효失效(nullification of punishment)는 전과자의 전과사실을 말소시키는 제도이다. 형이 소멸되어도 전과기록은 남게 되므로 여러 가지 자격제한이나 사회생활의 불이익을 받을 수 있다. 이 문제를 해소하기 위한 것이다.

복권復權(restoration of rights)이란 자격정지의 선고를 받은 자가, 피해자의 손해를 보상하고 자격정지 이상의 형을 받지 않고 정지기간의 2분의 1을 경과하면, 본인 또는 검사의 신청에 의하여 자격회복을 선고할 수 있다(제82조). 사면법赦免法에도 복권에 관한 규정을 두고 있다.

6. 보안처분

보안처분(保安處分)이란 형벌과는 달리(이원론) 행위 속에 객관화된 행위자의 미래의 위험성 때문에 행위자의 치료·교육·재사회화를 위한 개선과 그에 대한 보안이라는 사회방위를 주목적으로 하여 과해지는 형벌이외의 형사제재이다.

보안처분의 종류로는 대인적 보안처분과 대물적 보안처분이 있다. 전자는 다시 자유를 박탈하는 보안처분으로 치료감호처분(치료감호법 제2조), 교정처분(치료감호법 제2조), 보호감호처분(구 사회보호법 제5조), 노동시설수용처분, 사회치료처분이 있고 자유를 제한하는 보안처분으로는 보호관찰(소년법, 보호관찰법), 선행보증, 직업금지, 거주제한, 국외추방, 주점출입금지, 운전면허박탈, 단종·거세 등이 있다. 후자의 예로는 몰수, 영업소폐쇄, 법인해산 등이 있다.

현행법상 보안처분으로는 치료감호법상 치료감호처분과 보호관찰처분이 일반적이며, 형법상 보안처분인 집행유예 시 보호관찰과 사회봉사·수강명령(제62조의2), 선고유예시의 보호관찰(제59조의2), 가석방시의 보호관찰(제73조의2)이 있고, 소년법상 보호처분과 보호관찰 등에 관한 법률상의 보호관찰처분과 보안관찰법상 보안관찰처분이 있다.

제 3 장 형법각론

제 1 절 서 론

제 1 항   기본개념

1. 각론의 의의

형법전刑法典은 제1편 총칙(제1조에서 제86조까지)과 제2편 각칙(제87조에서 제372조까지)으로 이루어져 있다. 형법총칙에 관한 해석론을 형법총론이라 하고 형법각론은 바로 이 형법각칙에 대한 해석론이라 할 수 있다.[1]

각칙에는 어떠한 행위가 어떤 범죄가 되는지 유형적·개별적으로 기술되어 있고, 그 범죄에 귀속될 효과로서 형벌의 종류와 범위도 규정되어 있다. 예컨대 형법 제250조 제1항의 '사람을 살해한 자는 …'은 살인죄의 범죄구성요건이고, '사형, 무기 또는 5년 이상의 징역에 처한다.'는 것은 살인죄에 대한 형벌이다.

형법총칙은 모든 범죄의 공통되는 일반적 규정을 내용으로 담고 있다면 각칙은 개별범죄의 특유의 구성요건과 형벌을 규정하고 있다.

형법총론은 범죄와 형벌을 일반적·추상적으로 연구하여 범죄의 일반적인 성립요건과 유형 그리고 형벌의 본질·종류·적용 등을 명백히 밝히고자 하는 바이며, 형법각론은 각칙에 규정된 개개의 범죄의 특별구성요건의 의미·내용을 명백히 하고 이에 대한 형벌의 유형과 분량을 인식하기 위한 것이다. 다만 형법각칙의 이해를 위하여 필요한 한도 내에서는 특별 형법상의 범죄유형도 고려하게 된다.

그러므로 형법각론은 실정법상의 모든 범죄 유형을 그 고찰의 대상으로 삼는 것이 아니라 형법전의 각칙을 주된 연구대상으로 하고 있는 것이 현실이다.

2. 총론과의 관계

범죄의 일반적 성립요건은 구성요건해당성·위법성·책임성 3가지이다. 이를 단

---

1) 이하 박현준, 경찰형사법(상) 형법, 박영사, 2019, pp. 159-374 부분을 요약하고 재구성함.

계적으로 모두 만족시키는 행위는 범죄로 성립되는 것이다. 형법각론의 연구대상인 형법각칙은 주로 '어떠한 행위를 한 자는 …… 형에 처한다.'는 식의 가설적 규범으로 이루어져 있다. 예컨대 형법 제250조 제1항을 '사람을 살해한 자는'이라는 부분과 '사형, 무기 또는 5년 이상의 징역에 처한다.'는 부분으로 나누어 볼 수 있는데, 전자는 이른바 살인죄의 구성요건에 해당하고, 후자는 이에 대한 효과인 형벌에 해당한다. 따라서 전자를 '사람을 살해하는 행위'로 읽고 이것을 살인죄의 구성요건이라고 보면 된다. 여기서 알 수 있듯이 형법각론의 주된 관심사는 특별(개별)구성요건의 의미내용을 명백히 하는 데에 있다. 그리고 그 구성요건에 해당하는 행위가 다시 위법성·책임성을 갖추고 있는가 하는 문제는 형법총론에서 다룬 일반이론이 그대로 적용되기 때문에 특별한 경우가 아닌 한 다시 거론할 필요는 없다. 이와 같이 총론과 각론은 상호 관련하면서 보충하는 관계에 놓여 있다.

한편 형벌의 종류 및 분량에 관하여는 각칙상의 형벌법규 그 자체에 규정되고(법정형) 있기 때문에 문제되는 바가 거의 없다.

요컨대 형법각론의 학습은 각 조문에 나타난 개별 범죄구성요건의 의미와 내용을 명확히 밝히는 데에 주안점을 두고 있으므로 각론의 학습은 개별범죄의 구성요건(특히 객관적 구성요건; 범죄행위와 범죄객체)[2]을 학습하는 것이라 해도 지나치지 않는다.

3. 특별형법과의 관계

범죄와 형벌을 규정하는 형벌법규는 형법전에만 국한된 것이 아니다. 수많은 특별형법 법규 등이 존재하고 있으며 또한 계속적으로 제정되고 있다.

'특별법 우선의 원칙'상 특별법의 존재와 그 적용이 있는 한 일반법인 형법각칙은 적용의 여지가 거의 없다. 이처럼 특별형법이 양산됨에 따라 형법각론의 주된 연구대상인 형법각칙은 상대적으로 점점 그 적용범위가 축소되어 가고 있다. 따라서 특별형법에 대하여 많은 관심을 가질 필요가 있다. 그러나 형법각론이 특별형법에 규정된 범죄구성요건까지 연구대상으로 다루고자 한다면 그 내용이 지나치게 방대해지는 것은 사실이나 일반법으로서의 형법각칙의 존재와 학습은 더욱 요구되어 진다고 본다.

---

2) 모든 범죄의 주체는 사람 중에서도 자연인에 한한다. 법인은 범죄주체가 되지 못한다.

4. 각론의 구성

(1) 보호법익

보호법익保護法益이란 공동체를 위해 특별한 의미를 갖기 때문에 법의 보호를 누리게 된 가치 또는 법적으로 인정된 이익利益(legal interest)을 말한다. 형법은 일차적으로 사람의 행동을 규율한다. 예컨대 '사람을 살해한 자는 사형, 무기 또는 5년 이상의 징역에 처한다.'라고 겁을 주어 함부로 사람을 살해하지 못하도록 하는 기능(위하력)을 한다. 하지만 이를 반대 측면에서 보면 사람의 생명을 보호하는 기능을 했다고 할 수 있다. 바로 이러한 관점에 착안하면 형법은 보호기능保護機能을 한다고 말할 수 있다(보호적 기능). 이때 그 보호의 대상 및 객체가 보호법익인 것이다.

엄밀하게 말하면 보호법익保護法益과 보호객체保護客體는 다르다. 예컨대 살인죄의 보호법익은 생명生命이지만, 보호객체는 사람의 신체身體다. 따라서 "보호객체가 없는 범죄는 있어도 보호법익 없는 범죄는 없다"는 말이 나온다.

(2) 형법각론상 법익에 따른 범죄의 분류

모든 범죄의 구성요건은 보호법익保護法益을 갖는다. 그런데 보호법익은 그 성질상 개인적인 것, 사회적인 것, 국가적인 것으로 나누어 볼 수 있다. 예컨대 절도죄(제329조)와 횡령죄(제355조) 등의 보호법익은 재산으로서 개인적 성질의 것이고, 범죄단체조직죄(제114조)와 소요죄(제115조) 등의 보호법익인 공공의 안전과 평온은 사회적 성질의 것이며, 위증죄(제152조)와 무고죄(제156조) 등의 보호법익인 국가의 사법기능은 국가적 성질의 것이다. 이처럼 형법상 모든 범죄구성요건은 그 보호법익의 성질에 따라 개인적 법익에 대한 죄, 사회적 법익에 대한 죄, 국가적 법익에 대한 죄로 분류될 수 있다.

보호법익이 하나만 아니고 복합적인 범죄도 있다. 예컨대 강도죄(제333조)는 폭행과 협박을 수단으로 하는 것이기 때문에 재산뿐 아니라 신체 또는 의사의 자유도 보호법익이 된다. 이처럼 그 보호법익이 경합競合하는 경우에는 주된 보호법익을 기준으로 분류하게 될 것이다. 그렇다고 해서 종된 보호법익은 무시해도 좋다는 의미는 아니다. 범죄구성요건을 보호법익에 따라 분류하는 것은 단순히 서술의 편의를 위하여서가 아니라 각 범죄의 본질을 이해하고 각 구성요건의 올바른 의미내용을 명확히 하기 위한 기초가 된다는 점을 유념할 필요가 있다.

(3) 형법각론의 체계

형법전 제2편 각칙상의 범죄구성요건도 보호법익을 원칙적 기준으로 하여 분류하고 배열되어 있다. 형법전은 국가적 법익에 대한 죄의 규정부터 출발하여 사회적 법익에 대한 죄, 개인적 법익에 대한 죄의 순서로 배열되어 규정되어 있다. 이는 독일형법의 예에 따라 국가적 법익을 우선적으로 중시하는 사고의 표현으로서 시정될 필요가 있다는 주장이 많다.

실제로 대부분의 형법각론 교과서는 개인적 법익에 대한 죄의 설명부터 시작하여 사회적 법익에 대한 죄, 국가적 법익에 대한 죄의 순서로 설명을 기술한다. 그리고 개인적 법익에 대한 죄는 다시 인격적 법익에 대한 죄와 재산적 법익에 대한 죄로 나누어 설명하고 있다. 이것은 이론적 근거가 있어서라기보다는 재산범에 관하여 설명할 부분이 상당히 많다는 점, 또한 그것이 실생활에 있어서도 상당한 중요성을 지닌다는 측면을 고려하였기 때문이다.

5. 형법각론의 검토

(1) 구성요건의 검토

형법각칙 제24장에서 보듯이 '살인의 죄'에는 제250조 제1항 '살인죄'를 기본적 구성요건으로 하고 그 밖에 여러 유형의 살인의 죄가 규정되어 있다. 뿐만 아니라 여기에는 미수범처벌규정, 예비·음모처벌규정과 자격정지資格停止의 병과에 관한 규정까지 담겨져 있다. 이처럼 제24장의 제목인 '살인의 죄(crimes of homicide)'라는 표현과 제250조 제1항의 죄목인 '살인죄(murder)'라는 표현이 의미하는 바는 같지 않다.[3]

개별적 구성요건의 검토방법은 일반적으로 서론에서는 의의, 보호법익, 보호의 정도를 알아보고, 구성요건에 있어서는 객관적 구성요건 요소로 행위주체, 행위객체, 범죄행위, 기수시기 등을 검토하고, 주관적 구성요건 요소로 고의, 과실, 초과주관적 구성요건요소 등을 검토한다. 위법성 검토에서는 특히 언급할 사항이 있는 경우에 그 조각사유를 알아보고, 기타분야에서는 여타의 특수한 문제(책임조각사유, 공범, 죄수 등)를 다룬다.

(2) 범죄의 기초개념

① 침해범과 위험범

구성요건상 법익에 대한 현실적 침해를 필요로 하는 범죄를 침해범侵害犯이라 하며, 법익이 현실적으로 침해될 필요는 없고, 단지 그 침해의 위험만 있으면 충분하다

---

3) 제24장 살인의 죄에는 제250조(살인, 존속살해), 제251조(영아살해), 제252조(촉탁, 승낙에 의한 살인 등), 제253조(위계 등에 의한 촉탁살인 등), 제254조(미수범), 제255조(예비, 음모), 제256조(자격정지 의 병과)의 죄가 있다.

고 해석되는 범죄를 위험범(危險犯＝위태범)이라 한다.

침해범의 경우에는 법익이 침해되었을 때에 기수既遂에 이르게 되고, 위험범의 경우에는 법익에 대한 위험을 야기되었을 때 기수가 된다. 예컨대 살인죄(제250조)는 침해범으로 해석된다. 즉, 살인죄의 법익인 생명이 침해되어야(사망을 의미) 살인죄는 기수가 된다. 한편, 방화죄放火罪(제164조 이하)는 위험범의 대표적인 예이다. 방화죄는 불을 놓는 행위가 사회적 불안을 야기할지도 모르기 때문에 이러한 행위를 금지하는 것이고, 이를 위반하면 처벌하고자 하는 취지로 해석된다. 즉, 공공의 안전이 침해되었는 가를 판단할 필요 없이 이에 대한 위험이 야기되었다고 여겨지기만 하면 방화죄放火罪는 기수既遂가 된다. 위험범은 다시 추상적 위험범과 구체적 위험범으로 나누어진다.[4]

② 신분범

신분범身分犯이란 구성요건이 행위의 주체에 일정한 신분을 요하는 범죄를 말한다. 즉, 일정한 신분이 있는 자만이 그 범죄의 정범正犯이 될 수 있는 범죄이다. 다만, 신분 없는 자일지라도 그 죄의 정범이 될 수 없으나 공범共犯은 될 수 있다. 여기서 신분身分이란 범인의 인적관계인 특수한 지위나 상태를 말한다.

신분범身分犯에는 진정 신분범(眞正身分犯＝구성적 신분범)과 부진정 신분범(不眞正身分犯＝가감적 신분범)이 있다. 진정 신분범이란 일정한 신분 있는 자에 의해서만 범죄가 성립하는 경우를 말하며, 위증죄(제152조), 수뢰죄(제129조), 횡령죄(제355조)가 여기에 해당한다. 예컨대 수뢰죄의 경우에는 공무원(또는 중재인)이라는 신분을 가진 자만이 이 범죄의 주체가 될 수 있다.

반면에 부진정 신분범이란 신분 없는 자에 의하여도 범죄가 성립할 수는 있지만 신분 있는 자가 죄를 범한 때에는 형이 가중되거나 감경되는 범죄를 말한다. 존속살해죄(제250조 제2항), 영아살해죄(제251조) 등이 그것이다. 사람을 살해하면 살인죄(제250조 제1항)에 해당하지만, 피해자가 자기 또는 배우자의 직계존속인 경우에는 형이 가중된다. 살해의 행위자가 영아(분만 중에 있거나 분만직후의 아기)의 직계존속이라는 신분을 가진 경우에는(제251조) 형이 감경된다.

③ 친고죄와 반의사불벌죄

친고죄親告罪란 예컨대 모욕죄(제311조)의 경우와 같이 이에 대한 공소제기를 위해

---

4) 방화죄에 있어서 현주건조물방화죄(제164조)와 공용건조물방화죄(제165조)는 추상적 위험범이고, 자기소유건조물방화죄(제166조 제2항)와 일반물건방화죄(제167조)는 구체적 위험범이다.

서는 고소권자의 고소가 있을 것을 필요로 하는 범죄를 말한다. 형법상 "……의 죄는 고소가 있어야 공소를 제기할 수 있다(제312조 제1항)"라고 규정되어 있는 범죄가 친고죄이다. 통상 친고죄라고 하면 모욕죄 등이 여기에 해당한다.

반면 반의사불벌죄反意思不罰罪는 피해자가 명시적으로 범인을 처벌하지 말아 달라고 의사표시를 한 경우에는 그 의사에 반해서 공소를 제기할 수 없는 범죄를 말한다. 예컨대 폭행죄(제260조), 명예훼손죄(제307조) 등이 해당한다. 반의사불벌죄라는 사실은 형법상 "……의 죄는 피해자의 명시한 의사에 반하여 공소를 제기할 수 없다(제312조 제2항)"라는 규정을 통해 알 수 있다.[5]

④ 주관적 구성요건요소와 객관적 구성요건요소

범죄성립의 주관적 구성요건요소에는 고의故意 또는 과실過失이 있다. 예컨대 살인죄의 주관적 구성요건 요소는 고의이고, 과실치사죄의 그것은 과실이다. 그러나 고의·과실 외에 목적범의 경우에는 목적, 절도죄(제329조) 등 재산범의 경우에는 불법영득(이득)의사가 별도로 요구된다(초과주관적 구성요건요소). 목적범目的犯이란 내란죄의 경우 '국헌문란의 목적', 위조죄의 경우 '행사의 목적', 영리목적약취유인죄의 경우 '영리의 목적' 등과 같이 구성요건상 고의 이외에 일정한 행위의 목적을 필요로 하는 범죄를 말한다. 예컨대 통화위조죄(제207조: 행사할 목적으로)의 경우에는 화폐를 위조한다. 만일 어느 응용미술을 전공하는 미술학도가 자기의 솜씨를 뽐내기 위해서 만 원짜리 지폐를 그대로 그려 벽에 붙여 놓았다면, 위조의 고의와 행위는 있었으나 '행사할 목적'이 없으므로 본죄는 성립하지 않는다.

객관적 구성요건요소에는 행위의 외적 발생형태를 결정하는 상황을 의미한다. 여기에는 행위주체, 행위객체, 행위태양 및 결과발생, 인과관계 등이 있다.

제 2 절   개인적 법익에 대한 죄

제 1 항   생명·신체에 관한 죄

사람의 생명과 신체는 인간의 존엄과 가치를 기초 짓는 가장 중요한 법익이다.

---

5) 친고죄를 정지조건(停止條件)부 범죄라고 하며 반의사불벌죄를 해제조건(解除條件)부 범죄라고 하기도 한다.

여기에는 제24장 살인의 죄, 제25장 상해와 폭행의 죄, 제26장 과실치사상의 죄, 제27장의 낙태의 죄, 제28장의 유기와 학대의 죄가 있다.

1. 살인의 죄

살인의 죄는 고의로 타인을 살해하는 행위를 내용으로 하는 범죄이다. 살인의 죄는 사람의 생명을 보호법익으로 하는 침해범侵害犯이다. 형법 제24장 '살인의 죄'의 구성을 보면 기본적 구성요건에 해당하는 살인죄(제250조 제1항; murder)와 가감적 구성요건으로서 존속살해죄(제250조 제2항; killing ascendant), 영아살해죄(제251조; infanticide), 촉탁·승낙에 의한 살인죄(제252조 제1항; murder upon request or with consent), 자살교사·방조죄(제252조 제2항), 예비·음모를 처벌하는 규정(제255조)과 자격정지를 병과하는 규정(제256조)이 있다.

존속살해죄尊屬殺害罪는 신분으로 인하여 형이 가중되는 유형이고, 영아살해죄와 촉탁·승낙에 의한 살인죄, 자살교사·방조죄는 형이 감경되는 유형이며, 위계·위력에 의한 살인죄는 살인죄·존속살해죄와 법정형이 같다.

살인죄의 객체는 사람, 즉 생명 있는 자연인自然人이다. 범행당시 살아 있는 사람이기만 하면 살인죄의 객체가 된다. 그러므로 빈사상태에 있는 환자, 기형아, 불구자, 생육의 가망이 없는 영아, 실종선고를 받은 자, 사형의 확정판결을 받은 자, 자살을 결심하고 실행중인 자도 본죄의 객체가 된다. 또한 살인죄의 객체인 '사람'은 범인 이외의 타인을 의미한다.

사람(자연인)의 시기始期인 출생에 관해서는 여러 학설이 제시되어 있다. 진통설陣痛說(형법상 통설·판례), 일부노출설一部露出說, 전부노출설全部露出說(민법상의 통설), 독립호흡설獨立呼吸說이 있다. 위 견해 중 사람의 시기를 파악하는 시점이 가장 빠른 것은 진통설이다. 그러나 제왕절개수술에 의한 분만의 경우에는 의사의 수술 시(자궁절개시)에 사람이 된다(통설).[6]

사람의 종기는 사망死亡이다. 사체死體는 살인죄의 객체가 될 수 없다. 사망을 판정하는 기준에 관해서는 심장의 박동이 영구적으로 정지한 때를 기준으로 하는 맥박종지설이 통설이었다. 그러나 근래에는 뇌사설을 취하는 학자가 늘고 있으며 사회적으로도 대부분 인정하는 분위기이다.[7]

---

6) 대판2005도3832.

7) 뇌사설은 1968년 시드니(sydney)에서 개최된 제22차 세계의사학회에서 채택된 시드니(sydney) 선언에서 사망의 시기를 결정하는 데 가장 유효하고 유일한 기준으로 추천되어 현재 독일에서는 통설의 지위

주관적 구성요건 요소로 살인의 고의故意가 있어야 한다. 그리고 고의는 최소한 미필적 고의만으로도 족하다. 가중적 구성요건인 존속살해죄는 행위의 객체가 자기 또는 배우자(법률상)의 직계존속直系尊屬이라는 특수한 신분관계로 인하여 형이 가중되는 구성요건이다. 부진정 신분범不眞正身分犯이다.

본죄는 살인죄에 비하여 그 형량이 무겁다. 직계비속直系卑屬이라는 이유로 형을 가중하는 것이 위헌違憲이라는 논란도 있으나 아직은 합헌이라는 입장이다.

감경적 구성요건으로 영아살해죄가 있다(제251조). 본죄는 직계존속이 치욕을 은폐하기 위하거나 양육할 수 없음을 예상하거나, 특히 참작할 만한 동기로 인하여 분만 중 또는 분만직후의 영아를 살해함으로써 성립하는 범죄이며, 형법은 이를 살인죄의 감경유형으로 규정하고 있다. 이 규정의 취지는 영아의 생명을 경시하는 것이 아니라 직계존속 특히 산모産母의 범행동기에 특히 참작할 만한 사유가 있기 때문에 형을 감경하는 것이다.

기타 구성요건으로 촉탁·승낙에 의한 살인죄(제252조 제1항), 자살교사·방조죄(제252조 제2항), 위계·위력에 의한 살인죄(제253조)가 있으며, 살인예비·음모죄(제255조), 미수범의 처벌(제254조) 등이 있다.

2. 상해와 폭행의 죄

(1) 의 의

상해傷害와 폭행暴行의 죄(crimes of inflicting bodily injury and violence)는 개인적 법익 가운데서 생명 다음으로 중요한 사람의 신체를 보호하고자 하는 것이다.

기본적 구성요건은 상해죄(제257조 제1항; inflicting bodily injury on other)이며, 이에 대한 가중적 구성요건으로서 존속상해죄(제257조 제2항; inflicting bodily injury on lineal ascendant) 및 중상해죄·존속중상해죄(제258조; aggravated bodily injury on other or on lineal ascendant), 상해치사죄(제259조; death resulting from bodily injury) 및 상습상해죄(제264조; habitual crimes)가 있다.

한편, 폭행의 죄의 기본적 구성요건은 폭행죄(제260조 제1항; crime of violence)이며, 가중적 구성요건으로 존속폭행죄(제260조 제2항), 상습폭행죄(제264조), 특수폭행죄(제261조; special violence) 및 폭행치사상죄(제262조)가 있다. 폭력행위 등 처벌에 관한

를 차지하고 있다. 우리나라에서도 1999년 1월 장기 등 이식에 관한 법률이 제정되어 뇌사자의 장기적출을 규정하고 있다(이재상, 형법각론, 박영사, 2013, p. 16).

법률(약칭 '폭력행위처벌법')은 상해죄와 폭행죄 등에 대한 특별규정을 두고 있다.

(2) 상해의 죄

상해傷害의 죄는 타인의 신체를 침해하는 범죄이다. 사람의 신체의 건강을 보호법익으로 하는 침해범侵害犯이다.

행위의 객체는 사람의 신체, 엄밀히 말하면 타인(자연인)의 신체이다. 자기의 신체에 대한 상해는 원칙적으로 죄가 되지 않기 때문이다. 다만 병역법 제86조나 군형법(제41조 제1항)에는 자상행위自傷行爲를 처벌하는 규정이 있다.

태아胎兒는 본죄의 객체에 해당하지 않는다. 태아에 대한 침해는 모체에 대한 상해8), 또는 낙태죄에 해당할 것이다.

상해행위에 대해서는 다음과 같이 견해가 나뉘고 있다. ① 완전성 침해설; 신체의 완전성에 대한 침해를 상해라고 보는 견해이다. 이 견해에 따르면 신체의 생리적 기능에 손상을 주는 것은 물론이고, 신체의 외관을 변경시키는 것도 상해라고 보게 된다. 예컨대 모발을 절단하는 행위, 손톱·발톱을 깎는 행위까지도 상해에 해당하게 된다. ② 생리적 기능훼손설; 신체의 생리적 기능을 훼손하는 것이 상해라고 보는 견해이다. 신체의 생리적 기능을 훼손한다는 것은 건강을 침해하는 것, 즉 육체적·정신적인 병적 상태를 야기하거나 기존의 병적 상태를 더욱 악화시키는 것을 말한다. 따라서 예컨대 상해에는 반드시 외상이 존재할 필요가 없고 보통과 같은 내과적 질병을 야기 또는 악화시키는 것도 상해에 해당한다. ③ 결합설(절충설); 이 견해는 완전성 침해설을 수정한 견해이다. 생리적 기능을 훼손하는 경우는 물론이지만, 신체의 완전성과 관련하여서는 신체의 외관에 중대한 변경을 초래하는 행위만을 상해에 해당한다고 본다. 따라서 예컨대 여자의 머리를 삭발하는 경우는 외관에 중대한 변경을 초래한 것이므로 상해에 해당하겠지만, 약간의 머리카락이나 손톱·발톱을 잘라내는 행위는 상해라고 볼 수 없고 폭행에 해당한다고 본다. ④ 판례判例 중에는 "상해죄의 성립에는 상해의 고의와 신체의 완전성을 해하는 행위 및 이로 인하여 발생하는 인과관계 있는 상해의 결과가 있어야 한다"라고 하여 완전성침해설에 입각한 것처럼 보이는 판례(대판82도2588)도 있다. 그러나 성병감염, 처녀막파열을 상해에 해당한다고 하고(대판96도2529), 또한 "타인의 신체에 폭행을 가하여 보행불능, 수면장애, 식욕감퇴 등 기능의 장애를 일으킨 때에는 외관상 상처가 없더라도 상해를 입힌 경우에

---

8) 대판2005도3832.

해당한다."라고 판시한 것(대판69도161)으로 보아, 생리적 기능훼손설이 판례의 주류이다. 또한 치료일수를 알 수 없을 정도로 극히 경미한 상해라 하더라도 상해죄의 성립한다(대판83도1667). 그러나 '태아를 사망에 이르게 한 행위는 임부에 대한 상해가 된다고 할 수 없다(대판2005도3832)'라고 판시하고 있다.

피해자의 승낙이 있는 경우에는 원칙적으로 위법성이 조각되지만, 그 승낙이 사회상규社會相規[9]나 공서양속公序良俗에 위배되는 경우[10]에는 위법성이 조각되지 않는다.

중상해·존속중상해죄(제258조)는 상해 또는 존속상해로 인하여 생명에 대한 위험발생, 불구,[11] 불치나 난치의 질병[12]이라는 중한 결과가 발생하여야 한다. 상해치사죄·존속상해치사죄는 사람의 신체를 상해하여 사망에 이르게 함으로써 성립하는 상해죄의 결과적 가중범이다. 본죄가 성립하기 위해서는 상해에 대한 고의가 있어야 하고 더불어 사망의 결과에 대한 예견가능성 또는 과실이 있어야 하며, 상해와 그 결과 간에 인과관계因果關係(절충적 상당인과관계설이 판례와 다수설)가 있어야 한다.

상해죄의 동시범 특례규정으로 형법 제263조(동시범; simultaneous crimes)에서 "독립행위가 경합하여 상해의 결과를 발생하게 한 경우에 있어서 원인된 행위가 판명되지 아니한 때에는 공동정범의 예에 의한다."는, 형법 제19조에 대한 예외를 인정한 것이다. 즉, 2인 이상이 폭행을 가하여 상해의 결과를 발생시킨 경우에 누구의 행위에 의하여 상해의 결과가 발생되었는지를 입증하는 것이 곤란하기 때문에 이 곤란을 구제하기 위해서 정책적으로 예외규정을 둔 것이다. 이 규정은 상해의 결과를 발생시킨 경우에 적용되므로 상해죄와 폭행치상죄에는 당연히 적용된다. 상해치사죄와 폭행치사죄에도 적용되는가에 관해서는 견해가 대립되는데, 대법원은 상해치사죄와 폭행치사에 대해서도 동시범 특례를 적용한다고 하고 있다(대판2000도2466). 그러나 상해·폭행과 그 보호법익을 달리하는 강간치상죄는 적용이 없다(대판84도372)고 한다.

(3) 폭행의 죄

형법상 폭행暴行이란 일반적으로 유형력, 즉 물리력을 행사하는 것을 의미한다. 형법에는 폭행이라는 용어가 여러 곳에서 발견되는데, 그 폭행의 의미가 언제나 똑같은 것은 아니다.

---

9) 여기서의 '사회상규'란 선량한 사회인의 윤리감정을 의미한다.
10) 채무면제의 대가로 하는 상해, 싸움에 의한 상해가 대표적이다.
11) 신체의 전체조직상 중요부분이 절단되거나 그 고유기능이 상실된 경우로 실명, 혀절단, 청력상실, 성기절단 등이 있다.
12) 치료의 가능성이 없거나 현저히 곤란한 질병을 말하며 AIDS감염, 정신병유발, 기억상실증, 척추장애 등이다.

형법상 폭행을 네 가지 유형으로 구분하여 각각의 의미를 정리해보면, ① 최광의의 폭행은 그 대상에 제한이 없다. 일체(사람이나 물건)의 유형력 행사를 의미하며, 소요죄(제115조; riot), 다중불해산죄(제116조; failure of dispersion of masses)상의 폭행은 예이다. ② 광의의 폭행은 '사람'에 대하여 가해진 직접 또는 간접의 유형력 행사로, 공무집행방해죄(제136조; obstruction of performance of official duties), 특수도주죄(제146조; special escape), 강요죄(제324조; coercion)상의 폭행에 해당한다. ③ 협의의 폭행은 '사람의 신체'에 대한 유형력의 행사로서 폭행죄의 폭행이 여기에 해당한다. ④ 최협의의 폭행은 상대방의 반항을 불가능하게 하거나 또는 반항을 현저히 곤란하게 할 정도로 강도 높은 유형력의 행사를 의미하며, 강간죄(제297조; rape), 강도죄(제333조; robbery)의 폭행이 있다.

형법 제260조(폭행; violence) 제1항에는 "사람의 신체에 대하여 폭행을 가한 자는 2년이하의 징역, 500만 원 이하의 벌금, 구류 또는 과료에 처한다."라고 규정하여, 본죄의 폭행은 사람의 신체에 대한 유형력의 행사를 의미하는 것이다(최협의). 따라서 폭언을 수차례 반복하는 것도 폭행에 해당하며, 뺨을 때리거나 침을 뱉는 행위, 모발이나 수염을 자르는 행위, 사람의 신체에 돌을 던졌으나 명중되지 않은 경우에도 폭행에 해당한다.

본죄는 피해자의 명시한 의사에 반하여 공소를 제기할 수 없는 반의사불벌죄이다(제260조 제3항). 그러므로 피해자가 아무런 의사표시를 하지 않는 경우 소추(공소제기)할 수 있으나, 피해자가 처벌을 희망하지 않는다는 의사표시(명시적으로)를 하거나 희망하는 의사표시를 철회한 경우에는 공소를 제기할 수 없다(해제 조건부범죄).

3. 과실치사상의 죄

과실치사상過失致死傷(homicide and injury by negligence)의 죄는 과실로 인하여 사람을 사망에 이르게 하거나 사람의 신체를 상해하는 것을 내용으로 하는 범죄이다. 따라서 보호법익은 사람의 생명(치사죄)과 신체(치상죄)이다. 살인죄나 상해죄가 고의범故意犯인데 대하여 주관적 구성요건요소는 과실過失(negligence)이라는 점에서 구별된다.

기본적 구성요건은 과실치상죄(제266조; bodily injury by negligence)와 과실치사죄(제267조; death by negligence)가 있고, 가중적 구성요건으로는 업무상과실·중과실치사상죄(제268조; death and injury by occupational or gross negligence)가 있다.

형법 제266조 과실치상죄過失致傷罪는 과실로 인하여 사람을 상해에 이르게 함

(inflicts a bodily injury upon another through negligence)으로써 성립하는 범죄이다. 이 범죄행위에 관하여는 민사상의 손해배상에 의하여 피해자의 구제를 도모하는 것으로 충분한 경우가 있으므로 형이 가볍고 또 반의사불벌죄反意思不罰罪로 하였다.

상해의 결과는 과실로 인한 것이어야 한다. 즉, 행위자에게 결과회피를 위한 주의의무가 있고 또한 그것을 준수할 수 있었음에도 불구하고 이를 태만히 한 과실이 있음으로써 성립한다. 과실치사죄는 과실로 인하여 사람을 사망에 이르게 함으로써 성립하는 범죄이다. 과실치사죄는 사망의 결과에 관해서 고의가 없이 단지 과실이 있는 데 그치는 경우이다. 따라서 만일 사망의 원인된 신체상해나 폭행에 관한 인식·인용이 있다면 상해치사죄 또는 폭행치사죄가 성립하고 본죄는 성립하지 않는다. 그리고 본죄는 반의사불벌죄가 아니다.

업무상과실·중과실치사상죄는 자동차사고에서 가장 많이 발견된다. 교통사고처리특례법에는 자동차사고와 관련하여 본죄 중 치상의 경우에는 반의사불벌죄로 하는 등 특별규정을 두고 있다.

제268조의 업무상과실치사상죄業務上過失致死傷罪는 업무자라는 신분관계로 인하여 형법 제266조의 과실상해죄와 제267조의 과실치사죄보다 형이 가중되는 구성요건이다(부진정 신분범).

일반적으로 '업무業務(occupation)란 널리 그 사회생활상의 지위에 기하여 계속적으로 종사하는 사무나 사업'이라고 정의할 수 있다. 업무의 개념을 이처럼 정의할 때 업무의 요건을 분석하면, ① 행위자의 사회생활상의 지위에 기한 것이어야 한다.[13] ② 반복적·계속적으로 행하여져야 한다.[14] ③ 사무여야 한다. 사무는 반드시 영리를 목적으로 할 필요는 없다. 따라서 생활수단으로서의 사회적 활동이 아니라도 사회생활을 유지하면서 계속·반복되는 사무는 업무에 해당한다. 또한 업무는 그것이 행위자의 본래적 사무이건 부차적 사무이건 불문한다.[15]

중과실重過失(gross negligence)이란 주의의무위반의 정도가 현저한 경우, 조금만 주의하였더라면 결과발생을 회피할 수 있었음에도 불구하고 이를 태만히 한 경우이며 사회통념에 의한다(대판79도305).

---

13) 식사, 산책, 수면, 육아, 가사 등 개인적·자연적 생활현상은 업무가 아니다.
14) 의사의 개업첫날 의료사고와 같이 계속·반복의 의사로 행한 단 1회의 의료사고도 업무에 해당한다.
15) 업무상 요구되는 주의의무의 범위를 결정함에 있어서 구체적 사정을 고려하여 본죄의 성립여부에 문제되는 원칙이 자동차운전과 의료사고시의 신뢰의 원칙이다.

4. 낙태의 죄

> * 헌법재판소가 2019년 4월 11일 낙태를 처벌하도록 한 형법 규정(제27장 낙태의
> 죄 제269조 및 제270조)에 대해 헌법불합치 결정을 내리면서, 2020년 12월 31일
> 까지 관련법이 개정되지 않을 경우 낙태죄 규정은 전면 폐지된다.

본죄의 객체는 생명이 있는 태아胎兒이다. 태아란 수정란이 자궁에 착상된 때부터 형법상 사람이 되기 전까지의 생명체를 말한다. 낙태란 자연적인 분만기가 되기 전에 인위적인 수단으로 태아를 모체 밖으로 배출시키거나 모체 내에서 태아를 죽이는 것을 말한다.[16]

태아는 수태 후 사람이 되는 시점까지이며 태아의 시기는 수정란이 자궁점막에 착상한 때이다. 낙태의 수단과 방법에는 제한이 없다. 보호법익은 태아의 생명이 주된 것이고 부차적으로 모체의 생명과 신체의 안전이다.

보호정도는 추상적 위험범이다(다수설). 이에 따르면 태아가 모체 밖으로 배출된 때(협의의 태아)와 모체 내에서 태아를 살해한 때(광의의 태아)에 기수가 된다.

구성요건의 태양으로는 자기낙태죄(제269조 제1항; abortion), 동의낙태죄(제269조 제2항; abortion with consent), 동의낙태치사상죄(제270조 제3항), 업무상동의낙태죄(제270조 제1항; abortion by doctor), 부동의낙태죄(제270조 제2항; abortion without consent)가 있다.

낙태의 위법성이 조각되는 경우로 모자보건법母子保健法은 일정한 경우에 낙태행위의 위법성을 조각하는 규정을 두고 있다. 즉, 이 법은 제14조에서 ① 본인 또는 배우자가 대통령령이 정하는 우생학적 또는 유전학적 정신장애나 신체질환이 있는 경우, ② 본인 또는 배우자가 대통령령이 정하는 전염성 질환이 있는 경우, ③ 강간 또는 준강간에 의하여 임신된 경우, ④ 법률상 혼인할 수 없는 혈족 또는 인척간에 임신된 경우, ⑤ 임신의 지속이 보건의학적 이유로 모체의 건강을 심히 해하고 있거나 해할 우려가 있는 경우에는 인공임신중절수술을 할 수 있다고 규정한다.

이때 그 수술을 의사醫師에 의한 것이어야 하고, 본인과 배우자의 동의를 얻어야 한다(제14조 제1항). 배우자의 사망·실종·행방불명 기타 부득이한 사유로 인하여 동의를 얻을 수 없는 경우에는 본인의 동의만으로 수술을 행할 수 있고(동조 제2항), 본인

---

16) 우리나라의 통설과 판례(대판2003도2780)의 태도이다.

또는 배우자가 심신장애로 의사표시를 할 수 없는 때에는 그 친권자 또는 후견인의 동의로, 친권자 또는 후견인이 없는 때에는 부양의무자의 동의로 각각 그 동의에 갈음할 수 있다(동조 제3항). 또한 수술은 임신한 날부터 28주 이내에 하여야 한다(동법시행령 제15조 제1항).

5. 유기와 학대의 죄

(1) 유기의 죄

유기遺棄의 죄(crimes of abandonment and maltreatment)는 일정한 사정으로 인하여 부조扶助를 요하는 자를 보호할 의무 있는 자가 유기함으로써 성립하는 범죄이다.

유기의 죄는 피유기자의 생명·신체의 안전을 보호법익으로 하고 보호정도는 위험범으로 본다(통설).

구성요건체계로는 유기죄(제271조 제1항)를 기본적 구성요건으로 하고, 존속유기죄(제271조 제2항)를 가중적 구성요건으로, 영아유기죄(제272조)를 감경적 구성요건으로 규정한다. 그리고 중유기죄·존속중유기죄(제271조 제3항, 제4항)와 결과적 가중범인 유기치사상죄·존속유기치사상죄(제275조)를 두고 있다.

유기죄(遺棄罪; abandonment)는 피유기자의 생명·신체의 안전을 보호법익으로 하는 추상적 위험범이다(통설). 그러나 더 나아가 본죄 및 존속유기죄(제271조)와 영아유기죄(제272조)가 구체적 위험범인가 추상적 위험범인가에 대해서는 학설이 대립하고 있으나 후자가 통설通說이다.

본죄의 주체는 부조를 요하는 자를 '보호할 법률상 또는 계약상 의무 있는 자(보호의무자)'이다. 따라서 본죄는 진정 신분범에 해당한다.

'법률상의 보호의무'란 그 의무의 근거가 법령의 규정에 의하는 경우로서 공법이건 사법私法이건 불문한다. 예컨대 경찰관의 보호조치의무(경찰관 직무집행법 제4조), 민법상 부양의무(민법 제974조) 등이다. '계약상의 보호의무'는 그 계약이 유기자와 피유기자 사이의 것이든, 유기자와 제3자 사이의 것이든 상관이 없으며, 또한 반드시 명시적일 필요도 없다. 예컨대 간호사나 보모는 그 사무의 성질상 당연히 보호의무를 지게 된다. 형법은 보호의무의 근거를 법률상·계약상의 의무에 한정하여 규정하고 있는데, 그럼에도 불구하고 해석상으로는 형법이 규정한 법률·계약은 예시적인 것이고 따라서 관습·조리·사무관리 등에 의한 보호의무를 인정하고자 하는 견해가 종래의 통설이었으나 오늘날 다수설多數說과 대법원은 보호의무의 근거는 법률과 계약에

제한된다고 해석하는 입장이다.[17]

본죄가 성립하기 위해서는 행위자가 피해자에 대하여 자기에게 보호의무가 존재한다는 것과 자기의 행위가 이러한 의무를 위반하는 것이라는 인식(최소한 미필적인 고의)이 있어야 한다.

(2) 학대의 죄

학대죄(제273조)는 자기의 보호 또는 감독을 받는 사람을 학대함으로써 성립한다. 이 죄는 사람의 생명·신체의 안전을 보호법익으로 한다. 본죄는 진정 신분범, 경향범, 즉시범이다.

본죄의 주체는 타인을 보호 또는 감독하는 자이다. 그 보호·감독의 근거는 유기죄의 경우와 달리 법령·계약뿐만 아니라 사무관리·관습·조리도 포함한다(통설).

행위자의 보호·감독을 받는 자이면 모두 객체가 되며, 별다른 제한은 없다. 다만 16세 미만의 아동인 경우에는 아동복지법이 적용된다(아동복지법 제2조, 제10조, 제27조 참조). 학대의 개념에 관하여는 육체적인 고통을 조는 처우만을 의미한다는 설과 육체적 고통뿐 아니라 정신적인 고통을 주는 가혹한 행위도 포함한다는 설이 대립한다. 통설과 판례는 육체적·정신적인 고통을 가하는 가혹한 대우를 의미한다(대판2000도223). 구체적인 사례로 의식주의 불공급, 필요한 휴식·수면 불허, 지나치게 빈번한 징계행위 등이며 정도는 양자 간의 구체적인 사정을 검토하여 판단하여야 한다. 구성요건 태양으로는 학대죄(제273조 제1항; cruelty to another)와 존속학대죄(제273조 제2항; cruelty to lineal ascendant)와 아동혹사죄(제274조; hard labor by child) 및 유기 등 치사상죄(제275조)의 규정을 유기의 죄와 같은 장에 두고 있다. 자기 또는 배우자의 직계존속에 대해 학대행위를 한 경우는 형이 가중된다(제273조 제2항).

(3) 아동혹사죄

자기의 보호 또는 감독을 받는 16세 미만의 자를 그 생명 또는 신체에 위험한 업무에 사용할 영업자 또는 그 종업자에게 인도한 자는 5년 이하의 징역에 처한다. 그 인도받은 자도 같다(제274조).

본죄의 보호법익은 아동의 복지권이고 보호정도는 추상적 위험범이고 일종의 진정 신분범이며, 필요적 공범 중에서 대향범에 해당한다.

그 객체는 16세 미만인 자이다. 본인의 동의가 있어도 위법성을 조각하지 않

---

17) 대판76도3419.

는다.

제 2 항 자유에 관한 죄

1. 체포와 감금의 죄

체포逮捕와 감금監禁의 죄(crimes of false arrest and illegal confinement)는 불법하게 사람을 체포 또는 감금하여 개인의 신체적 활동의 자유를 침해하는 것을 내용으로 하는 범죄이다. 즉, 사람의 신체적 활동의 자유, 특히 이전의 자유(장소선택의 자유)를 보호법익으로 한다. 보호정도는 침해범이다.

그리고 이는 피해자가 현실적으로 이전하려 했는가를 따지지 않고, 행위 시에 이전하려 했다면 이전할 수 있었겠는가를 기준으로 판단한다. 따라서 이 자유는 현실적인 자유가 아니라 잠재적 이전의 자유를 의미한다.

본죄의 체포·감금행위는 어느 정도 시간적 계속을 필요로 한다(계속범). 체포·감금(제276조 제1항)에 관하여는 특별형법으로 가중처벌규정이 있다.[18]

기본적 구성요건은 체포·감금죄(제276조 제1항; false arrest, illegal confinement)이고 가중적 구성요건은 존속체포·감금죄(제276조 제2항; false arrest, illegal confinement on lineal ascendant), 중체포·감금죄(제277조; aggravated false arrest, aggravated illegal confinement), 특수체포·감금죄(제278조; special false arrest and illegal confinement), 상습체포·감금죄(제279조; habitual crimes), 체포·감금치사상죄(제281조; death or injury caused by arrest, confinement)가 있다.

본죄의 객체인 자연인의 범위에 관하여는 신체활동의 자유를 가지는 범인이외의 자연인만 본죄의 객체가 된다고 하는 견해가 있다. 단, 일시적으로 활동의 자유를 상실한 상태에 빠졌다고 하더라도 조만간 그 상태에서 벗어나 활동가능성(잠재적 자유)이 있으면 본죄의 객체에 포함시킨다. 따라서 이 견해에 따르면 수면 중에 있는 자, 술에 만취된 자, 정신병자는 본죄의 객체가 되지만, 활동의 자유가 아예 없는 유아의 경우에는 본죄의 객체가 되지 못한다.

행위인 체포逮捕란 사람의 신체에 대하여 직접적이고도 현실적인 구속拘束을 가하여 그의 활동의 자유를 침해하는 것을 말한다. 그 수단과 방법에는 제한이 없다. 그러므로 손발을 묶거나 몸을 붙잡은 등의 유형적 방법에 의하건, 경찰관을 사칭하

---

18) 폭력행위처벌법 제2조, 제3조와 특정범죄가중처벌법 제5조의9가 있다.

거나 협박하는 등의 무형적 방법에 의하건, 그리고 작위作爲나 부작위不作爲 또는 제3자의 행위에 의하건 불문한다. 감금監禁은 사람으로 하여금 일정한 장소 밖으로 나가는 것을 불가능하게 하거나, 현저히 곤란하게 하여 신체적 활동의 자유를 장소적으로 제한하는 것을 말한다. 감금의 수단과 방법에도 제한이 없다. 그러므로 유형·무형의 강제력 행사나 기망의 수단 등에 의해서도 가능하다. 예컨대 출입문을 봉쇄하는 것은 물론이고, 자동차에 태워 질주하는 경우와 같이 생명과 신체에 심한 해를 당할지도 모른다는 공포감을 이용한 경우, 협박하는 경우, 사람의 수치심을 이용하는 경우도 감금의 수단과 방법이 된다.

2. 협박과 강요의 죄

협박脅迫의 죄(crimes of intimidation)는 해악을 고지함으로써 개인의 의사결정의 자유를 침해하는 것을 내용으로 하는 범죄이다. 쉽게 말하면 상대방을 겁먹게 하여 성립하는 범죄이다.

개인의 자유로운 활동의 전제가 되는 정신적 의사의 자유, 즉 개인의 의사결정의 자유를 그 보호법익으로 한다(대판2007도606 전원합의체). 그러므로 본죄는 의사결정의 자유뿐 아니라 행동의 자유까지도 보호하는 강요죄(제324조)와 구별되며, 재산상의 이익을 목적으로 하는 공갈죄(제350조)와도 구별된다. 일반적으로 협박은 강도죄 등 다른 범죄의 수단으로 이용되는 경우가 많은데, 이 경우에 협박행위는 그 범죄에 흡수되어 별도로 협박죄를 구성하지 않는다. 즉, 본죄는 다른 범죄의 구성요건의 일부로 되어 있지 않고 독립된 협박인 경우에 성립한다.

강요强要의 죄는 폭행 또는 협박에 의하여 개인의 의사결정의 자유뿐만 아니라 의사활동의 자유를 침해함으로써 권리행사를 방해하거나 의무 없는 일을 하게 하는 범죄이다.

기본적 구성요건은 협박죄(제283조 제1항; intimidation)이며 가중적 구성요건으로서 존속협박죄(제283조 제2항; intimidation on lineal ascendant), 특수협박죄(제284조; special intimidation), 상습협박죄(제285조; habitual crime)가 있다. 특별형법에 가중처벌규정이 있다.[19]

한편 강요의 죄는 강요죄(제324조; coercion)를 기본적 구성요건으로 하고, 인질강요죄(제324조의2; coercion by hostage), 인질상해·치상죄(제324조의3), 인질살해·치사죄

---

19) 폭력행위처벌법 제2조, 제3조와 특정범죄가중처벌법 제5조의9가 있다.

(제324조의4)와 중강요죄(제326조; aggravated obstruction)가 있다.

권리행사방해의 죄는 재산죄에 속하는 것이고 강요의 죄는 자유를 침해하는 범죄의 하나로서, 이 두 가지 범죄는 보호법익을 서로 달리하기 때문에 강요의 죄가 형법각칙 제37장 권리행사를 방해하는 죄에 배치된 것은 입법 구조상 잘못된 것으로 보인다.

협박脅迫이란 겁먹게 할 목적으로 좋지 않은 일이 있을 것이라는 것(해악을 가하겠다는 것)을 알리는 것을 말한다. 과연 협박이 있었는지 여부는 행위의 유형뿐만 아니라 그러한 행위에 이르게 된 경위, 피해자와의 관계 등 주위상황을 종합적으로 고려하여 판단해야 할 것이다. 해악의 발생시기는 반드시 현재적일 필요는 없으며, 장래에 발생하거나 혹은 조건부해악의 통고인 경우라도 상관없다. 그러나 해악의 발생여부는 통고자의 의사에 달려 있다는 취지로 통고되어야 한다. 행위자의 지배력을 초월해서 발생할 해악을 단순히 전해 주는 것에 불과한 경우, 예컨대 천재지변, 길흉화복 등의 도래를 고지하는 것은 경고이다. 경고는 협박에 해당하지 않는다.

협박죄의 객체에는 범인이외의 자연인을 말하고 법인은 포함되지 않는다(대판 2010도1017). 폭행의 개념과 마찬가지로 형법상 협박이란 용어도 여러 구성요건에 산재되어 있으며, 각 구성요건마다 그 의미하는 바도 다르다.[20] 본죄는 피해자의 명시한 의사에 반하여 공소를 제기할 수 없다(반의사불벌죄). 그리고 강요죄의 행위는 폭행 또는 협박으로 사람의 권리행사를 방해하거나 의무 없는 일을 하게 하는 것이다.

본죄의 '폭행暴行'은 사람에 대한 유형력의 행사로서 반드시 사람의 신체에 가하여 질 필요는 없다(광의의 폭행). 또한 협박은 해악의 고지에 의하여 현실적으로 상대방이 공포심을 일으킬 것을 요한다(협의의 협박). 다만 본죄의 폭행과 협박은 상대방의 반항을 억압하거나 현저히 곤란케 할 정도의 것일 필요는 없다.

'권리행사를 방해한다.'는 것은 법률상 허용된 행위를 하지 못하게 하는 것이다. 예컨대 협박으로써 피해자의 여권을 강제회수하여 해외여행할 권리를 침해한 경우가 이에 해당힌다.

'의무 없는 일을 하게 한다'는 것은 자기에게 아무런 권리도 없고 상대방에게 의

---

20) 협박의 유형으로는 광의의 협박(일반적으로 공포심을 생기게 할 만한 해악의 고지로 공무집행방해죄, 직무강요죄, 특수도주죄, 내란죄, 소요죄, 다중불해산죄의 협박), 협의의 협박(현실적으로 공포심을 느낄 수 있을 정도의 해악고지로 강요죄, 협박죄, 공갈죄, 약취죄의 협박), 최협의의 협박(상대방이 반항을 불가능하게 하거나 현저하게 곤란하게 할 정도의 해악고지로 강도죄, 강간죄의 협박).

무가 없음에도 불구하고 일정한 작위·부작위를 강요하는 것을 말한다. 예컨대 법률
상 의무없는 진술서를 작성하게하거나 폭행 또는 협박으로 계약포기서와 소청취하서
에 날인하게 하는 경우 등이다.

강요죄에 대한 가중적 구성요건인 중강요죄는 제324조(강요)와 제325조(점유강취,
준점유강취)의 죄를 범하여 사람의 생명에 대한 위험을 발생하게 한 경우에 형이 가중
되는 결과적 가중범이다. '사람의 생명에 대한 위험을 발생하게 한다.'는 것은 생명에
대한 구체적인 위험의 발생을 의미한다.

그리고 인질강요죄(제324조의2)와 결과적가중범인 인질상해·치상죄(제324조의3)와
인질살해·치사죄(제324조의4)가 있다.

3. 약취와 유인 및 인신매매의 죄

약취와 유인 및 인신매매의 죄(crimes of trafficking in persons)는 사람을 약취·유인
또는 매매하여 자기 또는 제3자의 실력적 지배하에 옮김으로써 개인의 자유를 침해
하는 것을 내용으로 2013. 4. 15.에 많이 개정된 분야의 범죄이다.[21] 피인취자의 자유
를 주된 보호법익으로 하고, 피인취자가 미성년자이거나 정신병자 등 인 때에는 친
권자나 기타 보호감독자의 감호권도 부차적인 보호법익이 된다고 보는 것이 통설이
다. 따라서 미성년자가 유인에 의해 스스로 가출한 경우, 미성년자의 동의가 있다고
하더라도 보호감독자의 동의가 없는 한 미성년자 약취·유인죄(제287조)가 성립한다.

기본적인 구성요건으로는 미성년자 약취·유인죄(제287조; kidnapping of minor)와
추행·간음·결혼·영리·노동력착취·성매매와 성적착취·장기적출 및 국외이송목적
약취·유인죄(제288조), 인신매매죄(제289조; trafficking in persons), 약취·유인·매매·이
송 등 상해·치상죄(제290조), 약취·유인·매매·이송 등 살해·치사죄(제291조), 약취·
유인·매매·이송된 사람의 수수·은닉죄(제292조)가 있다. 약취·유인·매매된 사람의
수수 또는 은닉죄(제292조 제1항)는 방조에 해당하는 행위를 독립된 범죄로 특별히 규
정한 것이다.

---

21) 우리나라가 UN의 인신매매, 특히 부녀와 아동매매의 방지와 처벌을 위한 「인신매매방지의 의정서」
에 서명한 데 따라, 국제조직범죄에 대한 효율적인 투쟁과 처벌을 가능하게 하기 위한 입법으로 주
된 개정 내용은 장명을 '약취·유인 및 인신매매의 죄'로 고치고, 약취·유인 및 인신매매의 목적으로
결혼·노동력 착취·성매매와 성적 착취·장기적출의 목적을 추가하고, 결합범과 결과적 가중범으로서
약취·유인·매매 및 이송 등 상해·치상죄(제290조)와 동 살인·치사죄(제291조)를 신설하면서, 상습
범 가중규정과 친고죄에 관한 규정을 삭제하였다. 본장의 죄에 대하여는 세계주의가 적용된다(제296
조의2). 따라서 외국인이 외국에서 본장의 죄를 범한 경우에도 형법이 적용된다.

형법은 제287조부터 제289조까지, 제290조 제1항, 제291조 제1항과 제292조 제1항의 미수범을 처벌하며(제294조), 제287조부터 제289조까지, 제290조 제1항, 제291조 제1항과 제292조 제1항의 예비와 음모를 벌하고 있다(제296조).

본장의 죄 중에서 "제287조부터 제290조까지, 제292조와 제294조의 죄를 범한 사람이 약취, 유인, 매매 또는 이송된 사람을 안전한 장소로 풀어준 때에는 그 형을 감경할 수 있다"고 제295조의2에 형의 임의적 감경규정을 두고 있다(소위 해방감경규정). 또한 제296조의2에서 "제287조부터 제292조까지 및 제294조는 대한민국 영역 밖에서 죄를 범한 외국인에게도 적용한다."라고 하여 형법의 세계주의를 규정하고 있다.

미성년자 약취·유인죄의 객체는 미성년자_{未成年者}이다. 여기의 미성년자는 형사미성년자(만14세 미만자)가 아니고 민법상의 미성년자인 만19세 미만의 자를 의미한다(민법 제4조). 민법이 성년의제제도(민법 제826조의2)를 채택하여 미성년자가 혼인한 경우에 성년으로 간주한다는 부분에서 본죄의 객체에서 제외되는 가가 문제이나, 성년의제는 민법상 부부의 혼인생활독립의 요청에서 오는 것이므로, 이러한 입법취지를 본죄의 보호법익과 대비하여 볼 때 형법에 그대로 적용하기는 곤란하다. 따라서 미성년자가 혼인한 경우에도 본죄의 객체가 된다고 하는 것이 타당하다.

행위인 약취·유인이란 사람을 자유로운 생활관계 내지 보호관계로부터 자기 또는 제3자의 실력적 지배하로 옮기는 것을 말한다. 약취는 폭행 또는 협박을 그 수단으로 한다. 약취행위의 수단인 폭행·협박의 정도는 상대방을 실력적 지배하에 둘 수 있을 정도이면 족하고, 반드시 상대방의 반항을 억압할 정도의 것임을 요하지는 않는다(대판91도1184).

특별형법은 미성년자 약취·유인죄를 범한 자에 대하여 그 약취·유인의 목적 및 범죄 후의 행위유형에 따라 가중처벌하는 규정(특정범죄처벌법 제5조의2 제1항, 제2항)을 두고 있기 때문에 본죄가 적용될 여지는 거의 없게 되었다. 또한 본죄에 대한 방조(동조 제3항), 본죄의 범인에 대한 은닉·노피(농소 세/항), 예비·음모(동조 제8항) 등에 관한 특별규정을 두고 있다.

4. 강간과 추행의 죄

강간과 추행의 죄는 개인의 인격적 법익으로서의 성적 자유, 즉 성적 자기결정의 자유를 침해하는 범죄이다.

기본적 구성요건은 강제추행죄(제298조; indecent act by compulsion)이며, 불법이 가중된 구성요건으로 강간죄(제297조; rape)와 유사강간죄(제297조의2; imitative rape)[22]가 있고, 결과적 가중범으로 강간 등·강제추행상해·치상죄(제301조; injury resulting from rape)와 강간 등·강제추행살인·치사죄(제301조의2; death resulting from rape)가 있다. 기타 준강간·강제추행죄(제299조; quasi-rape, quasi-indecent act by compulsion) 및 미성년자에 대한 간음·추행[의제강간·강제추행죄(제305조; sexual intercourse or indecent act with minor)]은 강간죄·강제추행죄에 준하여 처벌하는 독립된 구성요건이며, 미성년자 등 간음죄(제302조; sexual intercourse with minor, etc.), 업무상위력에 의한 간음죄(제303조 제1항; sexual intercourse by abuse of occupational authority, etc.), 피구금자간음죄(제303조 제2항)는 그 객체와 침해방법 및 부차적 보호법익 등을 고려하여 독립적으로 마련한 구성요건이다. 위 죄들과 관련하여 성폭력범죄의 처벌 등에 관한 특례법(약칭 '성폭력처벌법')에 광범위한 특별규정을 두고 있으며, 2013. 6. 19.일자로 형법의 일부가 개정·발효되었다.[23]

강간 등 죄의 주체에는 제한이 없다. 따라서 남녀 모두 주체가 된다. 강간죄의 객체는 형법개정으로 '사람'이다. 기혼, 미혼, 성년, 미성년을 불문하며, 음행의 상습 유무도 묻지 않으므로 매춘부, 매춘남도 본죄의 객체가 될 수 있으며 행위자와 성관계를 맺고 있던 자도 객체가 될 수 있다.

자기의 처妻도 강간죄의 객체가 될 수 있느냐에 대하여는 종래에는 부부간의 특수성을 고려하여 이를 부정하는 견해가 판례와 다수설의 견해이었으나, 2013. 5. 16. 대법원 전원합의체 판결에 의하여 "실질적인 혼인관계가 유지되고 있다고 해도 폭행이나 협박으로 배우자를 간음한 경우는 강간죄가 성립한다."라고 판시하였다.[24] 따라서 배우자라고 해서 폭행·협박으로 강간한 행위를 언제나 불가벌로 한다는 것은 성적 자기결정권을 침해하는 사고방식이라 할 수 있다. 남편의 처에 대한 강간도 구체적인 경우에 따라서는 본죄가 성립한다고 보아야 할 것이다.

한편 성전환수술을 받고 여자가 된 사람이 본죄의 객체가 될 수 있는가에 대하여 생물학적 성에 고정하는 사고에서 탈피하여 사회적인 성으로 인정하는 추세임과

22) 2012.12.18. 신설된 죄로 유사강간이라 함은 사람에 대하여 구강·항문 등 신체(성기를 제외한다)의 내부에 성기를 넣거나 성기·항문 등에 손가락 등 신체(성기를 제외한다)의 일부 또는 도구를 넣는 행위를 말한다.
23) 주요한 내용으로는 '유사강간죄'가 신설되었으며, 범죄객체가 '부녀'에서 '사람'으로, '친고죄'에서 '비친고죄'로 바뀌었다.
24) 대판2012도14788 전원합의체.

동시에, 형법개정으로 인하여 이러한 객체(사람)의 논의는 무의미하게 되었다.

　본죄의 행위는 폭행 또는 협박의 수단에 의하여 사람을 강간하거나 유사강간하는 것이다. 강간 등 죄의 폭행·협박은 피해자의 반항을 불가능하게 하거나 현저히 곤란하게 할 정도의 것이어야 한다(최협의). 폭행·협박이 피해자의 항거를 불능하게 하거나 현저히 곤란하게 할 정도의 것이었는지 여부는 그 폭행·협박의 내용과 정도는 물론이고 유형력을 행사하게 된 경위, 피해자와의 관계, 성교 및 유사성행위 당시의 정황 등 제반 사정을 종합하여 판단하여야 한다.

　본죄의 기수시기에 관하여는 삽입설과 만족설로 나뉜 적이 있었으나, 현재에는 사람의 성기(성기 이외 물질 등)가 사람의 성기(성기 이외의 구강·항문 등)에 들어가기 시작하는 순간에 기수가 된다는 데에 견해가 일치한다. 강간 등 죄의 본질은 행위자의 성욕만족을 금하는 데에 있는 것이 아니라 사람의 성적 자유에 대한 침해 즉 성적 자기결정권침해를 처벌하는 데 있기 때문이다. 따라서 유사강간행위에 있어서도 신체의 내부에 성기를 넣거나 성기·항문에 손가락 등 신체의 일부 또는 도구를 넣는 행위를 한 때에 기수가 된다.

　개정으로 강간 등 죄는 과거의 친고죄親告罪에서 비친고죄로 되었다. 따라서 고소가 없는 경우에도 공소제기가 가능하다. 성폭력처벌법은 특수강간(제6조), 친족관계에 의한 강간(제7조)에 대하여는 이미 비친고죄로 하고 있었다.

　강제추행죄는 폭행·협박으로 사람에 대하여 추행하는 것이다. 본죄의 폭행·협박의 개념은 그 정도에 있어서 강간죄보다는 넓게 인정한다. 추행醜行이란 일반인의 성적 수치심이나 혐오감을 일으키는 음란행위를 말한다. 준강간·준강제추행죄의 행위는 사람의 심신상실 또는 항거불능의 상태를 이용하여 간음 또는 추행하는 것이다. 심신상실이란 정신기능의 장애로 말미암아 정상적인 판단능력을 잃고 있는 상태를 말한다. 무의식 내지 인사불성 상태뿐만 아니라 수면 중이거나 주취 중인 경우를 포함한다. 백치인 사람의 사실상의 동의를 얻어 간음·추행하더라도 본죄에 해당한다. 항거불능의 상태란 심신상실 이외의 원인으로 심리적·물리적으로 반항이 불가능한 경우를 말한다. 예컨대 의사를 신뢰한 환자에 대하여 치료를 가장하여 간음·추행하는 경우, 누군가에 의해 꽁꽁 묶여 있는 상태의 사람을 간음·추행하는 경우는 본죄에 해당한다. 그리고 형법은 13세 이상의 사람과의 화간和姦행위에 대해서는 간섭하지 않는다. 그러나 13세 미만의 사람에 대해서는 그의 동의를 얻어 간음한 경우도 처벌한다. 13세 미만의 사람은 간음에 대한 동의능력이 없다고 본 것이다. 행위자는 피해자가 13세 미만의 자임을 인식하여야 한다. 만일 13세 미만으로 인식하였지만 실제로 13세 이상인 경우(사실의 착오)는 본죄에 해당하지 않는다.

제 3 항 명예와 신용·업무·경매에 관한 죄

1. 명예에 관한 죄

명예名譽에 관한 죄(crimes against reputation)는 공연公然히 사실을 적시하여 사람의 명예를 훼손하거나 사람을 모욕하는 것을 내용으로 하는 범죄이다.

본 장 죄의 보호법익은 명예이다. 여기서 말하는 명예란 사람의 가치에 대한 사회적 평가이다(외적 명예; 통설과 판례[25]). 따라서 형법이 보호하려고 하는 명예는 반드시 진실과 합치할 필요는 없다.

명예에 관한 죄가 성립하기 위해서는 피해자의 명예가 실제로 침해받아 저하될 필요는 없다. 따라서 본장의 죄는 추상적 위험범이다.

명예훼손죄(제307조 제1항; defamation)를 기본적 구성요건으로, 허위의 사실을 적시하였을 경우(제307조 제2항)와 출판물에 의한 명예훼손죄(제309조; defamation through printed materials)에는 형을 가중한다. 사자死者명예훼손죄(제308조; defamation of dead person)와 모욕죄(제311조; insult)는 독립된 구성요건이다.

제307조 제1항의 명예훼손죄에 대해서는 특수한 위법성조각사유(제310조)가 있다. 사자명예훼손죄와 모욕죄는 친고죄이며, 명예훼손죄와 출판물에 의한 명예훼손죄는 반의사불벌죄이다.

명예훼손죄의 객체客體는 사람의 명예(외적명예)이다. 명예의 주체인 사람에는 자연인뿐만 아니라 법인도 포함된다. 판례는 법인격을 가진 단체에 한정하는 취지로 판시하였으나, 사회적으로 독립한 실체로서 활동하고 있는 이상 '법인격이 없는 단체'라도 명예의 주체가 된다고 생각한다.

주체는 특정特定되어야 한다. 단지 막연하게 서울시민 또는 경기도민이라는 식으로 막연하게 표시해서는 본죄는 성립하지 않는다. 그렇다고 해서 피해자의 성명을 명시해야 하는 것은 아니고, 그 표현의 내용을 주위사정과 종합 판단하여 어느 특정인을 지목하는 것인가를 알아차릴 수 있으면 충분하다.[26]

---

25) 대판87도739.
26) "집합명사를 쓴 경우에도 그것에 의하여 그 범위에 속하는 특정인을 가리키는 것이 명백하면, 이를

명예의 내용은 사회생활에서 인정되는 모든 가치價値를 포함한다. 단, 사람의 지불능력 및 지불의사에 대한 경제적 평가도 명예의 내용이 되지만 이는 신용훼손죄(제313조)의 보호법익으로 따로 규정하고 있으므로 본죄의 명예에서는 제외시켜야 한다. 그리고 명예는 긍정적·적극적 가치이어야 한다.

본죄의 행위는 '공연公然히 사실을 적시'하거나 '공연히 허위의 사실을 적시하여 명예를 훼손'하는 것이다. 공연성公然性이란 불특정 또는 다수인이 인식할 수 있는 상태를 뜻한다(통설·판례[27]). 불특정인이란 상대방이 행위자와의 특정한 관계에 의해서 한정된 자가 아니라는 뜻이다. 행위 시에 상대방이 누구인지 구체적으로 특정되어 있지 않다는 의미가 아니다. 다수인多數人이란 숫자적으로 몇 명 이상이라고 한정할 수는 없으나 상당한 인원수임을 요한다.

불특정不特定 또는 다수인이 '인식할 수 있는 상태'의 의미에 관하여 판례는 이른바 '전파성傳播性의 이론'을 취하고 있다. 즉, 명예훼손죄의 공연성은 불특정 또는 다수인이 인식할 수 있는 상태를 의미하므로, 비록 개별적으로 한 사람에 대하여 사실을 유포하였다 해도 이로부터 불특정 또는 다수인에게 전파될 가능성이 있다면 공연성의 요건을 충족한다.[28]

전파성이론은 공연성의 범위를 확대하여 표현의 자유를 지나치게 제한하고 있고, 이에 의하면 본죄의 성립여부가 상대방의 전파의사에 따라 좌우될 수 있으므로 불합리하며, 본죄가 위험범이라는 점과 공연성이 본죄의 행위의 태양이라는 점을 서로 혼동하여 공연성에 전파가능성을 요구하고 있다는 비판을 받는다. 따라서 공연성은 불특정 또는 다수인이 직접 인식할 수 있는 상태를 의미한다고 보는 것이 타당하다고 본다.

'사실의 적시'란 사람의 사회적 평가를 저하시키는 데 충분한 구체적 사실을 가리키는 것을 말한다. 이를 적시하지 않고 단지 모멸적인 언사를 사용하여 타인의 사회적 평가를 경멸하거나 자기의 추상적 판단을 표시하는 것은 사람을 모욕한 경우에 해당할 뿐이다. 적시되는 사실은 피해자의 사회적 지위 또는 가치를 침해할 수 있을 만한 성질의 것이면 무엇이든지 상관이 없으나 구체성을 띠어야 한다.

적시의 방법은 반드시 직접적일 필요는 없고 간접·우회적인 표현으로도 가능

각자의 명예를 훼손한 행위라고 볼 수 있다(대판99도5407)."
27) 대판99도5622.
28) 판례의 입장도 같다(대판2010도2877).

하다.

허위의 사실을 적시하는 경우에는 제2항에 의하여 형이 가중된다. 본죄가 성립하기 위해서는 행위자에게 미필적으로라도 사람의 명예를 훼손하게 되리라는 인식·예견, 즉 미필적 고의가 있으면 족하며, 사람의 명예를 훼손할 목적이나 기타의 동기는 묻지 않는다.

본장의 죄에 대한 위법성조각사유로는 일반적인 조각사유인 피해자의 승낙(제24조)과 정당행위(제20조; 검사의 기소요지 낭독, 증인의 증언, 변호인의 변호권행사 등)가 있고, 특별한 조각사유로 형법 제310조에 의한("제307조 제1항의 행위가 진실한 사실로서 오로지 공공의 이익에 관한 때에는 처벌하지 아니한다.") 경우가 있다.

2. 신용·업무와 경매에 관한 죄

신용·업무와 경매에 관한 죄(crimes against credit, business and auction)는 사람의 신용을 훼손하거나 업무를 방해하거나 또는 경매와 입찰의 공정성을 침해하는 것을 내용으로 하는 범죄로서, 신용훼손죄(제313조; injuring credit), 업무방해죄(제314조 제1항; interference with business), 컴퓨터이용 등 특수업무방해죄(제314조 제2항) 및 경매와 입찰방해죄(제315조; interference with auction or bidding)로 구성되어 있다.

신용훼손죄(제313조)의 보호법익은 '신용', 즉 경제적 측면에서 본 사람에 대한 사회적 평가이다. 보호정도는 추상적 위험범이며, 행위의 객체는 사람의 신용이다. 사람에는 자연인 외에 법인과 법인격 없는 단체를 포함한다. 신용信用이란 사람의 경제적 지위에 대한 사회적 평가, 즉 사람의 지급능력 또는 지급의사에 대한 사회적 신뢰를 말한다. 행위인 '허위의 사실을 유포한다는 것'은 객관적 사실과 서로 다른 사항을 내용으로 하는 사실을 불특정 또는 다수인에게 전파시키는 것을 말한다. 진실한 사실이나 단순한 의견이나 가치판단을 표시하는 것은 이에 해당하지 않는다.

위계僞計란 사람을 착오에 빠지게 하여 그 판단을 그릇되게 하는 일체의 수단을 의미한다. 신용을 훼손한다는 것은 사람의 지급능력 또는 지급의사에 관한 사회적 신뢰를 저하 하는 상태를 야기시키는 것을 말한다. 그러나 추상적 위험범이므로 현실로 신용훼손의 결과가 발생하여야 기수가 되는 것은 아니다.

업무방해죄(제314조)는 업무활동의 자유를 보호법익으로 한다. 본죄의 업무(業務)란 직업 또는 사회생활상의 지위에 기하여 계속적·반복적으로 종사하는 사무나 사업을 말한다. 업무는 경제적인 것에 한하지 않는다. 주된 업무만이 아니라 부수적인 업무도 포함되지만, 계속하여 행하는 사무가 아닌 일회적인 사무는 본죄의 업무에 해당되지 않는다. 또한 본죄의 업무는 타인의 위법한 침해로부터 보호할 가치 있는 것이면 되고, 그 업무의 기초가 된 계약 또는 행정행위 등이 반드시 적법하여야 하는 것은 아니다.

허위사실의 유포는 위계의 한 예이다. 위력威力이란 사람의 의사를 제압하기에 족한 세력을 말한다. 현실적으로 피해자의 자유의사가 제압될 것을 요하는 것은 아니다(대판99도495). 파업罷業 등 쟁의행위가 위력에 의한 업무방해죄에 해당한다.[29]고 보는 것이 통설적 견해이다.

업무방해행위는 정당방위(제21조), 긴급피난(제22조), 자구행위(제23조), 피해자승낙(제24조), 정당행위(제20조)로 위법성이 조각되고 정당한 쟁의행위도 위법성을 조각한다.

제 4 항 사생활의 평온에 관한 죄

1. 비밀침해의 죄

비밀침해의 죄(crimes of violation of secrecy)는 개인의 비밀(privacy)을 침해하는 것을 내용으로 하는 범죄이다. 그 보호법익은 개인의 비밀이다. 따라서 비밀의 주체는 '개인'이어야 하기에 국가나 공공단체는 제외된다. 보호정도는 제316조 제1항은 추상적 위험범이며 제316조 제2항은 침해범이며 제317조의 업무상비밀누설죄는 추상적 위험범이다(다수설).

본장에는 비밀침해죄(제316조; violation of secrecy)와 업무상 비밀누설죄(제317조; occupational disclosure of other's secrets)의 두 종류가 있고, 모두 친고죄로 되어 있다.

특별형법으로 우편법과 정보통신망이용촉진 및 정보통신 등에 관한 법률(약칭: 정보통신망법), 통신비밀보호법이 있다.

비밀침해죄秘密侵害罪의 객체는 '봉함이나 비밀장치한 타인의 편지·문서·도화·전자기록 등 특수매체'이다. 편지는 특정인으로부터 다른 특정인에게 의사를 전달하는 문서를 말하며, 반드시 우편물일 필요는 없다. 문서는 편지 이외의 것으로서 문자 기타의 발음부호로 특정인의 의사를 표시한 것이고, 도화는 그림에 의하여 사람의 의

---

29) "업무방해란 업무의 집행자체를 방해하는 것은 물론이고 널리 업무의 경영을 저해하는 것도 포함한다(대판98도3767)."

사가 표시되어 있는 것을 말한다. 봉함이란 예컨대 봉투를 풀로 붙인 것과 같이 그 겉껍질을 훼손하지 않고는 쉽사리 그 내용을 알 수 없게 한 것을 말하며, 비밀장치란 봉함 외의 외표를 만들어 쉽사리 그 내용을 알 수 없게 만든 일체의 장치를 말한다. 이와 같은 봉함 또는 비밀장치가 없는 것에 대해서는 본죄가 성립하지 않는다.

특수매체기록에는 전자기록 이외에 전기적 기록이나 광기술을 이용한 기록을 포함한다. 녹음테이프·녹화필름·컴퓨터디스크 등에 수록된 비밀에 대해서도 형법의 보호가 미칠 수 있도록 새로 도입한 객체이다.

종전에는 행위유형으로서 개봉하는 것만을 규정하였으나, 현행형법은 기술적 수단을 이용하여 내용을 알아내는 것을 포함시켰다. 개봉이란 봉함 기타 비밀장치를 훼손하여 편지나 문서 또는 도화의 내용이 공개될 수 있는 상태에 두는 것을 말한다. 그러므로 구 형법에 의할 때에는, 예컨대 투시와 같은 방법으로 내용을 알아내는 것은 본죄에 해당하지 않았다. 그러나 이제 이는 기술적 수단을 이용하는 것에 해당한다.

본장의 죄는 친고죄(제318조)이기 때문에 누가 고소권자가 되는가의 문제는 누가 본죄의 피해자가 되는가의 문제가 된다. 도달到達의 전후를 불문하고 발신인과 수신인이 모두 피해자라는 설이 다수설이다.

업무상비밀누설죄의 주체는 본문에 열거列擧되어 있는 자에 한하고(제한적 열거) 일반인에 대하여는 범죄가 성립하지 않는다(진정 신분범).[30] 다만 공무원 또는 공무원이었던 자가 법령에 의한 직무상의 비밀을 누설한 때에는 공무상 비밀누설죄(제127조)에 해당된다.

본죄의 객체는 업무처리상 지득한 사람의 비밀이다. 비밀은 그 업무처리 중 또는 업무상 지득한 것이어야 한다. 업무와 관계없이 알게 된 것에 대해서는 본죄가 성립하지 않는다. 행위는 비밀을 누설漏泄하는 것이다. 누설이란 그 비밀사항을 타인에게 알게 하는 것이다. 비밀의 누설은 상대방에게 도달한 때에 기수가 된다(도달주의). 반드시 상대방이 현실적으로 그 내용을 알아야만 기수가 되는 것은 아니다.

2. 주거침입의 죄

본장의 죄는 사람의 주거住居, 관리하는 건조물, 선박이나 항공기 등 일정한 장소

---

30) 업무상비밀누설죄의 주체로는 "의사, 한의사, 치과의사, 약제사, 약종상, 조산사, 변호사, 병리사, 공인회계사, 공증인, 대서업자나 그 직무상 보조자 또는 차등의 직에 있던 자(제317조 제1항)와 종교직에 있는 자 또는 있던 자(동조 제2항)"이다.

의 평온을 침해 내지 위협하는 행위를 내용으로 하는 범죄이다.

본죄의 보호법익에 관하여는 두 가지 입장이 있으나, 본죄의 보호법익을 권리로서의 주거권이 아니라 사실상의 주거의 평온이라고 해석하는 견해, 즉 주거에 대한 공동생활자 모두의 사실상의 평온이라고 보는 사실상 평온설이 타당하다고 본다. 판례도 "형법상 주거침입죄의 보호법익은 주거권이라는 법적 개념이 아니고 사적 생활관계에 있어서의 사실상 주거의 자유와 평온으로서, 그 주거에게 공동생활하고 있는 전원이 평온을 누릴 권리가 있다고 할 것"이라고 하여 사실상의 평온설에 입각해 있다.[31]

본장의 죄는 주거침입죄(제319조 제1항; intrusion upon habitation)와 퇴거불응죄(제319조 제2항; refusal to leave)와 가중적 구성요건으로서 특수주거침입죄(제320조; special intrusion upon human habitation) 및 독립구성요건으로 주거·신체수색죄(제321조; illegal search of human habitation and body)를 규정하고 있다. 본장의 죄의 미수범은 처벌한다(제322조; attempts).

주거침입과 퇴거불응(제319조)과 관련하여 폭력행위처벌법은 이 죄를 상습적으로 범하거나, 야간 또는 2인 이상이 공동하여 범한 때(제2조 제1항, 제2항)는 가중처벌하며, 또한 단체나 다중의 위력으로써 또는 단체나 집단을 가장하여 위력을 보임으로써 본죄를 범하거나 흉기 기타 위험한 물건을 휴대하여 본죄를 범한 경우(제3조 제1항), 이를 야간에(제3조 제2항) 또는 상습적(제3조 제3항)으로 범한 경우에는 특별가중처벌규정을 두고 있다.

주거침입죄의 객체는 사람의 주거, 관리하는 건조물, 선박이나 항공기 또는 점유하는 방실이다. 사람의 주거란 사람이 일상생활을 영위하기 위하여 점거하는 장소를 말한다. 주거住居는 그 설비·구조의 여하를 불문하므로 천막·판잣집·토굴이라도 사람이 일상생활의 영위를 위해 거주하는 경우에는 주거에 해당한다.

관리하는 건조물·선박·항공기에서 관리管理란 사실상 지배하는 것을 의미한다. 함부로 타인이 침입하는 것을 방지할 만한 인적·물적 설비를 갖추어 둔 것이라야 한다.

건조물建造物이란 주거 또는 저택을 제외한 일체의 건물로서 그 주위를 둘러싼 지역을 포함한다.[32]

---

31) 대판94도2561; 대판2007도11322.
32) 건조물의 대표적인 예로 공장, 창고, 극장, 백화점, 관공서의 청사, 역사, 학교, 폐쇄된 별장 등이

점유하는 방실傍室이란 건조물 내에서 사실상 지배·관리하는 일구획, 예컨대 건물내의 사무실, 점포, 연구실이나 여관의 방과 같은 것을 의미한다.

행위는 침입侵入하는 것이다. 침입이란 주거자(관리자 또는 점유자)의 의사에 반해서 주거 등에 들어가는 행위를 말한다. 주거자의 의사는 반드시 명시적일 필요는 없고, 묵시적인 경우에도 주위사정으로 미루어 인식될 수 있으면 충분하다.

침입은 주거자 등의 의사에 반하여 들어가는 것이므로 주거자 등의 승낙 또는 추정적推定的 승낙이 있는 경우에는 행위의 위법성이 조각되어 범죄는 성립하지 않는다.[33]

남편의 부재중 불륜관계를 목적으로 처의 승낙 하에 주거에 들어간 경우에 관하여, 판례는 "복수의 주거권자가 있는 경우 한 사람의 승낙이 다른 거주자의 의사에 직접·간접으로 반하는 경우에는 그에 의한 주거에의 출입은 그 의사에 반한 사람의 주거의 평온, 즉 주거의 지배·관리의 평온을 해치는 결과가 된다."라고 하여 주거침입죄를 인정한다(대판83도685).

본죄의 기수시기에 관하여 판례는 주거의 평온을 해할 수 있는 정도에 이를 정도이면 신체의 일부만 주거 안으로 들어갔더라도 기수가 된다고 한다.

퇴거불응죄(제319조 제2항)는 일단 적법하게 주거에 들어간 자가 퇴거요구를 받고도 나가지 않는 경우에 성립한다.[34] 진정 부작위범(부작위범을 부작위로 실현한 범죄)의 일종이다. 주거자의 의사에 반하여 들어온 사람이 퇴거요구를 받고도 나가지 않는 경우에는 주거침입죄만 성립한다. 퇴거요구는 공·사법상의 권리에 의하여 제한되는 경우가 있다. 예컨대 음식점에 들어와서 식사하고 있는 사람은 식사를 마칠 때까지 퇴거요구에 응할 필요가 없다.

특수주거침입죄(제320조)는 단체 또는 다중의 위력을 보이거나 위험한 물건을 휴대하여 주거침입죄와 퇴거불응죄를 범한 때 성립하는 불법이 가중된 유형이다.

있다.

[33] 동의를 얻은 자에게 범죄목적과 같은 위법한 목적이 있는 경우는 주거침입죄가 성립하나 증뢰목적으로 공무원의 집을 방문하는 경우처럼 범죄목적은 있지만 동의권자의 진지한 동의가 있는 경우는 주거침입죄가 되지 않는다.

[34] 퇴거요구는 1회로도 충분하고 명시적·묵시적을 불문한다.

제 5 항 재산적 법익에 대한 죄

1. 기초개념

(1) 재산죄의 분류

재산죄는 재산권財産權을 침해하는 범죄이다.[35] 형법은 재산죄로 절도와 강도의 죄(제38장; crimes of larceny and robbery), 사기와 공갈의 죄(제39장; crimes of fraud and extortion), 횡령과 배임의 죄(제40장; crimes of embezzlement and breach of trust), 장물에 관한 죄(제41장; crimes of acquiring stolen property), 손괴의 죄(제42장; crimes of destruction and damage), 그리고 권리행사를 방해하는 죄(제37장; crimes of obstructing another from exercising his right)로 분류하여 규정하고 있다.

재산에 관한 범죄의 분류는 우선 객체에 따라 재물죄와 이익(득)죄로 분류한다. 재물죄는 재물財物을 침해하는, 즉 재물을 그 객체로 하는 범죄이며 절도죄(제329조), 횡령죄(제355조), 장물죄(제362조), 재물손괴죄(제366조)가 여기에 해당한다.

이익(득)죄는 재산상의 이익을 침해, 즉 재물 이외의 재산상의 이익을 그 객체로 하는 범죄이다. 컴퓨터 등 사용사기죄(제347조의2)와 배임죄(제355조)가 이에 해당한다. 강도죄(제333조), 사기죄(제347조), 공갈죄(제350조)는 재물 또는 재산상의 이익을 모두 객체로 하므로 재물죄인 동시에 이익(득)죄이다.

그리고 영득죄領得罪와 손괴죄損壞罪로 분류된다. 이 분류는 행위자에게 영(이)득의 사가 있는가의 여부에 따른 것이다. 영(이)득죄는 주관적 구성요건요소로서의 고의 외에 '영(이)득의 의사'를 필요로 하는 것으로 절도죄, 강도죄, 사기죄, 공갈죄, 횡령죄가 이에 속한다. 이에 대하여 영(이)득의 의사를 요하지 않고 타인의 재물의 효용가치를 멸실·감소시키는 범죄를 손괴죄라 한다. 또한 침해방법에 따라 탈취죄(절도죄, 강도죄, 장물죄, 횡령죄)와 편취죄(사기죄, 공갈죄)로 나눌 수가 있다.

(2) 재물의 의의

형법상 재물의 의의에 관해서는 우선 그것이 유체물有體物에 한정되는가 혹은 무체물無體物인 에너지 등을 포함하는가에 관하여 학설상 대립이 있다. 다만 형법은 "관리할 수 있는 동력은 재물로 간주한다."라고 규정(제346조)하고 있는데, 학설에 따라 이 동력규정의 성격을 파악하는 입장도 달라진다.

---

35) 보호법익으로 소유권(절도죄, 횡령죄, 장물죄, 손괴죄), 전체로서의 재산권(강도죄, 사기죄, 공갈죄, 배임죄), 소유권이외의 물권과 채권(권리행사방해죄)이 있다.

유체성설은 형법상의 재물은 유체물有體物에 한한다는 견해이다. 이 견해에 입각하면 제346조를 예외적인 특별규정特別規定이라고 보게 된다. 관리가능성설은 재물이란 사람이 관리가능한 것이라야 하므로 관리가 가능한 것이면 유체물·무체물 모두 재물이라고 보는 견해이다(다수설). 이 견해에 따르면 형법 제346조는 단순한 주의규정注意規定으로서의 의미를 가질 뿐이라고 한다.

재물은 재산죄의 객체인 이상 어떠한 재산적 가치를 지녀야 하는가가 문제된다. 판례는 "절도죄의 객체인 재물은 반드시 객관적인 금전적 교환가치를 가질 필요는 없고 소유자·점유자가 주관적인 가치를 가지고 있는 것으로 족하고, 이 경우 주관적·경제적 가치의 유무를 판별함에 있어서는 그것이 타인에 의하여 이용되지 않는다고 하는 소극적인 관계에 있어서 그 가치가 성립하더라도 관계없다(대판2007도2595)."라고 하여 재물에는 금전적 가치가 절대적으로 있을 필요가 없다고 해석한다.[36] 동산이나 부동산은 유체성을 가진 재물이므로 사기죄, 공갈죄, 횡령죄의 객체가 된다는 점에 대해서는 견해의 대립이 없다.

인격절대의 원칙상 사람은 물권 등의 객체가 될 수 없으므로 인체人體는 법률상 재물이 될 수 없고 인체의 일부도 재물이 아니다. 인위적으로 인체에 부착된 의수, 의족 등도 신체에 고착하고 있는 한 신체의 일부이며 재물이 아니다. 그러나 인체의 일부라도 생체에서 분리된 것, 예컨대 모발, 치아, 혈액 등은 재물이며 분리당한 사람의 소유所有에 속한다.

사체死體는 민법상 물건으로 인정되고 소유권의 객체로 될 수 있다고 보고 있다. 그러나 그 소유권의 내용은 보통의 소유권과 같이 사용·수익·처분할 수 있는 것이 아니고 오로지 매장·제사 등 종교의식을 위한 것이므로, 형법상으로도 신앙에 관한 죄(제161조 이하)의 객체가 되고 재산죄의 객체는 될 수 없다. 다만 사람의 사체가 유해로서의 성질을 잃은 때, 예컨대 학술표본용·의학실험용으로 보관하는 사체와 같은 경우에는 재산죄의 객체인 재물이 될 수 있다.

(3) 불법영(이)득의사

재산죄 중에 절도·강도·사기·공갈·횡령 등의 죄를 영득죄라고 하는데, 이러한 범죄의 주관적 구성요건 요소로서 고의 이외에 다시 불법영(이)득의 의사가 필요한가 문제되고 있다.

---

36) 애인의 사진, 무효인 약속어음, 인감증명서, 주권포기각서, 발행자가 회수하여 세 조각으로 찢어 버린 약속어음, 주민등록증 등은 재물이다.

불법영득不法領得의 의사의 법적 성격에 관하여 이를 고의의 내용에 불과하다고 보는 견해도 있으나 불법영(이)득의 의사는 고의 외에 초과 주관적 구성요건요소로 이해하고, 영득죄에는 불법영득의 의사를 필요로 한다는 견해(필요설)가 통설과 판례의 입장이다.[37]

사용절도使用竊盜란 임의로 타인의 재물을 일시적으로 사용한 후에 반환하는 것을 말한다. 사용절도의 본질은 반환의사에 있다. 절도죄의 성립에는 불법영득의 의사를 필요로 하므로 권리자를 배제하고 자기가 소유자인 것처럼 이용·처분할 의사가 없는 사용절도는 원칙적으로 절도죄로 처벌할 수 없다.[38]

형법은 자동차 등 불법사용죄(제331조의2)를 신설하여 권리자의 동의 없이 타인의 자동차 등을 일시 사용한(이른바 사용절도) 데 대해서도 처벌한다.

(4) 친족상도례

형법은 권리행사를 방해하는 죄의 장(제37장)에서 일정한 재산범죄에 대하여, 친족 간에는 그 형을 면제하거나 친고죄로 하고 있으며, 이 규정은 친족이 아닌 공범자에게는 적용하지 않는다고 규정하고 있다(제328조). 이처럼 재산죄의 경우 친족이라는 특수한 신분관계를 고려하여 특별취급하는 것을 친족상도례親族相盜例라고 한다. 이의 법적성질은 인적 처벌조각사유로 보는 것이 통설이다.

이 규정은 권리행사방해죄 외에 절도죄, 사기죄, 공갈죄, 횡령죄, 배임죄, 장물죄에 준용되며, 강도죄와 손괴죄에는 준용되지 않는다.[39] 예컨대 아들이 아버지의 카메라를 훔친 경우에는 처벌하지 않으나, 조카가 작은아버지의 시계를 훔친 경우에는 작은아버지의 고소가 있어야 공소를 제기할 수 있다. 특별형법상의 재산죄의 경우에도 제328조의 적용을 배제한다는 명시적인 규정이 없는 한 적용된다. 예컨대 산림자원의 조성 및 관리에 관한 법률(약칭: 산림자원법) 제73조의 '산림절도'가 그것이다. 친족상도례 규정의 취지는 친족 간의 정을 고려하여 일정한 친족 간의 내부적 사실에 대해서는 법이 간섭하지 않는 것이 타당하다는 데에 있다(법정책설). 친족의 개념과 범위는 민법에 따른다.

적용효과로는 원칙으로 형을 면제한다.[40] 그리고 제328조 제1항 이외의 친족 간

---

37) 대판2002도3465.
38) 대표적인 예로, 읽어보고 돌려주기 위하여 책을 절취한 경우이다.
39) 특별형법상의 재산죄 경우에도 제328조의 적용을 배제한다는 명시적 규정이 없는 한 적용된다.
40) 형이 면제되는 경우로는 친족으로는 직계혈족, 배우자, 동거친족, 동거가족 또는 그 배우자 간의 제328조, 제329조 내지 제332조의 죄 또는 미수범은 그 형을 면제한다(제328조 제1항, 제344조).

에 위 죄를 범한 때에는 고소가 있어야 공소를 제기할 수 있다. 고소 없이 공소가 제기된 경우에는 공소기각판결로 소송을 종결한다(형사소송법 제327조; 상대적 친고죄).

(5) 불가벌적 사후행위

불가벌적不可罰的 사후행위事後行爲란 영득죄가 기수가 된 후 행위자가 그 범죄행위로 인하여 영득한 재물을 사후적으로 일정한 범위 내에서 이용·처분하는 행위는 그 행위가 다른 구성요건에 해당하는 경우라도 이를 별도로 처벌하지 않는 행위를 말한다. 예컨대 상점에서 시계를 훔친 절도범이 그 시계를 손괴한 행위이다. 이 손괴행위는 절도죄 외에 별도로 손괴죄의 구성요건에 해당하지만 절도죄의 가벌성에서 포괄적으로 평가되었기 때문에 별도로 다시 처벌하지 않는다.

그러나 칼을 훔쳐서 사람을 살해하는 경우와 같이 사후행위가 별도의 새로운 법익을 침해한 경우에는 불가벌적 사후행위로 될 수 없고 별개의 범죄로 처벌된다.

2. 절도의 죄

절도竊盜의 죄는 타인의 재물을 그의 의사에 반하여 절취함으로써 성립하는 범죄이다. 이 죄는 타인이 점유하는 타인의 재물(타인점유+타인소유)을 객체로 한다는 점에서 자기가 점유하는 타인의 재물에 관하여 성립하는 횡령죄와 구별된다.

또 절도죄와 강도죄는 타인이 점유하는 타인의 재물을 객체로 하고 상대방의 의사에 반하여 재물을 탈취한다는 점에서 공통적이지만, 강도죄는 폭행·협박을 수단으로 하고 재물죄 외에 이득죄를 포함하며 친족상도례의 적용이 없다는 점에서 절도죄와 구별된다.

절도의 죄의 보호법익에 관하여는 소유권이라고 하는 견해(소유권설), 점유라고 하는 견해(점유권설), 소유권과 함께 점유도 보호법익이 된다는 견해(절충설)로 나뉜다. 현실적으로 보면 점유자 역시 절도의 피해가 될 수 있으므로 종합적으로 파견하는 절충설이 타당하다고 여겨지며 판례의 입장도 같다(대판80도131).

본장의 죄가 보호정도에 있어서 침해범(다수설)인가 위험범인가에 대해서도 '침해侵害'라는 말의 개념과 관련하여 학설이 대립되고 있다. 민법상 소유권의 침해가 반드시 민법상의 소유권의 상실만을 의미한다고 볼 필요는 없다. 점유의 침탈에 의해 소유권의 내용인 사용·수익·처분의 권능이 방해받은 경우에도 소유권이 사실상 '침해'되었다고 할 수 있으므로 절도죄를 침해범侵害犯으로 파악하는 것이 타당하다(다수설).

기본적인 구성요건인 절도죄(제329조; larceny)와 가중구성요건으로 야간주거침입

절도죄(제330조; compound larceny), 특수절도죄(제331조; special larceny) 및 상습절도죄(제332조; habitual crimes)가 있으며, 독립된 구성요건으로서 자동차 등 불법사용죄(제331조의2; unlawful use of automobile, etc.)가 있다. 미수범은 처벌하며(제342조), 특별형법으로 특정범죄가중처벌법 제5조의4가 있다. 유기징역에 처할 경우에는 10년 이하의 자격정지를 병과할 수 있도록 하였고, 친족상도례(제328조) 규정이 준용된다.

3. 강도의 죄

강도强盜의 죄는 폭행 또는 협박으로 타인의 재물을 강취하거나 재산상의 이익을 취득하거나 이를 제3자로 하여금 취득케 함으로써 성립하는 범죄이다.

본죄는 재산권을 주된 보호법익으로 하지만, 폭행·협박을 수단으로 한다는 점에서 신체의 완전성 및 개인의 자유권도 부차적인 보호법익이 된다. 보호정도는 침해범이다.

폭행은 사람에 대한 직접·간접의 유형력의 행사를 말한다(최협의). 본죄는 폭행·협박죄와 재산죄의 결합범이며 상태범이다. 주관적 구성요건 요소로 고의와 불법영(이)득의사가 있어야 한다.

기본적 구성요건은 강도죄(제333조; robbery)이다. 가중적 구성요건은 특수강도죄(제334조; special robbery), 강도상해·치상죄(제337조; bodily injury resulting from robbery), 강도살인·치사죄(제338조; murder, etc. by robbery), 강도강간죄(제339조; robbery and rape) 및 해상강도죄(제340조; piracy), 상습강도죄(제341조; habitual crimes)가 있다. 준강도죄(제335조; quasi-robbery)와 인질강도죄(제336조; robbery by hostage)는 독립된 구성요건이다. 강도의 죄는 미수범(제342조)과 예비·음모(제343조)를 처벌하며, 자격정지를 병과할 수 있다(제345조).

특정범죄가중처벌법 제5조의4와 제5조의2에서 가중처벌하고 있으며, 특정강력범죄의 처벌에 관한 특례법(약칭 '특정강력범죄법') 제2조 제1항 제5호에서 특례를 규정하고 있다.

4. 사기의 죄

사기詐欺의 죄는 사람을 기망欺罔하여 재물을 편취騙取 또는 재산상의 불법한 이익을 취득하거나 제3자로 하여금 이를 얻게 하는 행위 및 이에 준하는 행위를 내용으로 하는 범죄이다. 사기죄는 재물죄財物罪이자 이득죄利得罪이다.

사기죄는 상대방의 하자瑕疵 있는 의사에 의한 처분행위를 통해서 객체를 얻는다는 점에서 상대방의 의사에 반하여 그 객체를 탈취하는 절도죄·강도죄와 구별되며, 타인이 점유하는 재물을 취득한다는 점에서 자기가 점유하는 재물을 영득하는 횡령죄와도 구별된다.

또 상대방의 하자 있는 의사에 의하여 재물의 처분행위가 있다는 점에서는 공갈죄와 같은 성질을 갖지만, 그 처분행위가 사기죄에 있어서는 기망에 의한 것이라는 점에서 공갈을 수단으로 하는 공갈죄와 다르다.

사기죄의 보호법익에 대해서는 개인의 재산권만을 보호하는 것인지, 아니면 이와 함께 재산거래에 있어서의 신의성실의 유지도 보호법익에 포함되는지에 관한 견해의 대립이 있으나 전체로서의 재산권으로 봄이 타당하다.

사기죄의 보호법익을 순수하게 개인적 재산권으로 보는 한 이 죄는 재산범으로서 보호정도는 침해범이 되므로 재산상의 손해가 발생하여야 성립한다(통설).

구성요건으로는 사기죄(제347조; fraud), 준사기죄(제348조; quasi-fraud), 부당이득죄(제349조; unjustifiable profit)가 있고, 가중적으로 이상의 죄에 대한 상습범 규정(제351조)이 있다. 형법은 이외에도 독립된 구성요건으로 컴퓨터 등 사용사기죄(제347조의2; fraud by use of computer, etc)와 편의시설부정이용죄(제348조의2; unlawful use of facilities for convenience)를 신설하였다. 부당이득죄를 제외한 죄의 미수범은 처벌되고(제352조), 모든 사기죄에 대해 자격정지를 병과할 수 있다(제353조). 사기의 죄에도 동력에 관한 규정(제346조; energy)과 친족상도례의 규정(제328조; crimes and complaints among relatives)이 준용된다(제354조).

특정경제범죄 가중처벌 등에 관한 법률(약칭 '특정경제범죄법')에는 가중처벌규정(동법 제3조)을 두고 있다.

5. 공갈의 죄

공갈恐喝의 죄는 사람을 공갈하여 상대방의 하자 있는 의사에 기하여 재물의 교부 또는 재산상의 이익을 얻거나 타인으로 하여금 이를 얻게 함으로써 성립하는 범죄이다. 피해자의 하자瑕疵 있는 의사에 기하여 재물 또는 재산상의 이익을 취득하는 범죄라는 점에서 사기죄와 공통점을 갖는다. 다만, 공갈죄는 공갈을 수단으로 하고 사기죄는 기망을 수단으로 한다는 점에서 구별된다.

재물과 재산상의 이익을 객체로 하고 폭행(광의)·협박(협의)을 수단으로 한다는 점에서 공갈죄는 강도죄와 유사하다. 그러나 강도죄는 폭행·협박에 의하여 상대방의

의사를 억압하고 재물 또는 재산상의 이익을 강취함으로써 성립하는 범죄이지만, 공
갈죄는 상대방의 하자 있는 의사에 의한 처분행위에 의하여 재물 또는 재산상의 이
익을 취득함으로써 성립하는 범죄라는 점에서 구별된다.

공갈죄(제350조; extortion)의 보호법익은 원칙적으로 재산권이지만, 공갈의 수단으
로 하여 타인의 의사결정 또는 행동의 자유를 침해한다는 점에서 의사결정의 자유권
도 부차적으로 보호법익이 된다. 공갈의 죄가 성립하기 위해서는 피해자가 하자 있
는 의사에 의하여 재물 또는 재산을 처분할 것이 요구되므로 그 보호받는 정도는 침
해범이다. 상습공갈죄(제351조; habitual crimes)는 책임가중처벌하고 있으며 미수범(제
352조)도 처벌한다.

특정범죄가중처벌법 제3조와 특정경제범죄법 제3조에서 가중처벌하고 있다.

6. 횡령의 죄

횡령橫領의 죄는 자기가 보관하는 타인의 재물(자기점유·타인소유)을 불법하게 영
득하거나 제3자로 하여금 영득케 하는 것을 내용으로 하는 범죄이다. 자기가 점유하
는 재물을 영득한다는 점에서 타인이 점유하는 재물을 영득하는 절도죄·강도죄·사
기죄·공갈죄와 구별된다.

또한 횡령죄와 배임죄는 타인에 대한 신임관계를 배반한다는 점에서 공통되지
만, 횡령죄의 객체가 재물인데 반해서 배임죄의 객체는 재산상의 이익이라는 점에서
차이가 난다.

횡령의 죄의 보호법익은 타인의 소유권이며, 보호정도는 위험범이다.[41]

본죄의 주체는 '위탁관계에 의하여 타인의 재물을 보관하는 자'이므로 진정 신분
범이다. 그리고 객체는 '자기가 보관하는 타인의 재물'이다.

기본적 구성요건으로 횡령죄(제355조 제1항; embezzlement)가 있다. 가중적인 구성
요건으로는 업무상횡령죄(제356조; occupational embezzlement)가 있으며, 횡령죄와 성질
을 달리하는 독립한 구성요건인 점유이탈물횡령죄(제360조; embezzlement of lost articles)
가 있다.

특정경제범죄법은 가중처벌하고 있다(제3조).

7. 배임의 죄

배임背任의 죄란 타인의 사무를 처리하는 자가 그 임무에 위배違背하는 행위로 재

---

41) 판례의 입장은 위험범으로 보고 있다(대판75도123).

산상의 이익을 취득하거나 제3자로 하여금 이를 취득하게 하여 본인에게 손해를 가함으로써 성립되는 범죄이다.

재산죄 중에서 재물과는 별도로 재산적 이익만을 객체로 하는 순수한 이득죄利得罪이다. 따라서 재물만을 객체로 하는 절도죄 및 횡령죄와 구별되고, 재물과 재산적 이익 모두를 객체로 하는 강도죄, 사기죄, 공갈죄와도 구별된다.

보호법익은 재산권 일반이다. 따라서 제한물권(용익물권; 지상권, 지역권, 전세권, 담보물권; 저당권, 질권, 유치권), 채권, 무체재산권 등을 모두 포함한다.

본죄의 특징은 그 행위태양이 본인과의 신임관계 내지 신의성실에 위배하여 본인의 재산을 침해하는 범죄이다(배신설; 판례의 입장도 같다; 대판2001도3534). 배임죄는 기존의 신임관계를 전제로 하여 그를 침해하는 행위라는 점에서 횡령죄와 유사하고, 따라서 형법은 배임죄를 횡령죄와 같은 조문에서 규정하고 있다.

횡령과 배임의 죄의 장은 횡령죄와 배임죄를 같은 조문에서 규정하고 있다. 그 중 배임의 죄는 제355조 제2항의 배임죄(breach of trust)와 제356조의 업무상배임죄(occupational breach of trust), 제357조의 배임수증죄(receiving bribe by breach of trust) 및 배임증재죄(giving bribe by breach of trust) 등 4종으로 규정되어 있다.

업무상배임죄는 업무자라는 신분에 의하여 형벌이 가중되는 가중적 구성요건이고, 배임수증죄 및 배임증재죄는 부정한 청탁을 받고 재물 또는 재산상의 이익을 주고받는 행위를 처벌하는 독자적 범죄이다. 특정경제범죄법 제3조에 가중처벌하고 있다.

8. 장물의 죄

장물贓物의 죄란 장물을 취득, 양도, 운반, 보관하거나 또는 이러한 행위를 알선하는 것을 내용으로 하는 범죄이다. 장물이란 재산범죄에 의하여 영득된 재물을 의미한다. 따라서 장물죄(제362조; acquiring stolen property, aiding, etc)는 재산범죄를 전제로 한다. 장물의 원인된 범죄 또는 범인을 본범本犯이라 한다.

장물죄는 재물을 범죄의 객체로 하므로 재산범적 성격을 가지는 것은 분명하지만, 범죄의 특성상 다른 성격도 함께 가지고 있다. 즉, 장물죄는 본범과의 관련에서 본범의 범죄행위를 조장하고, 비호하고, 은닉하고, 증거를 인멸하는 역할을 하는 점에 특징이 있다.

보호법익은 재산권財産權이다(다수설). 비록 앞에서 말한 것처럼 범인비호적, 사후

방조범적 성격이 있다 하더라도 장물죄의 보호법익은 장물 자체가 재산범죄로 인하여 취득한 재물이므로 순수한 재산권으로 이해하여야 한다.

장물이란 재산범죄에 의해서 취득 또는 영득된 재물을 의미한다. 장물은 재물에 한정된다. 따라서 재산상의 이익이나 권리는 장물이 될 수 없다. 그렇지만 권리가 화체된 문서는 장물이 될 수 있다. 동산은 물론 부동산도 포함되며, 반드시 경제적 가치를 가질 필요가 없다. 다만 부동산은 그 성질상 장물운반죄 등의 객체로는 될 수 없다. 관리할 수 있는 동력에 관해서는 장물의 죄에서 제346조를 준용하는 규정이 없기 때문에 재물성을 부정하는 견해도 있지만, 제346조를 주의규정으로 해석하는 한 재물성을 긍정할 수 있다.

장물은 재산범죄에 의하여 영득한 것이어야 한다. 비록 형법은 장물의 개념에 대하여 규정을 하고 있지 않지만 장물죄 자체가 재산죄인 이상 본범을 재산범죄로 제한하여야 한다. 특별형법에서 규정하고 있는 재산범죄도 장물죄의 본범이 될 수 있다. 따라서 재산범죄가 아닌 범죄, 예컨대 매음이나 도박으로 취득한 금전, 사체나 유골, 수뢰죄에 의해 취득한 뇌물, 문서위조죄로 작출된 위조문서, 수렵법에 위반하여 포획한 조수 등은 장물이 될 수 없다.[42]

9. 손괴의 죄

손괴損壞의 죄는 재물에 대한 훼손행위를 내용으로 하는 범죄이다. 재물이나 문서의 효용을 해하는 것이 그 전형적인 경우이지만, 공익건조물이나 토지의 경계를 훼손하는 것도 포함하고 있다. 행위의 성질상 재물을 대상으로 하는 재물죄이며, 재산상의 이익은 포함하지 않는다. 이 죄는 재물을 취득하는 것이 아니라 재물의 효용을 해한다는 점에 그 특색이 있다. 이 점에서 영득죄와는 다르며, 방법이 공격적이라는 점에서 상해죄와 비슷한 모습을 보인다.

본죄는 고의범이므로 고의가 있어야 하고(과실범 처벌규정은 없다) 불법영득의사는 필요가 없다.

재물·문서손괴죄(제366조; destruction and damage, etc. of property)를 기본석 구성요건으로 하고, 가중적인 구성요건으로 공익건조물파괴죄(제367조; destruction of structure for public use)와 양자의 결과적 가중범인 손괴치사상죄(제368조 제2항; aggravated destruction and damage), 행위태양이 위험한 중손괴죄(제368조 제1항)와 특수손괴죄(제

---

42) '환전통화의 장물성', '수표와 교환된 현금의 장물성'을 인정한 판례(대판98도2579).

369조; special destruction and damage) 등을 포함하고 있다.

제368조를 제외한 모든 죄의 미수범은 처벌된다(제371조). 또 이 밖에 특별구성요건으로 경계침범죄(제370조; trespassing boundary)가 있다. 손괴의 죄에는 친족상도례의 규정이 준용되지 않는다. 그런데 친족상도례가 적용되지 않을 만한 다른 재산죄와 특별한 차이점을 찾기는 어려우므로 입법론적으로 검토가 요망된다.

10. 권리행사방해의 죄

권리행사를 방해하는 죄란 타인의 점유 또는 권리의 목적이 된 자기의 물건에 대한 타인의 권리행사를 방해하거나 강제집행을 면할 목적으로 채권자를 해하는 것을 내용으로 하는 범죄이다.

우리 형법은 자기의 물건이지만 공무소로부터 보관명령을 받거나 공무소의 명으로 타인이 간수하는 경우에 이를 손괴·은닉 기타의 방법으로 그 효용을 해한 때에는 공무상보관물무효죄(제142조; invalidity of goods kept in public custody)에 해당하게 하고, 소유권 이외의 재산권을 보호하는 규정으로 제37장의 권리행사방해죄를 두고 있다.

권리행사방해의 죄에는 세 가지 구성요건으로 되어 있다. 권리행사방해죄(제323조; obstructing another from exercising ones right)와 점유강취죄·준점유강취죄(제325조; forcible taking), 강제집행면탈죄(제327조; evasion of execution)가 있다. 점유강취죄에는 결과적 가중범에 의한 가중적 구성요건으로 중권리행사방해죄(제326조; aggravated obstruction)가 있다. 권리행사방해죄에는 친족상도례가 적용되고(제328조; crimes and complaints among relatives) 점유강취죄·준점유강취죄는 미수범을 처벌한다.

권리행사방해죄(제323조)의 보호법익은 용익물권(지상권, 지역권, 전세권), 담보물권(저당권, 질권, 유치권) 또는 채권이며, 점유강취죄(제325조)의 경우에는 자유권과 제한물권(용익물권, 담보물권)이 보호법익이다. 강제집행면탈죄의 보호법익은 채권자의 채권이다. 강제집행권 자체가 보호법익이 아니다.

형법은 권리행사방해죄를 타인의 점유 또는 목적이 된 자기의 물건을 취거하는 때에만 인정하고, 제3자가 소유자를 위해서 이러한 행위를 한 경우는 규정하고 있지 않다. 이러한 경우도 권리행사의 방해임에는 틀림이 없으므로 본죄에 포함되어야 할 것이다.

제 3 절 사회적 법익에 대한 죄

제 1 항 공공의 안전과 평온에 관한 죄

1. 공안을 해하는 죄

공안公安을 해하는 죄(crimes against public peace)란 공공의 법질서 또는 공공의 안전과 평온을 해하는 것을 내용으로 하는 범죄를 말한다.

보호법익은 공공의 안전과 평온이며, 보호정도는 추상적 위험범이다(다수설).

본장의 죄로는 범죄단체조직죄(제114조; organization of criminal group), 소요죄(제115조; riot), 다중불해산죄(제116조; failure of dispersion of masses), 전시공수계약불이행죄(제117조; non fulfillment of contract of public demand in wartime) 및 공무원자격사칭죄(제118조; false impersonation of public official)의 다섯 개로 규정되어 있다.

특별형법으로 특정범죄가중처벌법 제5조의8, 폭력행위처벌법 제4조, 국가보안법 제3조가 있다.

형법전의 체계상 국가적 법익에 대한 죄 중에 배열되어 있으나, 그럼에도 불구하고 전시공수계약불이행죄(제117조) 및 공무원자격사칭죄(제118조)를 제외하고, 공안을 해하는 죄는 공공의 안전을 보호하기 위한 범죄이므로 사회적 법익에 대한 범죄라고 해석하는 것이 다수설이다.

그중 다중불해산죄와 전시공수公需계약불이행죄는 진정 부작위범眞正不作爲犯이며 소요죄는 집합범集合犯으로 필요적 공범이다.

2. 폭발물에 관한 죄

폭발물의 죄(crimes concerning explosive)는 폭발물을 사용하여 사람의 생명·신체·재산을 해하거나 기타 공안을 문란케 하는 것을 내용으로 하는 범죄이다.

보호법익은 공공의 안전과 평온이며 보호정도는 구체적 위험범이다.

본장의 구성요건으로는 폭발물사용죄(제119조 1항; use of explosive), 전시폭발물사용죄(제119조 제2항; use of explosive in time of war), 미수범처벌(제119조 제3항), 예비·음모선동죄(제120조; preprations, conspiracies and instigation), 전시폭발물제조·수입·수출·수수·소지죄(제121조; manufacture, etc. of explosives in wartime)가 있다.

본장의 죄를 국가적 법익에 관한 죄로 파악하는 견해도 있으나, 통설通說은 사회적 법익에 대한 죄로 본다.

3. 방화와 실화의 죄

(1) 의 의

방화放火와 실화失火의 죄(crimes of arson and fire caused by neglegence)는 고의 또는 과실로 불을 놓아 건조물 등을 소훼하는 것을 내용으로 하는 공공위험죄이다.

보호법익에 대해서는 공공위험죄설, 이중성격설(공공위험죄·재산죄설; 다수설), 이원설이 대립한다. 대법원은 "형법 제164조 전단의 현주건조물방화죄는 공중의 생명·신체·재산 등에 대한 위험을 예방하기 위하여 공중의 안전을 그 제1차 적인 보호법익으로 한다."고 하여 이중성격설을 취하고 있다(대판82도2341).

본죄의 보호정도는 위험범이다. 그중에서 제164조(현주건조물방화죄; setting fire to present living building, etc.), 제165조(공용건조물방화죄; setting fire to public structures, etc.) 및 제166조 제1항(타인소유의 일반건조물 등 방화죄; setting fire to other structures, etc.)은 추상적 위험범에 속하고, 제166조 제2항(자기소유의 일반건조물 등 방화죄)과 제167조(일반물건방화죄; setting fire to general goods)는 구체적 위험범에 속한다.

방화의 죄의 구성요건으로는 기본적인 구성요건으로 타인소유일반물건방화죄(제167조 제1항)이며, 가중적 구성요건으로 현주건조물방화죄(제164조 제1항; 불법가중), 공용건조물방화죄(제165조; 불법가중), 타인소유일반건조물방화죄(제166조 제1항; 불법가중)이 있으며, 감경적 구성요건으로 자기소유일반물건방화죄(제167조 제2항; 불법감경), 자기소유일반건조물방화죄(제166조 제2항; 불법감경)가 있고, 결과적 가중범으로 현주건조물방화치사상죄(제164조 제2항)과 연소죄(제168조)가 있으며, 미수범처벌(제174조)와 예비죄를 처벌(제175조)하고 있다.

(2) 방화의 죄

현주건조물 등에의 방화죄(제164조 제1항)의 객체는 '사람이 주거에 사용하거나 사람이 현존하는 건조물·기차·전차·선박·항공기 또는 광갱'이며, 그 목적물의 소유는 누구에게 속하든지 이를 묻지 않는다.

'사람이 주거住居에 사용한다.'는 것은 방화당시에 범인 이외의 자가 일상생활의 장소로서 사용하는 것을 말하며, 현재 사람의 주거로서 사용하면 족하고 반드시 방화의 당시에 사람이 현존할 것을 요하지는 않는다.

'사람의 현존한다.'는 것은 방화 당시에 범인 이외의 자가 현재 주거로 사용하지 않는 건조물 등의 내부에 있는 것을 말한다. 예컨대 주거로 사용하지 않는 빈집에 방화당시 사람이 있으면 현존하는 건조물이 된다.

'건조물建造物'이란 가옥 기타 이와 유사한 공작물로서, 지붕이 있고 담 또는 기둥으로써 지지되고 토지에 정착하여 사람이 그 내부에 출입할 수 있는 구조를 가지는 것을 말한다. 광갱鑛坑이란 광물을 채취하기 위한 지하설비를 의미한다.

방화죄放火罪의 행위는 불을 놓아(방화하여) 목적물을 소훼燒燬하는 것이다. '방화'란 목적물의 소훼를 야기시키는 일체의 행위를 말한다. 불을 놓는(방화) 행위는 적극적인 행위뿐만 아니라 소극적으로 기존의 화력을 이용하는 방법(부작위)에 의해서도 가능하다.

방화의 수단과 방법에는 아무런 제한이 없다. 방화할 때 실행의 착수가 있다. 목적물에 직접 점화한 경우뿐만 아니라 건조물방화의 목적으로 매개물에 점화하여 연소작용이 계속될 수 있는 상태에 이른 때에는 건조물에 불이 옮겨 붙지 않았더라도 실행의 착수가 인정된다.[43]

따라서 방화목적물이나 매개물에 점화하지 못한 때에는 아직 실행의 착수로 인정되지 않는다고 한다.

방화죄의 구성요건적 결과는 소훼燒燬이다. 그러므로 소훼의 결과발생에 의하여 방화죄는 기수旣遂가 된다. 그런데 소훼의 개념에 관하여는 독립연소설, 효용상실설, 절충설이 대립되어 있다.

'독립연소獨立燃燒설'이란 불이 매개물을 떠나 목적물에 독립하여 연소할 수 있는 상태에 이르렀을 때에 방화죄의 기수가 된다는 견해로, 독일의 통설과 우리나라 판례의 입장이기도 하다.[44]

'효용상실效用喪失설'은 화력에 의하여 목적물의 중요부분이 소실되어 그 효용이 상실된 때에 기수가 된다는 견해로 종래 우리나라의 다수설의 입장이다.

'절충折衷설'은 위 양사의 견해를 절충하는 입장이다.

판례는 "방화죄는 화력이 매개물을 떠나 스스로 연소할 수 있는 상태에 이르렀을 때에 기수가 된다(대판70도330)."라고 하여 독립연소설의 입장을 취하고 있다.

방화죄의 고의는 불을 놓아 목적물을 소훼한다는 것에 대한 인식이다. 여기서

---

43) 대판2001도6641.
44) 대판82도2341; 대판2006도9164.

문제가 되는 것은 방화죄의 고의의 성립요건으로서 공공의 위험에 대한 인식이 필요한가 하는 점이다. 본죄의 공공의 위험성은 단지 그 입법이유에 지나지 않고, 구성요건의 요소가 되어 있지 않은 추상적 위험범이므로 공공의 위험에 대한 인식은 필요하지 않다. 그러나 구체적 위험범의 경우에는 공공의 위험에 대한 인식이 필요하다고 본다.

기타 준방화죄로 진화방해죄(제169조), 폭발성물건파열죄(제172조 제1항), 가스·전기 등 방류죄(제172조의2 제1항), 가스·전기 등 공급방해죄(제173조 제1항, 제2항)을 기본적 구성요건으로 하고, 폭발성물건파열치사상죄(제172조 제2항), 가스·전기 등 방류치사상죄(제172조의2 제2항), 가스·전기 등 공급방해치사상죄(제173조 제3항)은 결과적 가중범이며, 미수범처벌(제174조)와 예비죄도 처벌(제175조)한다.

(3) 실화의 죄

과실過失로 인하여 제164조 또는 제165조에 기재한 물건 또는 타인의 소유에 속하는 제166조에 기재한 물건을 소훼한 자는 1천5백만 원 이하의 벌금에 처한다(제170조 제1항). 제1항의 죄는 추상적 위험범이다. 과실로 인하여 자기의 소유에 속하는 제166조 또는 제167조에 기재한 물건을 소훼하여 공공의 위험을 발생하게 한 자도 전항의 형과 같다(제170조 제2항). 제2항의 죄는 구체적 위험범이다.

실화죄失火罪(fire caused by negligence)는 과실로 인하여 화재를 일으켜서 일정한 물건을 소훼시키는 행위를 처벌하는 범죄이다.

실화의 죄의 구성요건체계로는 실화죄(제170조), 과실폭발성물건파열, 가스·전기 등 방류, 가스·전기 등 공급방해죄(제173조의2 제1항)를 기본적 구성요건으로, 업무상실화·중실화죄(제171조; fire caused by occupational negligence, fire by gross negligence), 업무상과실폭발성물건파열, 가스·전기 등 방류, 가스·전기 등 공급방해죄(제173조의1 제2항)는 가중적 구성요건으로 규정되어 있다.

가중규정으로 업무상 실화는 책임의 가중이고, 중실화重失火는 불법의 가중이다.

그 목적한 죄의 실행에 이르기 전에 자수한 때에는 형을 감경 또는 면제한다(제175조)는 필요적 감면규정이 있다.

4. 일수와 수리에 관한 죄

일수溢水와 수리의 죄(crimes concerning and water utilization)는 고의 또는 과실로 수해水害를 일으켜 공공의 안전을 해하는 범죄이다. 수해는 화재와 같이 공중의 생명·신체·재산 등에 대하여 위험을 발생하게 하므로 방화죄와 죄질을 같이하는 공공위험범公共危險犯이다. 부차적으로 개인의 재산권도 보호법익으로 한다.

자기소유일반 건조물 등 일수죄(제179조 제2항)와 과실일수죄(제181조)는 구체적 위험범이나 그 이외의 일수죄는 추상적 위험범이다. 수리방해죄는 수리권을 보호법 익으로 하는 추상적 위험범이다.

타인소유일반건조물일수죄(제179조 제1항)는 기본적인 구성요건이고, 현주건조물 등에의 일수죄(제177조 제1항; inundation of present living building, etc. with water), 공용건 조물 등에의 일수죄(제178조; inundation to public structures, etc.)가 불법가중된 경우이 고, 자기소유일반건조물일수죄(제179조 제2항; inundation to other structures)는 불법이 감 경된 경우이다. 준일수죄로 방수방해죄(제180조; obstruction of food control)와 과실일수 죄(제181조; inundation caused by negligence), 수리방해죄(제184조; obstruction of water utilization) 등을 규정하여 처벌하고 있다.

미수범(제182조)과 예비·음모(제183조)를 처벌하는 규정이 있다.

5. 교통방해의 죄

교통방해交通妨害의 죄(crimes of traffic obstruction)는 교통로 또는 교통기관 등 교통 설비를 손괴 또는 불통하게 하여 교통을 방해하는 것을 내용으로 하는 범죄를 말한 다. 본죄는 공공위험죄로서의 성격을 갖는다.

보호법익은 교통의 안전과 이로 인한 생명·신체·재산의 위험도 보호하는 범죄 이다. 보호정도는 추상적 위험범이다.

기본적 구성요건이 일반교통방해죄(제185조; general obstruction of traffic)이며, 기 차·선박 등 교통방해죄(제186조; obstruction of train and vessel traffic), 기차 등 전복죄(제 187조; derailing train, etc.)는 불법가중이며, 결과적 가중범으로 교통방해치사상죄(제188 조; death or injury caused by obstruction of traffic)가, 과실범으로 과실교통방해죄(제189조 제1항), 업무상과실·중과실교통방해죄(제189조 제2항; negligence, occupational negligence, gross negligence), 미수(제190조)와 예비·음모(제191조)를 규정하여 처벌하고 있다.

제2항 공공의 신용에 관한 죄

1. 문서에 관한 죄

문서文書에 관한 죄(crimes concerning documents)는 행사할 목적으로 문서를 위조僞造 또는 변조變造하거나, 허위 문서를 작성하거나, 또는 위조·변조 또는 허위작성 된 문서를 행사하거나 문서를 부정행사함으로써 성립하는 범죄이다.

또한 형법은 사무처리를 그르치게 할 목적으로 공전자기록·사전자기록을 위작·변작하는 행위도 처벌하는 규정(제227조의2, 제232조의2)을 신설하였다.

보호법익은 문서에 대한 거래의 안전과 공공의 신용이다. 판례도 문서에 대한 공공의 신용을 보호법익이라고 판시한다.[45] 따라서 문서에 관한 죄로써 보호되는 것은 문서 자체가 아니라 문서의 증명력과 문서에 담겨진 사상에 대한 안전과 신용이라 할 수 있다.

문서에 관한 죄는 재산죄財産罪 특히 사기죄를 위한 수단으로 이용되는 경우가 많다. 그러나 본죄는 재산죄가 아니므로, 예컨대 본죄로 인하여 그 문서의 명의인 또는 행사의 상대방의 재산적 이익을 침해하지 아니하더라도(또는 재산적 이익을 침해할 위험이 없더라도) 본죄는 성립한다. 본죄는 추상적 위험범으로 보호된다.

본죄의 행위의 객체는 문서文書이다.[46] 문서의 개념은 넓은 의미와 좁은 의미로 쓰이는데, 넓은 의미의 문서에는 좁은 의미의 문서에 도화圖畵를 포함시킨 것이다. 도화란 문자이외의 상형적 방법으로써 일정한 의사 또는 판단을 기재한 물체를 말한다. 도화의 경우에는 일정한 법률관계의 증거로 될 수 있는 경우에만 본죄의 객체로 될 수 있다. 예컨대 지적도는 도화에 해당하지만, 순전한 미술상의 도화는 본죄의 객체가 될 수 없다.

문서의 종류는 공문서와 사문서의 두 종으로 구별할 수 있다.

공문서公文書라 함은 공무소 또는 공무원이 그 명의로써 그 직무상 작성하는 문서를 말한다. 따라서 공무원이 작성하는 문서라도 그 직무상 작성하는 것이 아니면 공문서가 아니다(예컨대 공무원의 퇴직원). 공문서와 사문서의 구별기준은 그 내용이 공적 사항인 가 또는 사적 사항인가에 있는 것이 아니고, 그 작성명의가 공무소 또는

---

45) 대판2007도9606; 대판2011도6223.
46) 문서의 개념적 요소로는 계속적 기능, 증명적 기능, 보장적 기능이 있어야 한다. 문서의 개념에 대한 판례로는 대판2010도6068.

공무원인가 또는 사인인가에 있다.

사문서私文書라 함은 사인私人의 명의로 작성된 문서를 말한다.[47] 그러나 본죄의 객체로 될 수 있는 사문서는 사인작성명의로 되어 있는 모든 문서가 아니고, 사문서 중 '권리의무 또는 사실증명에 관한 문서(제231조 참조)'에 한한다.[48]

위조僞造란 정당한 작성권한 없는 자가 타인명의를 모용하여 문서를 작성하는 것을 말한다. 말하자면 문서에 표시되어 있는 명의인은 진정한 작성자가 아닌데도 불구하고, 마치 진정한 작성권자가 그의 의사를 표시한 것처럼 문서(즉, 작성자와 명의인이 불일치한 문서)를 작성하는 것을 말한다. 예컨대 갑이 함부로 을 명의의 차용증서를 작성하여 이를 병에게 교부하면 문서위조죄와 동행사죄가 성립할 것이다(제213조, 제234조).

작성 권한 없이 타인명의를 모용하여 문서를 작성하는 이상, 그 내용이 진실하더라도 문서위조죄로 된다(형식주의). 또한 타인으로부터 위탁된 권한을 초월하여 위탁자 명의의 문서를 작성하거나 타인의 서명날인이 정당하게 성립한 때라 하더라도 그자의 의사에 반하는 문서를 작성하는 경우에는 사문서위조가 성립한다.

이와 같이 문서위조(유형위조)는 정당한 작성권한 없이 타인명의의 문서를 작성하는 것이므로 자기명의의 문서를 작성할 경우에는 물론이고, 본인의 승낙, 대리 또는 대표자격이 있는 자가 그 권한 내에서 본인명의의 문서를 작성하는 경우에는 본인의 의사에 따른 본인명의의 문서를 작성하는 것이므로 위조로 되지 않는다. 다만, 그 내용이 허위인 경우에는 허위문서의 작성(무형위조)으로 될 뿐이다.

또 작성명의인의 표시는 문서자체의 내용과 형식에 의하여 작성명의인이 누구인가를 판단할 수 있으면 족하다. 그리고 위조문서의 작성은 행위자의 자필에 의하건 타인의 대필에 의하건 불문한다.

변조變造란 권한 없는 자가, 이미 진정하게 성립된 타인명의의 문서내용에 대하여 그 동일성을 해하지 아니할 정도로 변경을 가하는 것을 말한다. 예컨대 타인명의의 차용증서의 기간 또는 금액에 변경을 가하여 그 문서의 증명력을 고치는 경우, 증명서의 사진을 떼어내고 자신의 사진을 붙이는 경우, 인감증명서의 사용용도란의 기재를 변경한 경우 등이다. 그러나 기성旣成문서에 변경을 가하는 경우라도 그 본질적 부분에 변경을 가하여 변경전의 문서와 사회통념상 전혀 별개의 문서가 작성되었다

---

47) 명의인은 자연인·법인·법인격 없는 단체, 내국인·외국인을 불문한다.
48) 기타 전체문서, 결합문서, 복합문서, 개별문서의 분류가 있다.

고 볼 수 있는 경우에는 변조가 아니고 위조이다. 예컨대 이미 실효된 통용기간 경과 후의 정기승차권의 일자를 변경하여 이를 유효하게 하는 경우는 변조가 아니라 위조 이다.[49]

또 문서의 변조는 타인명의의 문서에 변경을 가하는 것이므로, 자기명의의 문서 에 대하여 자기 자신이 변경을 가하여도 그것은 변조로는 되지 아니한다. 예컨대 채 무자가 차용증서를 채권자로부터 잠시 반환받아 그 내용에 변경을 가하였을 경우에 는 자기의 의사표시를 변경하였을 뿐이고 타인명의의 문서에 변경을 가한 것이 아니 므로 문서의 변조로는 되지 아니하고, 다만 문서의 손괴죄(제396조)가 될 뿐이다.

본장의 죄의 구성요건체계로는 제225조(공문서 등의 위조·변조죄; counterfeit or alteration of official document, etc.), 제226조(자격모용에 의한 공문서 등의 작성죄; drafting of official document by assuming false capacity), 제227조(허위공문서 작성 등 죄; prepration, etc. of public document) 제227조의2(공전자기록위작·변작죄; false prepration or alteration), 제 228조(공정증서원본 등의 부실기재죄; untrue entry in officially authenticated original deed), 제 229조(위조 등 공문서의 행사죄; uttering of falsified public document, etc.) 제230조(공문서 등 의 부정행사죄; unlawful uttering of official document) 제231조(사문서 등의 위조·변조죄; counterfeit or alteration of private document, etc) 제232조(자격모용에 의한 사문서의 작성죄; drafting of private document by assuming false capacity) 제232조의2(사전자기록위작·변작죄; false prepration or alteration of private electromagnetic records) 제233조(허위진단서 등의 작성 죄; prepration of medical certificate, etc.) 제234조(위조사문서 등의 행사죄; uttering of falsified private document, etc.) 제235조(미수범), 제236조(사문서의 부정행사죄; unlawful uttering of private document), 제237조의2(복사문서 등; reproduced documents, etc.)가 있다.

2. 통화에 관한 죄

통화通貨에 관한 죄(crimes concerning currency)란 행사할 목적으로 통화를 위조· 변조하거나 위조·변조한 통화를 행사·수입·수출 또는 취득하거나, 통화유사물을 제조·수입·수출·판매하는 것을 내용으로 하는 범죄이다(제207조 이하).

보호법익은 통화에 대한 거래안전과 신용이라고 보아야 할 것이다. 보호법익에 관하여, 통화에 대한 거래상의 안전과 신용을 주된 보호법익으로 하고 국가의 통화

---

49) 변조의 개념적 요소로는 '권한 없는 자', '타인명의의 진정문서', '동일성을 해하지 않을 정도의 내용변 경'을 들 수가 있다.

주권도 보충적으로 보호되는 것으로 해석하는 견해도 있다. 보호정도는 추상적 위험 범이다. 통화에 관한 죄는 외국인의 국외범도 처벌하고(제5조 제4호), 장소적 적용범위에서 세계주의를 채택하고 있다.

구성요건체계는 제207조(통화의 위조 등; crimes of counterfeiting currency), 제208조(위조통화의 취득; acquisition of counterfeited currency), 제209조(자격정지 또는 벌금의 병과; concurrent imposition of suspension of qualifications or of fine), 제210조(위조통화취득 후의 지정행사; circulation of currency known to be counterfeited), 제211조(통화유사물의 제조 등; manufacture of articles similar to currency), 제212조(미수범), 제213조(예비, 음모) 처벌규정이 있다.

특정범죄가중처벌법 제10조의 가중처벌규정이 있다.

위조僞造란 통화의 발행권자 아닌 자가 통화의 외관을 가지는 물건을 작성하는 것을 말한다. 통화의 발행권은 정부 기타 발행권자에게 제한되므로 이미 존재하고 있는 통화와 유사한 물건을 제작하는 것을 위조라 할 수 있다. 위조의 정도는 일반인이 진화라고 오인할 우려가 있는 외관을 갖추면 족하다. 반드시 진화와의 식별이 불가능할 정도에 이를 것을 요하는 것이 아니므로, 진화로 오인할 염려가 있다면 그 재료·대소·문자·지문의 모양, 색채, 인장 또는 기호가 실제로 유통되고 있는 것과 동일 또는 유사할 것임을 요하지는 않는다.

변조變造란 진정한 통화에 가공하여 그 가치를 변경하는 것을 말한다. 변조는 진정한 통화를 전제로 하므로 가공으로 인하여 진화의 외관 또는 진화의 동일성이 상실되지 않을 것을 요한다는 점에서 위조와 구별된다.

변조에는 두 가지 방법을 생각할 수 있다. 첫째로는 통화의 모양과 문자를 고쳐서 그 명가를 변경하는 것이다. 둘째로, 진화를 손괴하여 그 실가를 감소하게 하는 방법이다. 예컨대 금화나 은화를 감량케 하여 실질적 가치를 감소시키는 행위가 여기에 해당한다.

행사行使란 위조 또는 변조된 통화의 점유 또는 처분권을 다른 사람에게 이전하여 통화로써 유통될 수 있게 하는 것을 말한다. 예컨대 위조화폐를 진정한 화폐로 화폐수집상에게 판매하거나 진화와 바꾸는 행위, 또는 물품대금으로 지급하는 경우는 물론 공중전화기·자동판매기에 넣는 경우도 행사에 해당된다. 그리고 위화를 증여하는 경우에도 행사에 해당됨은 당연하다. 그러나 단순히 자기의 신용력을 보이기 위하여 위조통화를 제시하는 것만으로는 행사라고 할 수 없으며, 또 진화로 유통할 것을 요하므로 위조화폐를 명가 이하의 상품으로 매매하는 것도 행사라고 할 수 없다 (통설).

위조 또는 변조된 통화를 행사하여 재물을 취득한 경우에는 본죄 외에 사기죄도 성립한다고 보는 것이 일반적이다. 그런데 위조통화행사죄와 사기죄의 관계에 관해서는 견해가 대립되고 있다. 사기죄는 행사죄에 흡수되어 별도로 성립하지 않는다고 해석하는 견해가 있으나, 판례는 위조통화행사죄와 사기죄는 경합범의 관계에 있다고 판시한다(대판79도840).

취득取得은 자기 점유하로 옮기는 일체의 행위로서 유상인가 무상인가를 따지지 않는다. 따라서 대금을 지불하고 구입하거나 교환한 경우 및 증여를 받는 경우도 취득에 해당한다. 취득의 방법도 문제가 되지 않으므로 범죄행위로 인하여 취득하여도 본죄를 구성한다. 따라서 절취 또는 편취 등의 방법에 의해 취득하여도 본죄를 구성하게 된다.

3. 유가증권과 우표·인지에 관한 죄

유가증권有價證券에 관한 죄(crimes concerning valuable securities)란 행사할 목적으로 유가증권을 위조, 변조 또는 허위작성하거나, 위조·변조·허위작성한 유가증권을 행사·수입·수출함으로써 성립하는 범죄이다(제214조 이하).

본죄는 유가증권에 관한 법적 거래의 신용과 안전을 보호법익으로 하는 범죄이다.

보호정도는 추상적 위험범이다. 경제거래에 있어서의 유가증권의 기능과 통화에 유사한 유통성은 유가증권의 위조·변조행위에 대한 국제적 단속을 필요로 한다. 여기서 형법은 외국의 유가증권도 대한민국의 그것과 같이 보호하면서 외국인의 형법이 적용되도록 하고 있다.

유가증권이란 증권상에 표시된 재산상의 권리의 행사와 처분에 그 증권의 점유를 필요로 하는 것이다. 따라서 유가증권이라고 하기 위해서는 재산권이 증권에 나타나 있고 권리의 행사와 처분에 증권의 점유를 필요로 한다는 두 가지 요건이 구비되어야 한다. 따라서 재산권이 증권에 표시되어 있는 신용카드는 유가증권이지만, 재산권이 표시되어 있다고 할 수 없는 물품구입증이나 영수증과 같은 증거증권은 물론 증서의 점유가 권리행사의 요건이 되지 않는 면책증권은 유가증권이 아니다. 유가증권에 표시된 재산권은 물권인가 채권인가 또는 사원권인가를 불문한다.

유가증권에는 법률상의 유가증권(예컨대 어음, 수표, 화물상환증, 선하증권, 창고증권 등과 같이 법률상 일정한 형식을 필요로 하는 증권)과 사실상의 유가증권(예컨대 승차권, 상품권과 같이 법률상의 형식이 규정되어 있지 않은 유가증권)이 포함된다.

구성요건체계로는 제214조(유가증권의 위조 등; counterfeiting valuable securities, etc.), 제215조(자격모용에 의한 유가증권의 작성; drafting of valuable securities by assuming false capacity), 제216조(허위유가증권의 작성 등; drafting umtrue valuable securities), 제217조(위조유가증권 등의 행사 등; uttering forged valuable securities), 제218조(인지·우표의 위조 등; forgery of revenue or postage), 제219조(위조인지·우표 등의 취득; acquisition of forged postage or revenue stamp), 제220조(자격정지 또는 벌금의 병과), 제221조(소인말소; erasure of postmark), 제222조(인지·우표유사물의 제조 등; manufacture, etc. of articles similar to stamps, postage, etc.), 제223조(미수범), 제224조(예비, 음모)이다.

제 3 항 공중의 건강에 관한 죄

공중公衆의 건강생활은 문화사회의 기본적 요건이며 중요한 사회적 이익이다. 형법은 개인의 생명·신체의 안전을 개인적 법익으로서 보호하고 있지만, 본장에서는 공중의 건강생활을 위태롭게 하는 행위를 처벌하여 이러한 사회적 법익을 독립하여 보호하고 있다.

공중위생에 대한 죄로서 특히 규정하고 있는 범죄로서는 '음용수에 관한 죄(제192조 이하)'와 '아편에 관한 죄(제198조 이하)'이다.

음용수飮用水에 관한 죄(crimes concerning drinking water)는 공중이 일상적으로 마시는 정수 또는 그 수원에 오물·독물 기타 건강상의 유해물을 혼입하거나, 음용수를 공급하는 수도 기타 시설을 손괴 또는 기타 방법으로 불통하게 하여 공중의 음용수 이용과 그 위생에 대한 안전을 위태롭게 하는 행위를 처벌하는 범죄이다. 음용수에 관한 죄는 공중의 위생에 대한 죄로서 공중의 건강을 그 보호법익으로 한다. 보호정도는 추상적 위험범이다.

구성요건체계로는 제192조(음용수의 사용방해; obstruction of use of drinking water), 제193조(수도음용수의 사용방해; obstruction of use of water supply system), 제194조(음용수혼독치사상; death or injury caused by mixing drinking water with poison), 제195조(수도불통; interference with water supply system), 제196조(미수범), 제197조(예비, 음모)가 있다.

특별형법으로 환경범죄의 단속에 관한 특별조치법 제3조의 처벌규정이 있다.

아편에 관한 죄(crimes concerning opium)는 아편을 흡식하거나 아편 또는 아편흡식기구의 제조·수입 또는 판매 등의 행위를 내용으로 하는 범죄이다. 본장의 죄는 공중의 건강을 보호법익으로 하는 추상적 위험범이다.

구성요건체계로는 제198조(아편 등의 제조 등; manufacture, etc. of opium, etc.), 제199조(아편흡식기의 제조 등; manufacture, etc. of opium smoking instrument), 제200조(세관공무원의 아편 등의 수입; opium importation by customs official), 제201조(아편흡식 등, 동장소 제공; smoking opium and provision of place), 제202조(미수범), 제203조(상습범), 제204조(자격정지 또는 벌금의 병과), 제205조(아편 등의 소지; possession of opium. etc.), 제206조(몰수, 추징; confiscation, subsequent, collection)가 있다.

특별형법으로 마약류 관리에 관한 법률이 제정되어 있으며,[50] 특정범죄가중처벌법 제11조에 가중처벌규정을 두고 있다.

제 4 항 사회의 도덕에 관한 죄

1. 성풍속에 관한 죄

성풍속에 관한 죄(crimes concerning sexual morals)는 성생활에 관련되는 성도덕 내지 건전한 성적 풍속을 해하는 행위를 처벌하는 범죄이다.

강간죄나 강제추행죄도 성생활과 관련을 맺고 있으나, 이들은 풍속에 관한 죄라기보다는 개인의 성적 자기결정권을 침해하는 죄로서의 성격을 가지기 때문에 우리 형법은 이에 대해 정조에 관한 죄로 개인적 법익에 관한 죄로서 별도의 장을 마련하고 있다.

풍속을 해하는 죄는 음행매개, 음화 등의 반포·제조 및 공연음란 등의 행위를 내용으로 하는 범죄이고, 성생활에 관한 선량한 풍속의 보호를 목적으로 한다.

구성요건체계로는 제242조(음행매개; arranging for prostitution), 제243조(음화 등 반포·판매·임대·공연전시; distribution, etc. of obscene pictures), 제244조(음화 등 제조·소지·수입·수출죄; manufacture etc. of obscene pictures), 제245조(공연음란; public indecency)가 있다.

---

50) 2000년 7월 1일부터 기존의 마약법, 대마관리법, 향정신성의약품관리법을 폐지하고 대체법률로 제정되었다.

2. 도박과 복표에 관한 죄

도박賭博과 복표福票에 관한 죄(crimes concerning gambling and lottery tickets; 제246조 이하)는 도박하거나 도박장을 개장하거나 복표를 발매·중개 또는 취득함으로써 성립 하는 범죄이다.

이러한 범죄는 사람의 사행심射倖心을 조장하여 건전한 근로생활을 퇴폐케 할 뿐 만 아니라, 폭행·협박·상해·절도·강도 등의 다른 범죄를 유발하는 원인이 되기 때 문에 이를 처벌하거나 통제하는 것이다.

보호법익은 건전한 근로관념과 공공의 미풍양속 내지 경제에 관한 건전한 도덕 법칙이라고 할 수 있다. 보호정도는 추상적 위험범이다. 도박의 당사자는 대향범으로 필요적 공범이다.

구성요건체계로는 제246조(도박, 상습도박; gambling, habitual gambling), 제247조(도 박장소 등 개설; opening gambling place), 제248조(복표의 발매 등; selling lottery tickets), 제 249조(벌금의 병과; concurrent imposition of fine)가 있다.

도박행위가 일시오락의 정도에 불과한 때에는 위법성이 조각되어 본죄는 성립되 지 않는다(대판85도2096).

3. 신앙에 관한 죄

신앙信仰에 관한 죄(crimes concerning deceased persons)는 공중의 종교생활의 평온 과 종교감정을 침해하는 것을 내용으로 하는 범죄이다.

보호법익은 종교생활의 평온과 종교감정이라 할 수 있다. 다만, 변사체검시방해 죄는 공무방해죄로서의 성격을 갖는다. 보호정도는 추상적 위험범이다.

구성요건체계로는 제158조(장례식 등의 방해죄; disturbing funeral service, etc.), 제159 조(사체 등의 오욕; defiling corpse, etc.), 제160조(분묘의 발굴; excavation of grave), 제161조 (사체 등의 영득; exploring tombs, etc.), 제162조(미수범), 제163조(변사체검시방해; obstruction of inquest over unnatural corpse)가 있다.

제 4 절 국가적 법익에 대한 죄

제 1 항   국가의 기능에 관한 죄

1. 공무원의 직무에 관한 죄

(1) 의   의

공무원公務員의 직무에 관한 죄(crimes concerning the duties of public officials; 제122조 이하)는 국민에 대한 봉사자奉仕者들로서의 공무원이 직무집행의 엄정성을 해하거나 또는 이를 해할 우려가 있는 직무상의 의무위반 행위를 처벌하기 위한 것이다.

공무원은 공법상 특별권력관계에 기초하여 일정한 의무위배행위에 대하여 공법 상의 징계벌을 받게 되어 있지만, 그 행위의 정도가 지나쳐 사안이 중대한 경우에는 형벌로써 처벌하는 것이다.

보호법익은 공무원의 직무수행의 공정성을 유지(넓은 의미의 국가기능)하는 데 있 다. 그러나 동시에 개인적 법익도 고려하고 있음은 물론이다. 직권남용죄와 같은 경 우에도 개인의 자유, 신체의 완전성 및 개인의 권리와 같은 개인적 법익도 보호하고 있음은 물론이다.

보호정도는 현실적 법익침해를 요하지 않을 뿐만 아니라 그 구체적 위험의 발생 도 요하지 않는다는 점에서 추상적 위험범이다. 그러나 직무유기죄는 구체적 위험범 이고 불법체포·감금죄는 침해범의 성격을 가진다.

공무원의 직무에 관한 죄는 원칙적으로 공무원인 신분을 가진 자만이 그 주체가 될 수 있는 진정 신분범이다.

형법상 공무원이라 함은 국가공무원법, 지방공무원법 기타 법령에 의하여 공무 를 수행하는 공무담당자를 말한다. 공무公務라 하더라도 단순한 육체적, 기계적 노무 에 종사하는 우편집배원이나 청소부, 사환, 공원 등을 공무원으로 볼 수 있는가이다. 이에 대하여는, 예컨대 직무유기죄와 같은 경우 이들 단순 노무직에 대하여는 어느 정도의 직무수행의 융통성을 인정할 충분한 여지가 있으므로 형법상 공무원의 개념 에 포함시키지 않는 것이 타당하다.

또한 공법인公法人의 직원의 경우에도 일률적으로 공무원으로 취급해서는 안 된다. 다수설과 판례는 공법인의 직원이 공무원인지에 관하여 개별적으로 검토하여 행정기관에 준하는 공법인의 직원은 공무원이라는 입장[51]을 취하고 있다.

종합해보면 직무범죄의 주체인 공무원은 법령에 의하여 국가나 지방자치단체 및 이에 준하는 공법인의 사무에 종사하는 자로서 그 사무의 성격이 공법적 성격을 가져야 하며, 단순한 기계적·육체적인 것에 한정되어 있지 않은 공무원을 말한다.

구성요건체계로는 직무위배죄, 직권남용죄, 뇌물죄로 나누어서 규정하고 있다. 구체적으로 직무유기죄(제122조; abandonment of duties)와 직권남용죄(제123조; abuse of authority), 불법체포·감금죄(제124조; unlawful arrest and unlawful confinement), 폭행·가혹행위죄(제125조; violence and cruel act), 피의사실공표죄(제126조; publication of facts of suspected crime), 공무상비밀의 누설죄(제127조; divulgence of official secrets), 선거방해죄(제128조; obstruction of election), 뇌물죄(제129조 이하) 등이 있다.

특별형법으로 폭력행위처벌법 제9조와 특정범죄가중처벌법 제15조와 제4조의2가 있다.

(2) 뇌물의 죄

형법은 제129조에서 제134조에 걸쳐 뇌물죄와 관련된 규정을 두고 있다.

뇌물죄賂物罪란 공무원 또는 중재인이 그 직무행위의 대가로 부정한 사적 이익을 취득하거나 공무원 또는 중재인에게 부정한 보수를 지급하는 경우를 처벌하는 규정이다. 뇌물죄는 이처럼 기본적으로 뇌물賂物을 받는 수뢰죄와 뇌물을 주는 증뢰죄로 나누어진다.

국가의 일반적 권력작용은 구체적으로 공무원의 직무행위를 통하여 행사되는데, 그 과정에 일정한 금전 기타 부정한 이익이 개입되어 공정한 직무집행이 왜곡되는 것은 국가기관에 대한 국민의 신뢰를 추락시키고 나아가 특정 개인에 대한 부정한 이익을 제공함으로써 일반국민의 위화감을 초래할 수도 있으므로 예로부터 뇌물죄는 엄격하게 법률상 처벌되어 왔다.

뇌물죄賂物罪의 본질이 무엇인가의 문제에 관한 논의는 그 보호법익이 무엇인가의 문제로 다루어지고 있다. 뇌물죄의 보호법익이 일반적으로 국가기능의 공정한 작용(직무행위의 불가매수성과 직무행위의 공정에 대한 사회일반의 신뢰)을 보장하기 위한 것임은 말할 필요도 없다(신뢰보호설; 다수설·판례[52]). 보호정도는 추상적 위험범이다. 통설

---

51) 대판69도124.
52) 대판99도4940.

通說은 뇌물의 개념을 직무와 관련되는 불법한 보수 또는 부정한 이익으로 보는데 일치하고 있다. 구체적으로 말하자면 금전, 물품, 향응 기타 재산적 이익 등 사람의 욕망을 만족시키기에 충분한 유형·무형의 이익으로서 직무행위와 관련된 것을 의미한다.

뇌물의 개념에서 첫째로 문제되는 것은 '직무행위와의 관련성'의 문제이다. 직무란 공무원 또는 중재인이 그 지위에 있어서 담당하는 일체의 사무를 말한다. 뇌물죄의 직무는 직무유기죄職務遺棄罪나 직권남용죄職權濫用罪의 직무보다 광의廣義로 해석되어야 한다. 직무범위는 법령은 물론 지침, 훈령, 지령 또는 행정지시에 의한 경우뿐만 아니라, 관례상 또는 상관의 지시에 의해 자신의 소관사무 이외의 사무를 대리하는 경우도 포함된다. 직무행위의 적법성, 정당성, 유효성은 중요하지 않다. 따라서 적법하고 정당한 직무행위와 관련하여 대가를 받은 경우에도 직무관련성이 인정된다.

'직무에 관하여'란 행위의 객관적 직무관련성을 의미한다. 따라서 직무행위 자체는 물론 객관적으로 보아 직무의 외형을 갖추고 있는 경우와 엄밀한 의미에서는 직무행위가 아니지만 직무와 밀접한 관련이 있는 경우를 포함한다. 당해 행위가 현실적으로 정당한 권한 내에 행위인지, 당해 공무원이 직무집행의 의사가 있었는지 여부와 상관없이 객관적으로 직무집행의 외형을 갖추고 있는지 여부에 의하여 판단하여야 한다.[53]

형법상 뇌물의 개념은 직무행위의 대가로서의 부정한 이익을 말한다. 즉, 뇌물과 직무행위가 급부給付와 반대급부反對給付라는 대가적 관계가 성립되어야 한다. 따라서 직무와 관련 없이 또는 직무행위와 대가관계에 있지 않은 단순한 사적 행위에 대한 대가는 뇌물로 볼 수 없다.

뇌물죄는 그 내용상 수뢰죄受賂罪와 증뢰죄贈賂罪로 대별된다.

수뢰죄의 기본적 구성요건은 수뢰죄(제129조 제1항; acceptance of bribe)이다. 사전수뢰죄(제129조 제2항; advance acceptance)는 이에 대한 감경적 구성요건이고, 제3자 뇌물공여죄(제130조; bribe to third person)와 사후수뢰죄(제131조 제3항; improper action after acceptance of bribe and subsequent bribery) 및 알선수뢰죄(제132조; acceptance of bribe through good offices)는 수뢰죄의 변형된 독자적 구성요건이며, 수뢰후부정처사죄(제131조 제1항)와 부정처사후수뢰죄(제131조 제2항)는 가중적 구성요건이다. 증뢰죄(제133

---

53) 대판2001도971.

조 제2항; offer, etc. of bribe)의 경우는 수뢰죄에 대응하는 증뢰죄(제133조 제1항)와 제3자 증뢰물전달죄(제132조 제2항)가 있다.

행위주체는 공무원 또는 중재인仲裁人이다. 따라서 단순히 사실상 중재인으로서 분쟁의 해결을 알선하는 자는 중재인으로 볼 수 없다. 본죄는 진정 신분범이며, 판례는 증뢰죄와의 관계에서 대향범으로 필요적 공범으로 보고 있다. 반면 증뢰죄의 주체에는 제한이 없다. 공무원도 본죄의 주체가 될 수 있다. 수뢰죄의 행위는 뇌물을 수수, 요구 또는 약속하는 것이고, 증뢰의 행위는 뇌물을 약속·공여·공여의 의사표시를 하거나, 이에 공할 목적으로 제3자에게 금품을 교부하거나 그 정을 알면서 교부를 받는 것이다.

뇌물이 유형적인 금전이나 물품인 경우에는 점유의 이전 내지 점유의 취득으로 수수가 이루어지지만, 무형의 비재산적 이익인 때에는 그러한 이익을 향유하는 행위가 수수가 된다. 요구란 뇌물을 취득할 의사로 현실적인 제공을 청구하는 것이다. 요구죄는 일종의 즉시범으로 일방적 청구의 의사표시만 있으면 상대방의 응낙 여부와는 관계없이 성립된다. 약속이란 증뢰자와의 사이에서 뇌물의 수수를 합의하는 것이다. 뇌물의 수수를 장래에 하기로 기약하는 것이므로 약속당시에 뇌물이 현존할 필요는 없다. 그 가액이나 이익의 정도로 확정되어 있을 필요가 없다.

주관적 구성요건으로 고의가 인정되기 위해서는 직무와 관련하여 부정한 대가를 수수, 요구 또는 약속하는 등 사실에 대한 인식 및 인용이 있어야 한다. 즉, 직무관련성과 부정한 대가라는 인식이 있으면 족하고, 더 나아가 부정한 직무를 수행할 의사까지 요구하는 것은 아니다.

2. 공무방해에 관한 죄

공무방해公務妨害에 관한 죄(crimes concerning obstruction of the performance of official duties)는 국가 또는 공공기관이 행사하는 기능을 방해함으로써 성립하는 범죄이다. 구체적으로 말하면 공무원에 의하여 집행되는 공무를 보호하기 위한 범죄이다. 즉, 본죄의 보호법익은 공무이다(통설). 공무를 보호함으로 인해서 공무원의 지위도 간접적으로 보호된다. 그러나 본죄를 공무원을 보호하기 위한 범죄라고 보아서는 안 된다. 보호정도는 추상적 위험범이다(통설). 공무원은 본죄의 행위의 객체가 될 뿐이다.

구성요건체계로는 공무집행방해죄(제136조 제1항; obstruction of performance of official duties)를 기본적 구성요건으로, 직무강요죄(제136조 제2항), 위계에 의한 공무집행방해죄(제137조; obstruction of performance of official duties by fraudulent means)를 수정된 구성요건으로, 법정 또는 국회의장모욕죄(제138조; contempt of court or national assembly), 인권옹호직무방해죄(제139조; obstruction of official duties for vindication of human rights), 공무상 비밀표시무효죄(제140조; rendering null and void symbol of official secrecy), 부동산강제집행효용침해죄(제140조의2), 공용서류 등 무효죄(제141조 제1항; invalidity of public documents, etc. and destruction of public goods), 공용물파괴죄(제141조 제2항), 공무상보관물무효죄(제142조; invalidity of goods kept in public custody)를 독립된 구성요건으로, 특수공무방해죄(제144조 제1항; special obstruction of public duty), 특수공무방해치사상죄(제144조 제2항; 결과적 가중범)의 가중적 구성요건과 미수범(제143조)처벌 규정이 있다.

공무집행방해죄의 객체는 직무를 집행하는 공무원이다. 여기서 공무원은 국가 또는 공공단체의 공무에 종사하는 자를 말한다. 파출소에 근무하는 방범대원도 본죄의 공무원에 해당한다.

직무집행職務執行이란 널리 공무원이 직무상 취급할 수 있는 사무를 행하는 것을 말한다. 반드시 국가 또는 공공단체의 의사를 강제하는 행위에 국한되는 것은 아니다. 직무집행은 원칙적으로 현재 직무집행중인 것을 의미하지만, 직무에 착수하기 직전의 준비행위, 직무집행의 대기 중에 있는 경우, 직무집행 중 일시 휴직 중에 있는 경우도 직무집행에 포함된다고 본다. 그러나 예컨대 출근 중인 경우 또는 집행종료 후인 경우는 이에 포함되지 않는다. 공무원의 직무집행행위는 적법한 것임을 요한다(통설·판례; 대판92도506; 대판2006도148).

직무집행이 적법하기 위해서는 ① 집행행위가 당해 공무원의 일반적 직무권한에 속해야 한다. 따라서 예컨대 경찰관이 조세를 징수하는 행위는 그 권한을 넘는 행위로서 적법한 직무집행이라고 할 수 없다. ② 그 행위는 당해 공무원의 구체적 권한에 속하는 것이어야 한다. 예컨대 집달관은 자기에게 위임된 사건에 대해서만 강제집행을 할 수 있다. ③ 그 행위는 법령이 정한 방식과 절차에 따른 것이어야 한다.

따라서 피고인 또는 피의자를 구속함에는 구속영장을 필요로 하고, 구속영장을 집행함에는 영장을 제시하는 등의 절차를 따라야 한다.

본죄의 행위는 폭행暴行·협박脅迫이다. 폭행이란 사람에 대한 유형력의 행사를 의미하며(광의의 개념), 협박이란 겁을 주는 것을 말한다(광의의 협박). 폭행과 협박은 공무원에 대하여 가해져야 한다. 직접적으로 가해지는 것만이 아니라 간접적인 것도 포함된다. 물건에 대한 유형력의 행사라도 간접적으로 공무원에 대한 것이라면 폭행에 해당된다. 예컨대 직무집행중인 파출소 사무실에 인분을 던지는 행위도 본죄의 폭행에 해당한다. 폭행·협박은 적극적인 행위에 의할 것을 요한다. 따라서 소극적인 거동이나 불복종은 여기에 해당하지 않는다. 또한 직무집행과 관련 없이 피고인이 자해·자학행위를 하는 것은 본죄의 폭행·협박이라 할 수 없다.

폭행·협박의 결과 현실적으로 직무집행행위가 방해되었음을 요하지 않는다. 즉, 직무집행 중의 공무원에 대하여 폭행·협박을 하기만 하면 본죄는 기수에 이른다(추상적 위험범).

3. 도주와 범인은닉의 죄

도주의 죄(crimes of escape; 제145조 이하)는 법률에 의하여 체포 또는 구금된 자(진정 신분범)가 스스로 도주逃走하거나 타인의 도주에 관여함으로써 성립하는 범죄이며, 범인은닉의 죄(harboring criminals; 제151조)는 벌금 이상의 형에 해당하는 죄를 범한 자를 은닉隱匿 또는 도피逃避하게 함으로써 성립하는 범죄이다. 도주의 죄는 국가의 구금기능(다수설)을 보호법익으로 보호정도는 침해범이며, 범인은닉죄는 국가의 형사사법기능(통설)을 보호법익으로 보호정도는 추상적 위험범이다.

구성요건체계로는 제145조(도주, 집합명령위반; escape and violation of summoning order), 제146조(특수도주; special escape), 제147조(도주원조; helping escape), 제148조(간수자의 도주원조; escape caused by prison guard), 제149조(미수범), 제150조(예비, 음모), 제151조(범인은닉과 친족 간의 특례; harboring criminal and special exception to relatives)가 있다.

4. 위증과 증거인멸의 죄

위증僞證의 죄(crimes of perjury; 제152조)는 법률에 의하여 선서한 증인證人이 허위의 공술을 하거나, 법률에 의하여 선서한 감정인·통역인 또는 번역인이 허위의 감정·통역 또는 번역을 하는 것을 내용으로 하는 범죄이다.

보호법익은 국가의 사법기능이다. 즉, 국가의 사법작용인 심판 또는 징계처분의 적정適正을 그릇되게 할 위험이 있기 때문에 처벌하는 것이다. 본죄는 침해범이 아니고 추상적 위험범(통설)이다.

증거인멸證據湮滅의 죄(crimes of destruction of evidence; 제155조 이하)는 타인의 형사사건 또는 징계사건에 관한 증거를 인멸·은닉·위조 또는 변조하거나, 위조 또는 변조한 증거를 사용하거나, 또는 타인의 형사사건·징계사건에 관한 증인을 은닉 또는 도피하게 하여 국가의 심판권의 행사를 방해하는 범죄이다.

사법작용에 대한 국가의 기능을 보호법익으로 하는 추상적 위험범이라는 점에서 위증죄와 본질을 같이한다.

구성요건체계로는 제152조(위증·모해위증; perjury·malicious perjury), 제153조(자백·자수; confession, self-denunciation), 제154조(허위의 감정·통역·번역; fraudulent expert opinion, interpretation, and translation), 제155조(증거인멸 등과 친족 간의 특례; destruction of evidence, etc. and special exception to relatives)규정과 특별형법으로 국회에서의 증언·감정 등에 관한 법률 제14조와 국가보안법 제12조의 규정이 있다.

5. 무고의 죄

무고의 죄(crimes of false accusation; 제156조)는 타인으로 하여금 형사처분·징계처분을 받게 할 목적으로 공무소 또는 공무원에 대하여 허위의 사실을 신고함으로써 성립하는 범죄이다.

무고誣告죄의 본질에 관하여는 여러 가지 견해로 나뉘어져 있다. 요컨대 본죄의 보호법익은 국가의 사법기능이며, 부당하게 처벌받지 않을 개인의 이익도 부수적으로 보호하는 면이 있다고 보는 것이 타당할 것이다(이중성격설; 통설·판례; 대판2005도2712). 보호정도는 추상적 위험범이다.

행위의 대상은 공무소 또는 공무원이다. 공무소 또는 공무원이란 수사기관인 검사, 사법경찰관 및 그 보조자를 포함하고, 징계처분에 있어서는 징계처분의 직권을 가진 소속장 및 징계처분을 촉구할 수 있는 기관을 포함한다.

'허위의 사실'이란 객관적으로 진실에 반하는 사실을 말한다. 따라서 객관적으로 진실에 합치하는 이상, 설령 행위자가 주관적으로 허위의 사실이라고 오신하였더라도 본죄는 성립하지 않는다. 객관적으로 진실 된 사실을 신고한 이상 그 신고 된 사실에 대한 형사책임을 부담할 자를 잘못 택하였거나, 죄명을 잘못 적는 등 주관적 법률평가를 잘못한 경우에는 본죄는 성립하지 않는다. 신고 된 사실이 허위인가의 여부는 그 중요내용이 진실인가에 따라 판단하여야 한다. 예컨대 고소내용이 사실과 다소 다르더라도 그것이 정황의 과정에 지나지 않는 경우이거나, 일부사실만이 허위이고 이것이 범죄성립에 영향을 주지 않는 정도인 경우, 또는 전체 내용이 공정한 수사를 하여 흑백을 가려달라는 취지로 이해할 수 있는 경우에는 무고라고 볼 수 없다.

허위사실 적시의 정도는 수사관서 또는 감독관서에 대하여 수사권 또는 징계권의 발동을 추구하는 정도의 것이면 충분하고, 반드시 범죄구성요건 사실이나 징계요건사실을 구체적으로 명시하여야 하는 것은 아니다.

구성요건체계로는 제156조(무고; false accusation), 제157조(자백·자수)가 있고 특정범죄가중처벌법 제14조와 국가보안법 제12조에도 처벌규정이 있다.

제 2 항 국가의 존립과 권위에 관한 죄

1. 내란의 죄

내란의 죄(crimes concerning insurrection)는 국가의 내부로부터 국토를 참절하거나 국헌을 문란할 목적으로 폭동하는 것을 내용으로 하는 범죄이다. 따라서 본죄는 외환의 죄와 같이 국가의 존립을 위태롭게 하는 범죄로서, 그 보호법익은 국가의 존립과 헌법적 질서를 포함한 국가의 내적안전이며 보호정도는 구체적 위험범이다 (다수설).

본죄는 국가의 존립을 대내적으로 보호하는 것이며, 외환의 죄는 이를 대외적으로 보호하려는 것이다. 또 본죄는 다수인이 폭동하는 것을 행위의 실체로 하는 이른바 집합범으로 필요적 공범이다. 이 점에서 '다중이 집합하여 폭행·협박 또는 손괴'하는 소요죄(제115조)와 유사하나, 본죄는 국토참절 또는 국헌문란의 목적을 주관적 요건으로 하는 점, 집합한 다중이 그 목적달성을 위하여 어느 정도 조직화되어 있어야 한다는 점에서 소요죄와 구별된다.

구성요건체계로는 제87조(내란; insurrection), 제88조(내란목적의 살인; homicide for purpose of insurrection), 제89조(미수범), 제90조(예비, 음모, 선동, 선전; preparation, conspiracies, agitation, or propaganda), 제91조(국헌문란의 정의; defination of subverting constitution)가 있다.

국가보안법 제3조와 군형법 제5조의 규정이 있다.

2. 외환의 죄

외환의 죄(crimes concerning foreign aggression; 제92조 이하)는 국가의 존립을 외부로부터 위태롭게 하는 범죄이다. 국가의 외적 안전을 그 보호법익으로 한다. 보호정도는 구체적 위험범이다.

'외국과 통모通謀하여'란 외국의 정부기관과 의사의 연락을 하는 것을 말한다.

'전단을 열게 한다.'는 것은 전투행위를 개시하는 일체의 행위를 말하고, 그것이 국제법상의 전쟁이건 아니건 불문한다.

'외국인'이란 외국을 대표하는 정부기관 이외의 외국인 개인과 사적 단체를 말한다.

'대한민국에 항적한다.'는 것은 적국을 위하여 군무에 종사함으로써 대한민국에 반항·적대하는 일체의 행위를 말한다. 적국의 군무에 종사하는 이상 전투원인가 비전투원인가는 불문한다.

구성요건체계로는 제92조(외환유치; inducement of foreign aggression), 제93조(여적; taking side with enemy), 제94조(모병이적; benefiting enemy by levying soldiers), 제95조(시설제공이적; benefiting enemy by providing equipment), 제96조(시설파괴이적; benefiting enemy by destroying equipment), 제97조(물건제공이적; benefiting enemy by delivering goods), 제98조(간첩; spy), 제99조(일반이적; benefiting enemy by other methods), 제100조(미수범), 제101조(예비, 음모, 선동, 선전), 제102조(준적국; quasi-enemy country), 제103조(전시군수계약불이행; non-performance of munition contract in wartime), 제104조(동맹국; allied power)가 있다.

3. 국기에 관한 죄

국기國旗에 관한 죄(crimes concerning the national flag; 제105조 이하)의 보호법익은 국가의 권위와 체면이라고 할 수 있다. 보호정도는 구체적 위험범이다. 국기에 관한 죄는 목적범目的犯이며, 모욕죄(제311조)와 손괴죄(제366조)의 결합범으로서의 성격을 가지고 있다.

구성요건체계로는 제105조(국기·국장의 모독죄; profanation of national flag or national emblem), 제106조(국기·국장의 비방죄; defamation of national flag or national emblem)가 있다.

4. 국교에 관한 죄

국교國交에 관한 죄(crimes concerning foreign relations; 제107조 이하)는 외국의 이익과 자국自國의 이익을 동시에 보호하고자 하는 범죄라고 보아야 할 것이다. 따라서 보호법익은 이중법익설이 다수설이며 보호정도는 추상적 위험범이고, 우리 형법은 상대국의 형법에 관계없이 우리 형법을 적용하는 단독주의를 취하고 있다.

구성요건체계로는 제107조(외국원수에 대한 폭행 등; assaults, etc. against foreign sovereign), 제108조(외국사절에 대한 폭행 등; assaults, etc. against foreign envoy), 제109조 (외국의 국기, 국장의 모독; profanation of foreign flag or foreign emblem), 제110조(피해자의 의사; consent of victim), 제111조(외국에 대한 사전; private war against foreign country), 제 112조(중립명령위반; violations of neutrality orders), 제113조(외교상기밀의 누설; divulgence of diplomatic secrets)가 있다.

제 4 장 형사소송법

제 1 절 서 론

1. 형사소송법의 의의

(1) 의 의

　형법은 범죄와 그에 대한 효과로 부과하는 형벌과 보안처분에 관한 실체법이라면, 형사소송법刑事訴訟法(criminal procedure)은 형법이 구체적 사건에 적용되고 실현되기 위해서는 국가의 공권력을 발동하는 근거가 되는 법적절차, 즉 형사절차刑事節次가 필요하다. 이러한 형사절차를 규율하는 법률체계를 형사소송법이라 한다. 형사절차는 구체적으로 범죄수사절차, 공소제기절차, 공판절차, 그리고 형의 선고와 집행절차로 구성되어 있다.

　형사절차에 의하여 국가형벌권을 실현함에는 필연적으로 개인의 기본적 인권을 침해하지 않을 수 없다. 최대한 인권침해人權侵害를 억제하기 위하여 형사절차를 국회에서 제정한 법률(法律; 형식적 의미의 법률)로써 규정하여야 한다. 이러한 원칙이 형사절차법정주의刑事節次法定主義이다. 그 내용으로는 법률유보주의와 적정절차가 있다. 이는 형사법의 최고의 원리인 "법률 없으면 범죄 없고 형벌 없다"라는 죄형법정주의罪刑法定主義를 규정한 헌법 제12조 제1항의 기본정신의 형사소송법에의 구현이기도 하다. 따라서 형사소송법을 '응용된 헌법(angewandte verfassungsrecht)'이라고도 한다.[1]

　형사소송법의 성격은 실체법인 형법을 실현하는 절차를 규정하는 절차법節次法이며 또한 공법公法이며, 법적안정성 유지가 목적인 사법법司法法으로 형사법刑事法이다.

　민사법이 개인과 개인, 부분과 부분 사이에 평균적 정의의 실현을 목적으로 함에 반해, 형사법은 국가와 개인, 전체와 부분 사이의 배분적 정의를 실현함을 목적으로 한다. 따라서 형사법에는 정치적 색채가 강하게 나타난다. 특히 형사소송법에는 그 시대의 정치상황이 그대로 반영되고 정치적 변혁이 있는 곳에는 언제나 형사소송

---

1) 이재상·조균석, p. 4

법의 개정이 뒤 따른다.

절차법인 형사소송법은 동적·발전적 법률관계에 관한 법률이다. 그러므로 형법은 윤리적倫理的 색채가 강하고 형사소송법은 기술적技術的 성격이 뚜렷하다.

(2) 법원(=법의 존재형식)

형사절차법정주의에 의하여 형사소송법의 법원法源은 법률法律에 제한된다. 즉, "누구든지 법률에 의하지 아니하고는 체포·구속·압수·수색·심문·처벌과 보안처분을 받지 아니한다(헌법 제12조 제1항)." 형사절차법정주의에 의하여 형사절차를 규정하기 위하여 제정된 법률이 바로 형사소송법이다.

따라서 형사소송법의 법원으로는 헌법(제12조 제1항 형사절차법정주의, 적정절차, 제3항 영장주의, 제4항 변호인의 조력권, 제6항 체포·구속적부심사청구권, 제7항 자백배제법칙과 자백보강법칙, 제13조 제1항 일사부재리원칙, 제27조 제3항 신속한 재판청구권, 제4항 무죄추정권, 제28조 형사보상청구권 등), 형사소송법(형식적 의미와 실질적 의미), 대법원규칙(헌법 제108조) 등이 있다.

법의 적용범위(효력)에는 역시 장소적·인적·시간적 적용범위(시행 시부터 폐지 시까지이며 형사소송법에는 소급효금지의 원칙은 적용되지 않는다)가 있다.

형사소송법의 역사歷史는 로마의 형사절차와 게르만의 형사절차로 대표되는 대륙법大陸法계와 영국의 형사절차와 미국의 형사절차로 대표되는 영미법英美法계로 나누어진다.

우리의 근대형사절차는 구미歐美법의 형사절차를 계수하여 1954년 9월 23일 공포·시행하고 있는 형사소송(절차)법이다.

(3) 이 념

형사소송법은 형법의 구체적 실현을 위한 절차를 규정하는 법률이다. 형법의 적정한 적용을 위해서는 사건의 진상을 확실히 파악하여야 한다. 그러므로 형사절차상 최고의 이념理念은 실체적 진실발견에 있다. 그러나 그것이 유일한 목적이 되어서는 안 된다. 그러므로 실체적 진실발견도 적정절차에 띠리 최대한 신속히게 이루어져야 한다는 제한을 받는다.

실체진실발견實體眞實發見(truthfinding function of the process)은 형사소송 전체를 지배하는 지도이념으로 형사절차의 기초가 되는 사실에 관하여 객관적 진실을 발견하여 사실의 진상을 명백히 밝힐 것을 요구하는 원칙으로, 죄 있는 자를 빠짐없이 벌하는 적극적積極的 실체적 진실발견주의와 죄 없는 자를 벌하여서는 안 된다는 소극적消

極的 실체적 진실발견주의가 있다.[2]

적정절차適正節次(due process of law)는 인간의 존엄과 가치를 인정하고 피의자·피고인의 기본적 인권을 보장하는 공정한 절차에 의하여 국가의 형벌권을 실현해야 한다는 원칙으로 공정한 재판의 원칙을 그 내용으로 하고 있다.[3]

신속한 재판裁判(speedy trial)의 원칙은 공판절차는 신속하게 진행되어야 하며, 재판을 지연시켜서는 안 된다.[4] 헌법 제27조 제3항에 형사피고인의 기본적 인권으로 보장하고 있다.

제도적인 보장으로는 구속기간의 제한(제202조, 제203조), 공소시효(제249조), 집중심리제도(제267조의2), 심판범위의 한정, 궐석재판(제277조의2), 소송지휘권(제279조), 상소기간의 제한(제358조, 제374조) 등이 있다.

세 이념의 상호관계에서는 적정절차와 신속한 재판의 이념은 실체진실발견을 위한 단순한 수단이념이 되어서는 안 되고, 모두 형사사법절차에서 목적원리로 작용하여야 할 것이다.

2. 형사소송의 구조

(1) 의 의

형사소송절차는 소송주체의 활동을 전제로 하여 전개된다. 소송의 주체가 누구이고 소송주체 사이의 관계를 어떻게 구성할 것인가에 대한 이론을 소송구조론이라 한다. 소송의 구조에는 먼저 법원法院이 스스로 절차를 개시하여 심리·재판함으로써 심리개시와 재판의 권한이 법관에게 집중되어 있는 규문주의糾問主義(inquisitorial system)와 재판기관과 소추기관이 분리되어, 소추기관의 공소제기로 재판절차가 개시되는 탄핵주의彈劾主義(accusatorial system)가 있다. 여기에서는 법원은 공소제기된 사건에 대하여만 심판할 수 있다는 불고불리不告不理의 원칙이 적용된다.[5] 이에는 다시 소송진행의 주도권에 따라 직권주의職權主義와 당사자주의當事者主義(adversary system)로 나누어진다.

---

2) 형사소송의 실체적 진실발견은 민사소송에 있어서 형식적 진실발견과 구별되어야 한다.
3) 공평한 법원구성을 위한 형사소송법 제17조(제척의 원인) 내지 제24조(회피의 원인 등), 피고인의 방어권보장을 위한 제286조(피고인의 모두진술), 무기평등의 원칙과 비례성의 원칙(과잉금지원칙), 피고인 보호의 원칙(진술거부권고지; 제283조의2) 등이다.
4) Bacon이 말한 "사법은 신선할수록 향기가 높다"라든가, "재판의 지연은 재판의 거부와 같다(Justice delayed justice denied)"라는 법언의 의미가 그것이다.
5) 우리 형사소송법 제246조에서 '공소는 검사가 제기하여 수행한다.'라고 하여 국가소추주의에 의한 탄핵주의 소송구조를 채택하고 있다.

직권주의는 대륙법계 소송구조로써 법원에게 소송의 주도권을 인정하여 법원의
직권에 의하여 심리를 진행하는 주의를 말하고, 당사자주의는 영미법계 소송구조로
써 소송의 당사자(검사와 피고인)에게 소송의 주도권을 인정하여 당사자의 공격과 방
어를 중심으로 심리가 진행되고(변론주의라고도 한다), 법원은 제3자적 입장에서 당사자
의 주장과 입증을 판단하는 소송구조를 말한다.

(2) 우리 형사소송법의 기본구조

구舊형사소송법은 대륙법계의 직권주의적 요소를 기본으로 영미법계의 당사자주
의를 상당부분 가미한 혼합형 소송구조이었으나, 현행 형사소송법은 미국(영미법)의
당사자주의를 대폭 도입한 점에 특색이 있다. 그럼에도 불구하고 직권주의적 요소로
는 법원의 피고인 신문제도(제287조)[6]와 직권증거조사(제295조 후단), 법원의 증인신문,
법원의 공소장변경요구(제298조 제2항) 등이 남아 있어서 여전히 양兩주의를 조화하고
배합한 절충적 구조를 취하고 있다.

제 2 절   형사소송의 주체

1. 의   의

형사절차의 소송주체(process subject)는 소송법적인 권리나 의무의 귀속주체가 되
는 자로서, 재판권의 주체인 법원法院, 공소권의 주체인 검사檢事, 방어권의 주체인 피
고인被告人을 소송의 3주체라 한다.

소송의 주체 가운데 법원法院은 재판을 하는 주체임에 반하여, 재판을 받는 주체
인 검사(원고)와 피고인을 소송의 당사자當事者라고 말한다. 피고인과 그 보조자인 변
호인, 보조인, 대리인, 그리고 검사와 그 보조자인 사법경찰관리를 소송관계인이라고
하고 소송에 대한 적극적인 형성력이 없는 증인, 감정인, 고소인, 고발인을 소송관여
자라 한다.

---

6) 제287조(재판장의 쟁점정리 및 검사·변호인의 증거관계 등에 대한 진술) ① 재판장은 피고인의 모두
진술이 끝난 다음에 피고인 또는 변호인에게 쟁점의 정리를 위하여 필요한 질문을 할 수 있다.

2. 법 원

(1) 의 의

법원法院이란 사법권을 행사하는 국가기관을 말한다. 일반적으로 법원이라는 말은 두 가지 의미로 사용된다.

하나는 대법원大法院을 정점으로 하는 법원조직법상(제3조)의 법원인 국법國法상 의미의 법원을 말하며,[7] 다른 하나는 개개의 소송사건에 관하여 재판권을 행사하는 재판기관으로서의 소송법상의 법원法院인, 단독판사單獨判事와 합의부를 말한다. 형사소송법상에서의 법원은 후자를 말한다.[8]

형사사법절차에서의 재판은 법적안정성을 지향하여 철저히 공정公正하여야 한다. 공정한 재판을 위해서는 공평한 법원구성이 전제되어야 한다. 공평公平한 법원의 구성을 위해서는 사법권의 독립이 보장되고 자격있는 법관에 의하여 법원이 구성되어야 한다. 여기서 공평한 법원구성을 위한 형사소송법이 구체적으로 마련한 제도가 법관의 제척·기피·회피제도이다(제17조).

제척除斥이란 구체적인 사건의 심판에 있어서 법관에게 불공평한 재판을 할 우려가 현저한 법정사유가 있을 때 그 법관을 자동적으로 당해 재판에 대한 직무집행에서 배제시키는 제도로서, 그 사유로는 제17조에 제한적으로 열거하여 규정하고 있다.[9] 제척의 효과는 당연히 배제되고 위반 시에는 상소이유가 된다.

기피忌避는 당사자의 신청에 의하여 법관을 재판에 관한 직무집행에서 배제시키는 제도이다. 그 사유로는 제18조 제1항에 규정되어 있다.[10]

회피回避는 법관이 자발적으로 일정한 재판의 직무집행에서 탈퇴하는 제도이다. 회피의 신청은 소속법원에 서면으로 제출하여야 한다(제24조 제2항).

이러한 제도들은 법원사무관 등에 대하여도 준용(제25조 제1항)하나, 검사에 대하여는 '검사동일체의 원칙'으로 적용이 없다. 그리고 이들을 위반하였을 때는 판결의 효력이 당연히 무효가 되는 것이 아니고 상소上訴이유가 될 뿐이다.

---

7) 법원에는 최고법원인 대법원과 하급법원인 고등법원과 특허법원, 지방법원, 가정법원 및 행정법원이 있다(헌법 제101조 제2항; 법원조직법 제3조).

8) 형사소송법상 제1심 법원에는 단독제와 합의제를 병용하고 있으나 단독제가 원칙이며(법원조직법 제7조 심판권의 행사), 상소법원은 합의제로 구성되어 있다(동법 제7조 제3항 및 제1항).

9) 형사소송법 제17조에 규정한 사유로는 '① 법관이 피해자인 때, ② 법관이 피고인 또는 피해자와 개인적으로 밀접한 관련이 있는 때, ③ 법관이 이미 당해사건에 관여하였을 때'이다.

10) 법관이 제17조 각 호에 해당하는 때와 법관이 불공평한 재판을 할 염려가 있는 때이다.

(2) 관　할

특정법원이 특정사건에 대하여 재판을 할 수 있는 권한(재판권의 분배)을 법원의 관할管轄(jurisdiction)이라 한다.[11]

관할의 종류로는 일반적으로 사건관할과 직무관할, 법정관할과 재정관할이 있다. 가장 전형적인 법정고유관할로는 사건의 경중輕重이나 성질에 따른 제1심 법원의 관할분배인 사물관할事物管轄로 단독부·합의부·시·군법원의 관할이 있고, 동등법원 상호 간에 사건의 지역적 관계에 의한 관할의 배분인 토지관할土地管轄이 있다. 토지관할의 결정기준은 범죄지, 피고인의 주소, 거소, 현재지가 있다. 재판적裁判籍이라고도 한다.

그리고 3심으로 하는 상소관계의 심급관할審級管轄이 있다. 상소에는 항소와 상고 및 항고(결정이나 명령에 불복)가 있다. 기타 관할에는 법원法院의 재판에 의하여 관할이 정해지는 재정관할裁定管轄이 있다. 여기에는 관할의 지정·관할의 이전이 있다.[12]

(3) 국민참여재판과 배심원

국민의 형사재판 참여에 관한 법률(약칭: '국민참여재판법')에 의하여 2008. 1. 1.일자로부터 국민참여재판이 시행되었다. 배심원이 참여하는 형사재판을 국민참여재판이라 한다(국민참여재판법 제1조 제2호). 국민참여재판의 대상사건은 중죄사건이다(동법 제5조 제1항). 피고인이 원하지 아니하거나 법원의 배제결정이 있는 경우에는 국민참여재판을 하지 아니한다(동법 제5조 제2항).

배심원은 사건에 관하여 사실의 인정, 법령의 적용 및 형의 양정에 관한 의견을 제시할 권한이 있다(동법 제12조 제1항). 다만 배심원의 평결과 의견은 법원을 기속하지 못한다(동법 제46조 제5항). 이 점에서 영미의 전통적인 배심과 차이가 있다. 배심원은 법령을 준수하고 독립하여 성실하게 직무를 수행하여야 하며(동법 제12조 제2항), 직무상 알게 된 비밀을 누설하거나 재판의 공정을 해하는 행위를 하여서는 아니 될 의무가 있다(동법 제12조 제3항).

배심원의 선임은 만 20세 이상의 대한민국 국민 중에서 무작위의 방법으로 선정된다(동법 제16조). 기타 배심원을 위한 보호조치(동법 제50조 내지 제53조)와 의무위배

---

11) 관할권은 재판권과 구별된다. 재판권은 사법권을 의미하는 국법상 개념인 반면에 관할권은 소송법상 개념이다. 재판권이 없으면 공소기각, 관할권이 없으면 관할위반 판결을 한다.

12) 관할지정의 사유로는 '관할이 명확하지 아니한 때와 관할위반을 선고한 재판이 확정된 사건에 관하여 다른 관할법원이 없을 때(제14조 관할지정의 청구)'이고, 관할이전의 사유로는 제15조(관할이전의 신청)에 규정되어 있다.

시 벌칙(동법 제56조 내지 제59조)이 있다.

3. 검 사

(1) 의 의

검사檢事(public prosecuter)는 검찰권을 행사하는 국가기관이다. 검사는 범죄수사
로부터 재판의 집행이 이르기까지 형사사법절차의 모든 단계에 관여하여 정의를 실
현하는데 기여하는 능동적이고 적극적인 국가기관이다. 금번 검찰개혁과 관련법의
개정으로 다소권한과 역할이 축소되었으나 소송법상 지위는 여전히 수사의 주재자이
자 공소권자이고 원고인 당사자이며 재판의 집행을 지휘 감독하는 광범위한 권한을
가진 준사법적, 단독제의 법조기관이다.

(2) 검사동일체의 원칙

모든 검사가 검찰총장을 정점으로 하는 피라미드형의 계층적 조직체를 형성하고
일체불가분의 유기적 통일체로서 활동하는 것을 말한다.[13] 이 원칙에 의하여 단독제
관청인 검사는 분리된 관청이 아니라 전체의 하나로서 검찰권을 행사할 수 있다.

이 원칙의 내용으로 검찰사무에 관하여 상명하복上命下服의 관계에 있고, 직무승
계와 직무이전의 권한이 검사장 등에게 주어지고, 직무대리권이 부여된다. 그러므로
법관의 제척·기피·회피의 원칙은 검사에게는 적용이 없다.

(3) 법무부장관의 지휘·감독권

검사에 대한 상급자의 지휘·감독권은 내적 지휘·감독권과 외적 지휘·감독권으
로 나누어진다. 내적 지휘·감독권이 검찰사무에 관한 지휘·감독의 내용이 됨에 반
하여, 법무부장관의 검사에 대한 지휘·감독권은 외적 지휘·감독권이라고 할 수 있
다. 법무부장관은 검사가 아니기 때문이다.[14]

4. 피고인

(1) 의 의

형사사건으로 국가기관에 의하여 형사소추刑事訴追를 당한 자 또는 형사소추를
당한 자로 의제擬制되거나 취급되고 있는 자이며, 통상의 경우에 피고인被告人(accused)
은 공소장公訴狀에 의하여 특정되어야 한다.

---

13) 검찰청법에는 형식적·명문적으로 검사동일체의 원칙을 규정하고 있지 않으나 동법과 형사소송법에
   의하여 수사상 실질적으로 위 원칙이 적용된다고 보아야 한다.
14) 검찰청법 제8조(법무부장관의 지휘·감독) 법무부장관은 검찰사무의 최고 감독자로서 일반적으로 검
   사를 지휘·감독하고, 구체적 사건에 대하여는 검찰총장만을 지휘·감독한다.

피고인의 소송법상 지위는 수동적·방어권적 소송당사자로서의 지위, 증거방법으로서의 지위, 소환 등 강제처분의 대상, 즉 절차대상으로서의 지위가 있다.

(2) 무죄추정의 원칙

형사절차에서 피의자·피고인은 유죄판결이 확정確定(종국판결)될 때까지는 무죄로 추정(presumption of innocence)된다는 원칙을 말한다.

헌법 제27조 제4항(형사피고인은 유죄의 판결이 확정될 때까지는 무죄로 추정된다.)과 형사소송법 제275조의2(피고인은 유죄의 판결이 확정될 때까지는 무죄로 추정된다.)에서 규정하고 있다.

구체적인 내용으로는 ① 인신구속의 제한으로 불구속수사 및 재판의 원칙과 불필요한 고통의 금지, ② 의심스러운 때는 피고인의 이익으로(in dubio pro reo) ─ 유죄판결을 위해서는 법관의 합리적인 의심 없는 증명(proof beyond a reasonable doubt)을 가져야 한다. ③ 불이익처우의 금지(예단배제원칙, 진술거부권, 부당대우금지) 등이 있고, 적용범위로는 피고인이나 피의자이고 시간적으로는 유죄판결의 확정시까지를 말한다.

(3) 진술거부권

피의자·피고인이 수사절차나 공판절차에서 수사기관 또는 법원의 신문에 대하여 진술을 거부할 수 있는 권리로 영미의 자기부죄거부의 특권(privilege against self incrimination)에서 유래하는 권리로, 인권을 존중하고 당사자주의의 전제인 무기평등의 원칙을 실질적으로 실현하기 위한 제도이다.

근거로는 헌법 제12조 제2항과 형사소송법 제283조의2와 제244조의3조가 있다. 헌법 제12조 제2항에서 "모든 국민은 고문을 받지 아니하며, 형사상 자기에게 불리한 진술을 강요당하지 아니한다."고 규정하고 있고, 형사소송법에는 제283조의2에 '피고인의 진술거부권', 제244조의3에 '피의자의 진술거부권'을 규정하고 있다.

진술거부권의 주체에는 제한이 없고(헌법 제12조 제2항), 진술거부권의 범위로는 진술강요의 금지를 말하며, 사전에 고지의무가 있고, 불고지의 효과로는 위법수집증거배제법칙에 의해 증거능력을 부정하는 것이 타당하며 불이익추정금지의 효과도 있다.

5. 변호인

(1) 의 의

변호인辯護人(counsel)은 피의자·피고인의 방어력을 보충함을 임무로 하는 자를 말한다. 즉 소송주체가 아니라 소송의 보조자이다.

형사소송에 있어서 무기평등의 원칙이 보장되지 않을 때 당사자주의에 의한 실체적 진실발견과 공정한 재판의 원칙은 실현될 수 없다. 이러한 연유로 검사와 대등한 법률전문가로 하여금 피고인을 보조하게 하여 공정한 재판을 실현하게 하기 위하여 둔 제도이다.

헌법 제12조 제4항[15])과 형사소송법 제30조(피의자에 대하여도 변호인 선임권), 형사소송법 제33조(피고인의 광범위한 국선변호인 선임권), 형사소송법 제34조(변호인접견교통권) 등에서 변호권의 범위를 강화하고 있다.

여기에는 사선변호인과 국선변호인제도(제33조 제1항)가 있다. 변호인은 원칙으로 변호사 중에서 선임하여야 한다(제31조). 그러나 대법원이 아닌 경우에는 법원의 허가로 변호사 아닌 자가 변호인이 될 수가 있다(제31조 단서). 변호인을 선임할 수 있는 수는 제한이 없다. 국선변호인은 법원에 의하여 선정된다. 그 사유로는 형사소송법 제33조 제1항에 규정되어 있다.

(2) 지위와 권한

형사소송법상 변호인의 지위는 보호자적 지위와 공익적 지위가 있다. 변호인은 피고인·피의자의 이익을 위한 보호자이며, 또한 공익의 대표로 진실의무가 주어진다. 변호인의 권한으로는 소송행위를 대리하는 대리권代理權과 변호인에게 부여되는 고유固有권이 있다.[16])

제3절 수사와 공소

1. 수 사

(1) 의 의

수사搜査(investigation)란 범죄혐의의 유무를 명백히 하여 공소의 제기와 공소유지

---

15) 헌법 제12조 ④ 누구든지 체포 또는 구속을 당한 때에는 즉시 변호인의 조력을 받을 권리를 가진다. 다만, 형사피고인이 스스로 변호인을 구할 수 없을 때에는 법률이 정하는 바에 의하여 국가가 변호인을 붙인다.

16) 관할이전신청(제15조), 증거동의(제318조), 상소취하(제349조), 정식재판청구(제453조), 구속취소청구(제93조), 보석청구(제94조), 증거보전청구(제184조) 등이고, 고유권으로는 증인신문참여(제163조), 증인신문(제161조의2), 접견교통권(제34조) 등이 있다.

여부를 결정하기 위하여 범인을 발견·확보하며, 증거를 수집·보전하는 수사기관의 활동을 말한다. 이러한 활동을 법적으로 규제하는 절차를 수사라고도 한다.

수사에 의하여 형사사법절차는 개시된다. 수사는 인권침해와 밀접한 관계가 있다. 여기에 수사개시를 위한 조건이 필요하다. 따라서 수사의 필요성과 상당성이 문제된다.

수사의 필요성必要性이란 임의수사와 강제수사를 불문하고 수사의 목적을 달성하기 위하여 필요한 때에만 할 수 있다. 따라서 수사는 수시기관의 주관적 범죄혐의가 있어야 하고 소송조건(공소제기의 유무)이 구비되어야 개시된다.

그리고 수사의 상당성相當性이란 수사의 필요성이 인정되는 경우에도 수사의 수단은 수사의 목적을 달성하는 데 있어서 상당해야 한다는 원칙을 말한다. 즉, 수사의 신의칙과 수사비례의 원칙은 내용으로 한다.

수사개시를 위한 단서로는 수사기관 자신의 체험(현행범체포, 변사자검시, 불심검문, 기사 등)과 타인체험의 수사기관 청취(고소, 고발, 자수, 진정, 범죄신고, 투서 등)에 의하는 경우가 있다. 수사는 수사기관의 주관적 혐의에 의하여 개시된다.

수사기관이란 법률상 수사의 권한이 인정되는 국가기관이다. 그간 형사사법제도의 개혁으로 고위공직자범죄수사처(이하 '공수처'), 검·경 수사권 조정과 관련해 고위공직자범죄수사처 설치 및 운영에 관한 법률(이하 '공수처법'), 검찰청법 및 형사소송법 개정안이 국회 본회의를 통과하고 공포되어 새로운 수사시스템이 마련되었다.

그동안 수사기관이라 하면 검사와 사법경찰관만 있었던 것과 달리 이제 공수처라는 새로운 수사기관이 신설됐고, 기존 수사기관인 검사와 사법경찰관 간의 관계도 수직적 관계에서 협력관계로 변경되며 검찰이 갖던 수사권의 범위에도 변화가 생겼다.

개략적으로 공수처법이 2020년 7월 15일 시행을 앞두고 있다. 이에 따라 공수처 검사는 제2조에서 열거된 사람(대통령 등)과 열거된 범죄(형법상 직무유기, 직권남용 등)에 대해서만 수사를 할 수 있고, 대법원장·대법관·검찰총장·판사·검사·경무관 이상 경찰공무원에 대해서는 기소권까지 행사할 수 있다.

그리고 검찰청법이 개정되면서 제4조 제1항 제1호는 검찰의 직접수사 범위를 제한하고 있다(2020년 2월 4일 공포).

또한 형사소송법의 개정으로 검찰과 경찰의 관계를 협력관계로 개선해 수사 권한을 분산하고 상호 견제하도록 하여, 경찰에 모든 사건의 '1차적 수사권'을 부여하고 검사의 송치 전 수사지휘를 폐지하며 영장신청 기각에 대한 이의제기 절차를 마련하는 등 경찰에 '1차적 수사종결권'도 부여해 범죄의 혐의가 있다고 인정되는 사건만 검찰에 송치하고, 범죄의 혐의가 인정되지 않는 사건은 검찰에 관계 서류와 증거물을 송부하는 의무만 부담하고 자체적으로 종결할 수 있도록 하였다(2020년 2월 4일 공포).

검찰과 경찰이 동일한 범죄사실을 수사하게 된 때에 검찰은 경찰에게 사건을 송치할 것을 요구할 수 있고 요구를 받은 경찰은 지체없이 검사에게 사건을 송치하되, 검사가 영장을 청구하기 전에 동일한 범죄사실에 관하여 경찰이 영장을 신청한 경우에는 해당 영장에 기재된 범죄사실을 계속 수사할 수 있도록 하였다(2020년 2월 4일 공포).

한편 공수처의 범죄 수사와 중복되는 수사를 다른 수사기관에서 하는 경우, 공수처장이 공수처에서 수사하는 것이 적절하다고 판단하여 이첩을 요청할 수 있고 해당 수사기관은 이에 응하도록 규정하였다(2020년 7월 15일).

공수처라는 새로운 수사기관이 설치되고, 검찰과 경찰의 관계가 수직적 관계에서 협력관계로 바뀌는 등 형사사법제도에서의 큰 변화가 예상된다.

또한 특별사법경찰관리제도를 두어서 검사의 지휘·감독을 받게 하였다.[17]

(2) 수사원칙

수사방법에는 임의수사와 강제수사가 있다. 임의수사任意搜査란 임의적인 조사에 의한 수사, 즉 상대방의 동의나 승낙에 의하여 시행되는 수사를 말하며, 강제수사強制搜査란 강제처분에 의한 수사를 말한다.

형사소송법은 제199조에서 임의수사를 원칙으로 하고 법률이 정하는 경우에만 강제수사를 허용하도록 하여 강제수사법정주의를 규정하고 있다.[18] 그러나 임의동행, 보호실유치, 승낙수색과 승낙검증, 거짓말탐지기(Polygraph)의 사용, 감청監聽, 사진촬영 등에서 과학기술의 발달로 양자의 한계성 문제가 나타나고 있다.

형사소송법이 인정하는 임의수사의 방법에는 피의자 신문제도(제200조), 피의자 이외의 자에 대한 조사(제221조; 참고인조사, 감정·통역·번역의 위촉 등), 사실조회(제199조

---

17) 제245조의10(특별사법경찰관리) ① 삼림, 해사, 전매, 세무, 군수사기관, 그 밖에 특별한 사항에 관하여 사법경찰관리의 직무를 행할 특별사법경찰관리와 그 직무의 범위는 법률로 정한다.

18) 제199조 제1항은 "수사에 관하여는 그 목적을 달성하기 위하여 필요한 조사를 할 수 있다. 다만, 강제처분은 이 법률에 특별한 규정이 있는 경우에 한하며, 필요한 최소한도의 범위 안에서만 하여야 한다."고 규정하고 있다.

제2항; 전과조회, 신원조회 등) 등이 있다.

2. 강제수사

강제처분強制處分이란 소송의 진행과 형벌의 집행을 확보하기 위하여 강제력을 사용하는 것을 말한다. 따라서 강제처분은 필연적으로 헌법에 의하여 보장되고 있는 개인의 기본적 인권을 침해하지 않을 수 없다. 즉, 체포와 구속은 개인의 자유를 제한하며, 신체에 대한 검증과 감정은 신체의 완전성을 침해하고, 압수는 재산권을, 수색은 주거권을 침해한다. 따라서 강제처분에 의한 개인의 자유의 제한은 기본권을 보장하고 있는 헌법규범의 정신에 비추어 엄격히 제한되어야 한다.

영장令狀과의 관계에서 강제처분은 사전에 발부된 법관의 영장에 의한 통상의 강제처분과 사후의 영장발부를 전제로 하는 긴급강제처분으로 분류되기도 한다. 형사소송법은 법원에 의한 강제처분을 원칙으로 규정하고(제68조 내지 제145조), 강제수사에 관하여는 수사상의 체포와 구속(제200조의2 내지 제214조의3) 및 압수·수색·검증(제215조 내지 제218조)에 관한 규정을 두면서 법원의 강제처분에 관한 규정을 준용하고 있다(제209조, 제219조). 물론 법원의 강제처분은 강제수사가 아니다.

강제처분은 실행과정에서 인권침해를 수반하게 된다. 인권침해에 대한 구제책으로는 강제처분 이후에 위법 내지는 부당한 처분을 시정하기 위한 사후적 구제책이 있다. 그러나 사후적 구제책은 일단 강제처분에 의해 인권이 침해된 후에 구제하는 경우이며, 강제처분 이전에 신중을 기해서 인권침해를 방지하는 사전적 구제책이 더 바람직하다. 이러한 사전적·사후적 구제제도들은 모두 인권보장을 위한 제도로서 적법절차의 원칙 하에서 존재한다.

(1) 체포와 구속

① 체 포

체포逮捕(arrest)란 죄를 범하였다고 의심할 만한 상당한 이유가 있는 피의자를 단시간 동안 수사관서 등 일정한 장소에 인치하는 제도로서 수사초기에 피의자의 신병을 확보하기 위한 구속의 전 단계 처분으로서 통상체포通常逮捕, 긴급체포緊急逮捕, 현행범체포現行犯逮捕가 있다.

통상체포(영장체포)란 수사기관이 사전에 법관의 체포영장을 발부받아 피의자를 체포하는 것(제200조-2 제1항)이고,[19] 긴급체포는 수사기관이 중대한 죄를 범하였다고

---

19) 체포의 요건으로 형사소송법 제200조의2 제1항에는 "피의자가 죄를 범하였다고 의심할 만한 상당

의심할 만한 상당한 이유(범죄의 중대성, 체포의 필요성, 체포의 긴급성)가 있는 현행범이 아닌 피의자를 영장 없이 체포하는 것(제200조의3)이고, 현행범체포는 영장체포의 예외로 누구든지 체포하는 제도이다(제212조).[20]

피의자의 체포도 피의자의 신병을 확보함으로써 형사절차에서의 피의자의 출석을 확보하고 증거인멸을 방지하기 위한 것이라고 볼 수 있다. 그러나 이러한 의미의 체포의 필요성은 통상체포의 요건이 되지 않는다. 다만, 명백히 체포의 필요성이 인정되지 아니하는 경우란 피의자의 연령, 범죄의 경중 및 태양 기타 제반사정에 비추어 피의자가 도망할 염려나 증거를 인멸할 염려가 없는 경우를 말한다(규칙 제96조의2). 이와 같이 체포의 필요성은 체포의 적극적 요건이 아니라, 그 부존재가 명백한 경우에 한하여 체포를 하지 않게 하는 소극적 요건에 불과하다. 따라서 체포의 필요성이 의심스러운 경우에도 체포할 수 있다.

② 구   속

구속拘束이란 피의자·피고인의 신체의 자유를 체포에 비하여 장기간 걸쳐 제한하는 강제처분으로, 구속에는 구인拘引 또는 구금拘禁이 있다.

형사소송법 제70조와 제201조에서 구속의 요건要件으로는 피의자·피고인이 상당한 범죄혐의(유죄판결에 대한 고도의 개연성)가 있고, 구속사유 즉 증거인멸의 염려, 도망 또는 도망할 염려, 주거부정의 요건이 있을 때, 비례성의 원칙(균형성, 보충성)에 입각해서 시행된다.

구속은 형사소송의 진행과 형벌의 집행을 확보함을 목적으로 한다. 즉 피고인 또는 피의자의 자유를 제한함에 의하여 형사소송에의 출석을 보장하고 증거를 인멸함에 의한 수사와 심리의 방해를 제거하며, 확정된 형벌의 집행을 확보하기 위한 제도이다.

구속은 형사소송의 진행을 확보하기 위한 것이며 단순히 수사를 용이하게 하기 위한 제도는 아니므로, 피의자나 피고인의 자백을 받기 위하여 구속하거나 수사의 편의를 위하여 구속하는 것이 결코 허용되어서는 안 된다.

구속은 피고인뿐만 아니라 피의자를 구속하는 때에도 법관이 발부한 영장에 의하여야 한다. 구속영장의 법적 성질은 피고인의 구속과 피의자의 구속의 경우가 다

한 이유가 있고, 정당한 이유 없이 수사기관의 출석요구에 응하지 아니하거나 응하지 아니 할 우려가 있어야 한다."고 규정하고 있다.

20) 현행범인 체포의 요건으로는 '범죄의 명백성과 체포의 필요성, 비례성의 원칙'을 들 수가 있다.

르다. 즉, 피고인을 구속하는 구속영장은 명령장의 성질을 가지고 있음에 대하여, 피의자 구속의 경우에는 허가장으로서 성질을 가진다.

형사소송법은 모든 구속영장의 발부에 있어서 법관의 피의자심문은 필수적인 절차로 인정한다. 체포된 피의자에 대하여 구속영장을 청구받은 판사는 지체 없이 피의자를 심문하여야 한다(필요적 심문제도; 제201조의2 제1항). 또한 특별한 사정이 없는한 구속영장이 청구된 날의 다음날까지 심문하여야 한다(신속한 심문 실현; 제201조의2 제1항 후문). 체포되지 않은 피의자에 대하여는 구속영장을 청구받은 판사는 피의자가 죄를 범하였다고 의심할만한 이유가 있는 경우 구인을 위한 구속영장을 발부하여 피의자를 구인한 후 심문하되, 피의자가 도망하는 등의 사유로 심문할 수 없는 경우에는 심문없이 구속영장 발부 여부를 결정할 수 있다(제201조의2 제2항).

③ 체포·구속적부심사제도

수사기관에 의하여 체포·구속된 피의자被疑者에 대하여 법원이 그 체포·구속의 적법여부와 필요성을 심사하여 체포·구속이 위법·부당한 경우에는 피의자를 석방시키는 제도를 말한다. 이 제도는 영미법상 인신보호영장(writ of habeas corpus)에서 유래한 제도이다.

청구권자는 영장에 의하여 체포·구속된 피의자, 그 변호인, 법정대리인, 배우자 등(제214조의2 제1항)이며, 청구사유는 체포·구속이 불법·부당한 경우이며, 서면으로 하여야 한다. 청구권자가 피의자로 제한되어 있어서 피고인은 청구권자가 되지 못한다.

청구의 사유로는 체포·구속의 적부이다. 법원의 심사 및 결정으로 구속된 피의자가 구속적부심사를 청구한 경우에 법원이 보증금의 납입을 조건으로 구속된 피의자를 석방하는 제도(제214조의2)로서 보석과 구별된다.

보석保釋(bail)이란 일정한 보증금의 납부 등을 조건으로 하여 구속의 집행을 정지함으로써 구속된 피고인被告人을 석방하는 제도를 말하며, 구속의 집행을 정지한다는 섬에서 광의의 구속집행정지에 속힌다. 보석의 종류로는 청구보석과 지권보석이 있다.

보석의 청구권자는 피고인, 피고인의 변호인·법정대리인·배우자·직계친족·형제자매와 가족·동거인 또는 고용주이다(제94조).

(2) 압수·수색·검증

대물적 강제처분이란 증거물이나 몰수물의 수집과 보전을 목적으로 하는 강제처

분을 말한다. 대물적 강제처분은 그 직접적 대상이 물건이라는 점에서 대인적 강제
처분과 구별된다.

대물적 강제처분에는 압수·수색·검증이 있다. 다만, 검증에 있어서는 법원이
행하는 검증은 증거조사의 일종에 지나지 않고, 수사기관의 검증만 강제처분에 해
당한다.

압수押收(seizure)란 물건의 점유를 취득하는 대물적 강제처분을 말하며, 압류와
영치 및 제출명령의 세 가지를 내용으로 하며, 수색搜索(search)이란 압수할 물건 또는
체포할 사람을 발견할 목적으로 주거·물건·사람의 신체 또는 기타 장소에 대하여
행하는 대물적 강제처분을 말한다. 수색은 실제로 압수와 함께 행해지는 것이 통례
이며 실무상 압수·수색영장이라는 단일한 영장이 발부된다. 검증檢證은 사람, 장소,
물건의 성질·형상을 오관의 작용에 의하여 인식하는 강제처분을 말한다. 검증에는
법원의 검증과 수사기관의 검증이 있다. 전자는 증거조사의 일종이므로 영장이 필요
없으나 후자인 경우는 영장에 의하여야 한다(제215조).

검사나 사법경찰관이 범죄수사에 필요한 때에는 영장에 의하여 압수를 할 수 있
으나, 여기서 '범죄수사에 필요한 때'라 함은 단지 수사를 위해 필요할 뿐만 아니라
강제처분으로서 압수를 행하지 않으면 수사의 목적을 달성할 수 없는 경우를 말하
고, 그 필요성이 인정되는 경우에도 무제한적으로 허용되는 것은 아니며, 압수물이
증거물 내지 몰수하여야 할 물건으로 보이는 것이라 하더라도 범죄의 형태나 경중,
압수물의 증거가치 및 중요성, 증거인멸의 우려 유무, 압수로 인하여 피압수자가 받
을 불이익의 정도 등 제반사정을 종합적으로 고려하여 판단해야 한다(대결2003모126).

3. 수사상의 증거보전

수사상의 증거보전證據保全이란 수사절차에서 판사가 증거조사 또는 증인신문을
하여 그 결과를 보전하는 것을 말한다. 증거조사는 공판정에서 수소법원에 의하여
행해지는 것이 원칙이다. 그러나 공판정에서의 정상적인 증거조사가 있을 때까지 기
다려서는 증거방법의 사용이 불가능하거나 곤란한 경우 또는 참고인이 출석이나 진
술을 거부하거나 공판정에서 다른 진술을 할 염려가 있는 경우에는 수사절차에서도
판사의 힘을 빌려 증거조사나 증인신문을 함으로써 증거를 보전할 수 있게 된다. 증
거보전(제184조)과 증인신문의 청구(제221조의2)가 여기에 해당한다.

증거보전절차에서 판사는 압수·수색·검증 또는 증인신문을 할 수 있고, 증인

신문의 청구에 의하여 참고인에 대한 증인신문이 행하여진다. 판사에 의한 압수·수색·검증은 물론 참고인을 증인으로 신문할 때에는 증인으로서의 출석과 증언의 의무가 발생하므로, 수사절차에서 판사에게 강제처분을 청구하는 경우라고 하기도 한다. 다만, 이러한 증거보전은 수사절차에서만 인정되는 것이 아니라, 제1회 공판기일 전까지의 공판절차에서도 인정됨을 주의하여야 한다.

증거보전의 청구권자는 검사·피고인·피의자 또는 변호인이다. 서면으로 그 사유를 소명하여야 한다(제184조 제3항).

4. 수사의 종결

수사절차는 공소公訴를 제기할 것인가를 판단할 수 있을 정도로 피의사건이 해명되었을 때 종결된다. 수사의 종결은 검사檢事만이 할 수 있다. 수사종결 후에도 검사는 공소유지여부를 결정하기 위하여 수사를 할 수 있고, 불기소처분을 한 때에도 수사를 재개할 수 있다.

수사의 종결은 검사만이 할 수 있다. 사법경찰관은 수사에 관하여 검사의 보조기관에 불과하기 때문이다. 따라서 사법경찰관이 범죄를 수사하였을 때에는 관계서류와 증거물을 검사에게 송부하여야 한다(제238조).

사법경찰관이 피의자를 구속한 때에는 10일 이내에 피의자를 검사에게 인치하지 아니하면 석방하여야 한다(제202조). 수사는 검사의 사건처리에 의하여 종결된다.

검사의 사건처리에는 공소제기·불기소처분 및 타관송치가 있다. 검사의 불기소처분에 대한 고소인 또는 고발인의 불복수단으로 재정신청(재판상 준기소절차, 제260조), 검찰항고·재항고, 헌법소원 등이 있다.

공소제기 후에도 수사를 할 수 있다고 하여 공소제기 후의 수사가 공소제기 전과 같이 무제한하게 허용된다는 의미는 아니다. 그것은 공소제기에 의하여 피고사건은 법원에 계속되어 검사의 지배하에 있던 사건이 법원의 지배에 속하게 되었음에도 불구하고 공소제기 전과 같이 수사를 허용하는 것은 법원의 심리에 지장을 초래하고, 공소제기 후의 공판절차에서는 당사자주의가 전면에 나타나므로 당사자의 지위를 가지고 있는 피고인을 반대당사자인 검사가 수사하는 것은 피고인의 당사자지위와 모순되며, 공소제기 후의 강제수사를 허용하는 것은 피고인의 인권을 침해하고 나아가서 강제수사법정주의에도 반한다고 할 수 있기 때문이다.

5. 공소의 제기

(1) 의 의

공소公訴란 법원에 대하여 특정한 형사사건의 심판을 요구하는 검사의 법률행위적 소송행위를 말한다. 검사의 공소제기(=기소)가 없이는 법원은 그 사건에 대하여 심판할 수가 없다(불고불리의 원칙).

형사소송법 제246조에 의하여 공소는 검사가 제기한다. 따라서 공소제기의 국가소추주의와 기소독점주의를 선언하고 있다.[21]

그리고 법 제247조 제1항에서 수사결과 범죄의 객관적 혐의가 충분히 인정되고 소송조건을 갖춘 경우에도 검사의 기소유예를 허용하는 기소편의주의起訴便宜主義를 선언하고 있다.[22]

공소를 제기함에는 공소장을 관할법원에 제출하여야 한다(제254조 제1항). 이와 같이 공소제기는 서면에 의하여야 한다. 법원은 공소가 제기된 범죄사실에 대하여만 심판할 수 있다. 그러나 공소제기는 공소장에 의하지 않으면 안 됨으로, 공소장은 형사소송의 기초로서의 의미를 가지며, 법원의 심판의 범위를 명백하게 하는 기능을 가진다.

형사소송법은 피고인의 방어준비를 용이하게 하기 위하여 공소장에는 피고인 수에 상응한 부본을 첨부하여야 하며(제254조 제2항), 법원은 제1회 공판기일 전 5일까지 이를 피고인에게 송달하도록 하고 있다(제266조). 공소장에는 공소제기 전에 변호인이 선임되거나 보조인의 신고가 있는 경우에는 변호인선임서 또는 보조인신고서를, 피고인이 구속되어 있거나 체포 또는 구속된 후 석방된 경우에는 체포영장, 긴급체포서, 구속영장 기타 구속에 관한 서류를 첨부하도록 하고 있다(형사소송규칙 제118조 제1항).

공소장의 필요적 기재사항(제254조 제3항)으로는 피고인의 성명 기타 피고인을 특정할 수 있는 사항, 죄명, 공소사실, 적용법조가 있고, 임의적 기재사항(제254조 제5항)으로는 수개의 범죄사실과 적용법조를 예비적 또는 택일적으로 기재할 수 있다.

(2) 공소장 일본주의

공소장일본주의公訴狀一本主義에 의하여 공소장에는 사건에 관하여 법원의 예단豫斷

---

[21] 제246조(국가소추주의) 공소는 검사가 제기하여 수행한다.
[22] 형사소송법 제247조(기소편의주의) 검사는 형법 제51조의 사항을 참작하여 공소를 제기하지 아니할 수 있다.

이 생기게 할 수 있는 서류 기타 물건을 첨부하거나 그 내용을 인용해서는 안 되고, 전과 등을 기재해서도 안 된다(형사소송규칙 제118조 제2항).

따라서 공소제기 시에 법원에 제출하는 것은 공소장 하나이며 공소사실에 대한 증거는 물론, 법원의 예단을 생기게 할 수 있는 것은 증거가 아니더라도 제출할 수 없다는 원칙이다.

공소장일본주의의 이론적 근거로는 당사자주의의 소송구조와 예단배제의 원칙, 공판중심주의, 위법증거배제에 있고, 구체적인 내용으로는 첨부와 인용금지, 여사기재의 금지가 있다. 공소장일본주의의 위반효과로는 공소제기방식의 중대한 위반이므로 공소제기는 무효이며 법원은 판결로 공소기각을 선고하여야 한다(제327조 제2호). 공소제기로 인하여 수사절차는 종결되고 법원의 공판절차가 개시된다. 그러므로 소송이 계속되고, 공소시효의 정지, 공소장에 의하여 심판범위의 한정과 피고인의 특정이 이루어진다.

(3) 공소제기의 효과

공소제기에 의하여 법원의 공판절차가 개시된다. 즉 법원의 심판은 검사의 공소제기에 의하여 시작되며, 공소제기로 인하여 피의자는 피고인으로 전환하여 소송의 주체로서의 지위를 가지게 된다. 이 경우에 법원의 심판범위도 공소장에 기재된 공소사실에 한정된다. 이 외에도 공소제기에 의하여 공소시효의 진행이 정지된다. 따라서 공소제기의 소송법적 효과로는 소송계속, 심판범위의 한정, 공소시효의 정지를 들수 있다. 즉 공소제기에 의하여 법원의 심판의 범위가 한정된다. 그러나 법원의 심판의 범위와 공소의 효력이 미치는 범위가 반드시 일치하는 것은 아니다. 공소불가분의 원칙에 의하여 범죄사실의 일부에 대한 공소의 효력은 전부에 미친다. 그러나 법원의 심판의 범위는 공소장에 기재된 공소사실에 제한되며, 공소사실과 동일성이 인정되는 사실도 공소장변경에 의하여 비로소 법원의 현실적인 심판의 대상이 될 수 있을 뿐이다.

6. 공소시효

공소시효公訴時效란 검사가 일정한 기간 동안 공소를 제기하지 않고 방치하는 경우에 국가의 소추권을 소멸시키는 제도를 말한다. 공소시효도 형의 시효와 함께 형사시효의 일종이다. 공소시효도 사실상의 상태를 유지·존중하기 위한 제도라는 점에서 형의 시효와 취지를 같이한다. 공소시효기간은 법정형의 경중에 따라 차이가 있다.

시간의 경과에 의한 가벌성의 감소, 증거의 산일 이외에 장기간의 도망생활로 인하여 처벌받은 것과 같은 상태가 되며, 국가의 태만으로 인한 책임을 범인에게만 돌리는 것은 부당한 복합적 요소가 함께 고려된 것이라고 보아야 한다.[23]

공소시효의 완성은 소송조건에 해당하므로 공소가 제기되지 않은 때에는 검사는 공소권 없음의 불기소처분을 하여야 한다.

제4절 공 판

1. 공판절차

공판公判 또는 공판절차公判節次란 공소가 제기되어 사건이 법원에 계속된 이후 그 소송절차가 종결될 때까지의 전全 절차를 말하고, 공판기일에 공판정에서 행하는 심리와 재판만을 협의의 공판절차라 한다. 형사절차에 있어서 공판절차는 핵심이며 정점이라고 할 수 있다.

공판절차의 기본원칙으로는 일반국민에게 법원의 심리에 대한 방청을 허용하는 공개재판주의公開裁判主義,[24] 법원이 당사자의 구두에 의한 변론을 근거로 심리·재판을 하는 구두변론주의口頭辯論主義,[25] 법원이 공판기일에 공판정에서 직접 심리·조사한 증거만을 재판의 기초로 삼을 수 있다는 직접주의直接主義, 심리에 2일 이상을 요하는 사건은 중간에 시간적 간격을 두지 않고 연일 계속해서 심리해야 한다는 집중심리주의集中審理主義(계속심리주의)가 있다.

---

23) 제249조(공소시효의 기간) ① 공소시효는 다음 기간의 경과로 완성한다. 1. 사형에 해당하는 범죄에는 25년, 2. 무기징역 또는 무기금고에 해당하는 범죄에는 15년, 3. 장기 10년 이상의 징역 또는 금고에 해당하는 범죄에는 10년, 4. 장기 10년 미만의 징역 또는 금고에 해당하는 범죄에는 7년, 5. 장기 5년 미만의 징역 또는 금고, 장기10년 이상의 자격정지 또는 벌금에 해당하는 범죄에는 5년, 6. 장기 5년 이상의 자격정지에 해당하는 범죄에는 3년, 7. 장기 5년 미만의 자격정지, 구류, 과료 또는 몰수에 해당하는 범죄에는 1년, ② 공소가 제기된 범죄는 판결의 확정이 없이 공소를 제기한 때로부터 25년을 경과하면 공소시효가 완성한 것으로 간주한다.
24) 공개재판주의는 일체의 방청을 허용하지 않고 비밀로 심판을 행하는 밀행주의와 일정한 소송관계인에 한하여 참여를 허용하는 당사자공개주의에 대립하는 개념이다. 공개주의의 법적근거로는 헌법 제27조 제3항(국민의 공개재판을 받을 권리), 헌법 제109조(법원에 관하여 재판공개의 원칙), 법원조직법 제57조(재판의 심리와 판결은 공개한다) 등이 있다.
25) 구두변론주의는 구두주의와 변론주의로 구성되어 있다. 공판기일에서의 변론은 구두로 하여야 한다(제275조의3). 특히 판결은 법률에 다른 규정이 없으면 구두변론에 의거하여야 한다(제37조 제1항).

2. 공판심리의 범위

(1) 심판의 대상

불고불리不告不理의 원칙에 따라 법원은 검사가 공소를 제기(공소장에 기재)한 피고인과 범죄사실에 대해서만 심판을 할 수 있고, 검사의 공소제기가 없는 사건에 대해서는 심판을 할 수 없다.

(2) 공소장의 변경

검사가 공소사실의 동일성同一性을 해하지 않는 범위 내에서 법원의 허가를 얻어 공소장에 기재된 공소사실 또는 적용법조를 추가·철회 또는 변경하는 것(제298조 제1항)을 말한다.

그러나 공소사실이나 적용법조에 변경이 생길 때마다 반드시 공소장을 변경해야 하는 것은 아니다. 법원이 어떠한 범위 내에서 공소장변경절차 없이 다른 사실을 인정할 수 있는 가가 문제가 된다.

공소장변경의 절차로는 검사의 신청에 의한 경우(제298조 제1항), 법원의 공소장변경요구에 의하여(제298조 제2항) 행해진다.

(3) 공판정의 심리

공판기일에는 공판정에서 심리한다(제275조 제1항). 공판정公判廷은 공개된 법정法廷을 의미한다. 공판정의 구성은 판사·검사·변호인의 출석과 피고인의 출석으로 이루어진다. 검사의 출석은 공판개정의 요건이므로 검사의 출석 없이는 개정하지 못한다. 피고인이 공판기일에 출석하지 아니한 때에는 특별한 규정이 없으면 개정하지 못한다(제276조). 변호인은 당사자가 아니므로 공판개정의 요건은 아니다. 그러나 필요적 변호사건과 국선변호사건에 관하여는 변호인 없이 개정하지 못한다(제282조 필요적 변호, 제283조 국선변호).

소송지휘권訴訟指揮權은 소송의 진행을 질서 있게 하고 심리의 신속·원활을 도모하기 위한 법원의 합목적적 활동으로 형사소송법은 "공판기일의 소송지휘는 재판장이 한다."고 하여 재판장의 소송지휘권을 규정하고 있다(제279조).

법정경찰권法廷警察權은 법정의 질서를 유지하고 심판에 대한 방해를 제지·배제하기 위하여 법원이 행하는 작용으로 예방작용, 방해배제작용, 제재작용이 있다(제281조 제2항).

(4) 공판기일의 절차

공판기일公判期日의 절차는 모두절차冒頭節次와 사실심리절차 및 판결선고절차로 나눌 수 있다.

모두절차에는 진술거부권과 진술권의 고지(형사소송규칙 제127조 제1항), 인정신문 (제284조), 검사의 모두진술(제285조; 기소요지낭독), 피고인의 모두진술(제286조), 재판장의 쟁점정리 및 검사·변호인의 증거관계 등에 대한 진술의 순서로 진행된다. 사실심리절차에는 증거조사(제290조), 피고인신문(제287조) 및 소송관계인의 의견진술 절차, 최종변론(형사소송규칙 제145조), 즉 검사의 의견진술(논고와 구형)과 피고인과 변호인의 의견진술(최후진술)로 되어 있고, 마지막으로 판결선고절차가 있다. 판결선고에 의하여 당해 심급의 공판절차는 종결되고, 상소기간이 진행된다. 판결을 선고한 사실은 공판조서에 기재하여야 한다(제51조 제2항 제14호).

(5) 증인신문, 감정, 검증

증인신문證人訊問이란 법원 또는 법관이 증인이 체험한 사실을 내용으로 하는 진술을 듣는 증거조사절차로서, 증인에 대한 증거조사를 말한다.

증인신문도 인정신문과 사실에 대한 신문으로 나눌 수가 있다. 증인(witness)이란 법원 또는 법관에 대하여 자기가 과거에 실험한 사실을 진술하는 제3자로서 감정인·참고인과 구별된다. 증인의 소송법상 의무로는 출석의무, 선서의무, 증언의무가 있고, 소송법상 권리로는 증언거부권, 비용청구권 등이 있다.

증인신문에는 검사·피고인 또는 변호인은 참여할 권리를 가진다. 증인신문은 개별신문을 원칙으로 하고 필요한 때에는 대질하게 할 수 있다(제162조).

증인신문의 방법으로 교호신문交互訊問(cross examination)제도가 있다. 이는 증인에 대하여 당사자 쌍방이 주主신문 → 반대反對신문 → 재再주신문 → 재반대신문의 순으로 신문하는 증인신문방식이다.

감정鑑定(expertise)이란 특수한 지식·경험을 가진 제3자가 그 지식, 경험에 의하여 알 수 있는 법칙 또는 그 법칙을 적용하여 얻은 판단을 법원에 보고하는 것이다.

(6) 공판절차의 특칙

간이공판절차簡易公判節次란 피고인이 공판정에서 자백하는 때에 형사소송법이 규정하는 증거조사절차를 간이화하고 증거능력의 제한을 완화하여 심리를 신속하게 하기 위하여 마련한 공판절차다.

간이공판절차의 요건으로는 제1심 관할사건으로 피고인이 공판정에서의 자백이 있는 경우이다.

제5절 증 거

1. 의 의

형사소송절차는 형법의 적정한 적용에 의하여 구체적 법률관계를 형성·확정하는 것을 목적으로 한다. 사실관계의 확정, 즉 사안의 진상을 명백히 하는 것이 형사소송에 있어서 가장 중요한 의미를 가진다. 여기서 사실인정의 근거가 되는 자료를 증거證據(evidence)라 한다.

증거의 종류로는 증거자료와 요증要證사실과의 관계에 따라 직접증거·간접증거(정황증거), 인적증거·물적증거·증거서류, 본증·반증, 진술증거·비진술증거, 실질증거·보조증거가 있다.

증거능력證據能力이란 증거가 엄격한 증명의 자료로 사용될 수 있는 법률상의 자격을 말한다. 증명력證明力은 증거의 실질적 가치를 의미하는 것이다. 증거능력은 미리 법률에 의하여 형식적으로 결정되어 있음에 반하여 증명력은 법관의 자유심증에 맡겨져 있다. 따라서 증거재판주의가 증거능력과 관련된 것임에 대하여 자유심증주의는 증명력에 관한 원칙이다.

2. 증명의 기본원칙

(1) 증거재판주의

형사소송법 제307조 제1항에 "사실의 인정은 증거에 의하여야 한다."라고 규정하여 증거재판주의를 규정하고 있다.[26] 인적증거(인증; personal evidence)란 사람의 진술내용이 증거로 되는 것을 말하며 증인의 증언, 피고인의 진술, 감정인의 감정이 예이며, 물적증거(물증; real evidence)린 물건의 존재 또는 상태가 증거로 되는 것이며 범행사용도구나 절도죄의 장물이 역에 해당하며, 공판조서나 검증조서가 증거서류(서증; documentary evidence)이다.

사실의 인정에 있어서는 엄격한 증명을 요하는 증거와 자유로운 증명을 요하는

---

26) 실체적 진실발견을 이념으로 하는 형사소송에 있어서 증거에 의하여 사실이 인정되어야 한다는 주의다. 증거재판주의는 실체진실발견을 위한 증거법의 기본원칙이라 할 수 있다. 이와 같이 사실의 인정은 모두 증거에 의하여야 한다.

증거가 있다. 엄격한 증명이란 법률상 증거능력이 있고 적법한 증거조사를 거친 증거에 의한 증명을 말하고, 이를 요하지 않는 증거에 의한 증명인 자유로운 증명에 대립되는 개념이다.

엄격한 증명의 대상으로는 공소범죄사실, 법률상 형의 가중·감면의 이유되는 사실, 간접사실·경험법칙·법규 등이고, 자유로운 증명의 대상은 정상관계사실, 소송법적 사실, 보조사실이 있고, 증명을 요하지 않는 사실로는 공지公知의 사실, 추정된 사실과 거증금지사실이 있다.

(2) 거증책임

거증책임擧證責任(burden of proof)이란 요증사실의 존부에 대하여 증명이 불충분한 경우에 불이익을 받을 당사자의 법적 지위를 말하며, 입증책임立證責任이라고도 한다.[27)]

현행 형사소송에서는 원칙적으로 검사가 거증책임을 부담한다. 따라서 공소범죄사실과 처벌조건인 사실, 형의 가중사유가 되는 사실은 거증책임이 검사에게 있다.

실체법적 사실에 대하여는 검사가 거증책임을 지므로 통설은 피고인이 거증책임을 지는 것을 거증책임의 전환이라 하고, 거증책임전환에 관한 대표적인 규정으로 형법 제263조(상해죄의 동시범 특례)와 형법 제310조 명예에 관한 죄의 위법성조각사유를 들고 있다.

(3) 자유심증주의

자유심증주의自由心證主義란 증거의 증명력을 적극적 또는 소극적으로 법정하지 아니하고, 법관의 자유로운 판단에 맡기는 주의를 말하며, 증거평가자유의 원칙이라고도 한다.

형사소송법 제308조는 "증거의 증명력은 법관의 자유판단에 의한다."라고 하여 자유심증주의를 규정하고 있다. 법정증거주의에 대립하는 개념이다.

따라서 법관은 사실인정에 있어서 아무런 법적 구속을 받지 아니하고 구체적으로 타당한 증거가치를 판단하여 사안의 진상을 파악할 수 있게 된다.

법관이 자유로이 판단할 수 있는 대상은 증거의 증명력이며, 자유판단의 의미는 증명력판단에 있어서 법관이 법률적 제한을 받지 않는다는 것이다. 그러나 자유판단의 기준은 논리와 경험법칙 등을 기준으로 사실인정의 합리성을 이념으로 한다. 자

---

27) 거증책임(입증책임)의 당사자가 제출하는 증거를 본증, 이에 대하여 사실을 부정하는 증거를 반증이라고 한다.

유심증주의의 예외도 있다.

3. 자백배제법칙

자백自白(confession)이란 피고인 또는 피의자가 범죄사실의 전부 또는 일부를 인정하는 진술을 말한다. 따라서 진술하는 자의 법률상의 지위는 문제되지 않고, 진술의 형식이나 상대방도 묻지 아니한다.

헌법 제12조 제7항과 형사소송법 제309조에 의하여 임의성이 의심나는 자백의 증거능력을 부정하는 자백배제법칙自白排除法則을 선언하고 있다.[28]

이 법칙의 이론적 근거로는 허위배제설, 인권옹호설, 절충설(다수설), 위법배제설 등이 있다. 대법원의 전통적인 태도는 허위배제설에 입각하고 있다.

자백배제법칙의 적용범위(제309조)로는 고문·폭행·협박·신체구속의 부당한 장기화로 인한 자백과 기망 기타 방법에 의한 임의성에 의심이 있는 자백을 포함한다. 여기서 임의성여부의 입증은 검사에게 있다.

4. 위법수집증거배제법칙

위법수집증거배제법칙違法蒐集證據排除法則이란 위법한 절차에 의하여 수집된 증거, 즉 위법수집증거(illegally obtained evidence)의 증거능력을 부정하는 법칙으로 증거수집방법을 이유로 한 증거능력을 배제하는 미국 증거법에서 유래한다.

우리 형사소송법도 제308조의2에서 "적법한 절차에 따르지 아니하고 수집한 증거는 증거로 할 수 없다."라고 하여 위법수집증거배제법칙을 명문으로 규정하고 있다.

대법원도 "헌법과 형사소송법이 정한 절차에 따르지 아니하고 수집한 증거는 원칙적으로 유죄인정의 증거로 삼을 수 없다."[29]라고 하고 학설도 위법수집증거배제법칙을 채택해야 한다는 점에 견해가 일치한다.

위법수집에 대한 평가는 침해된 이익과 위법의 정도를 고려하여 구체적·개별적

---

28) 헌법 제12조 제7항은 "피고인의 자백이 고문·폭행·협박·구속의 부당한 장기화 또는 기망 기타의 방법에 의하여 자의로 진술된 것이 아니라고 인정될 때에는 유죄의 증거로 삼을 수 없다"라고 규정하고, 또한 법 제309조는 이에 따라 "피고인의 자백이 고문·폭행·협박·신체구속의 부당한 장기화 또는 기망 기타 방법으로 임의로 진술한 것이 아니라고 의심할 만한 이유가 있는 때에는 이를 유죄의 증거로 하지 못한다."라고 규정하여 자백배제법칙을 선언하고 있다. 그리고 형사소송법 제309조(강제등 자백의 증거능력)는 "피고인의 자백이 고문, 폭행, 협박, 신체구속의 부당한 장기화 또는 기망 기타의 방법으로 임의로 진술한 것이 아니라고 의심할 만한 이유가 있는 때에는 이를 유죄의 증거로 하지 못한다."고 규정한다.

29) 대판2007도3061 전원합의체.

으로 판단하여야 한다. 중대한 위법이 있는 때에 한하여 증거능력이 배제된다. 중대한 위법이란 'due process의 기본이념에 반하는 경우', '정의감에 반하고 문명사회의 양심에 충격을 주는 것'을 의미한다.

위법수집증거의 유형으로는 헌법정신에 반하여 수집한 증거(영장주의 위반, 적정절차위반), 형사소송법의 효력규정에 위반하여 수집한 증거가 있다.

독수의 과실이론이란 위법하게 수집된 증거(毒樹)에 의하여 발견된 제2차 증거(果實)의 증거능력을 배제하는 이론이다.

5. 전문법칙

전문증거傳聞證據(hearsay evidence)란 사실인정의 기초가 되는 경험적 사실을 경험자 자신이 직접 법원에 진술하지 않고 다른 형태에 의하여 간접적으로 보고하는 것을 말한다.

전문법칙傳聞法則이란 전문증거는 증거가 아니며(hearsay is no evidence), 따라서 증거능력이 인정될 수 없다는 원칙을 말한다.

영미증거법에서 유래하는 이 원칙의 이론적 근거로는 선서의 결여와 부정확한 전달의 위험, 반대신문의 결여, 신용성의 결여로 들고 있다.

우리 형사소송법에서도 제310조의2에 "제311조 내지 제316조에 규정한 것 이외에는 공판준비 또는 공판기일에서의 진술에 대신하여 진술을 기재한 서류나 공판준비 또는 공판기일 외에서의 타인의 진술을 내용으로 하는 진술은 이를 증거로 할 수 없다"라고 규정하고 있다.

그리고 전문법칙의 예외로 제311조에서 제316조에 걸쳐 전문법칙의 예외가 규정되어 증거능력을 부여한다. 대표적인 경우로 법원 또는 법관의 면전조서, 피의자신문조서, 진술조서, 검증조서와 감정서, 당연히 증거능력 있는 서류 등이 있다.

6. 탄핵증거

제318조의2는 "제312조부터 제316조까지의 규정에 따라 증거로 할 수 없는 서류나 진술이라도 공판준비 또는 공판기일에서의 피고인 또는 피고인이 아닌 자(공소제기 전에 피고인을 피의자로 조사하였거나 그 조사에 참여하였던 자를 포함한다)의 진술증명력을 다투기 위하여 증거로 할 수 있다."라고 규정하여 진술의 증명력을 다투기 위한 증거를 탄핵증거라 한다.

탄핵증거彈劾證據(impeachment)는 진술의 증명력을 다투기 위한 증거로서, 범죄사실을 인정하는 증거가 아니므로 소송법상의 엄격한 증거능력을 요하지 아니하며, 전문법칙에 의하여 증거능력이 없는 전문증거라도 증거로 사용할 수 있다.

탄핵의 대상은 공판준비 또는 공판기일에서의 피고인 또는 피고인 아닌 자의 진술의 증명력이다. 따라서 공판준비 또는 공판기일에서의 진술뿐만 아니라 공판정 외의 진술도 서면의 형식으로 증거가 된 경우에는 탄핵의 대상이 된다.

7. 자백의 보강법칙

자백의 보강법칙補強法則이란 피고인이 임의로 한 증거능력과 신용성이 있는 자백에 의하여 법관이 유죄의 심증을 얻었다 할지라도 보강증거가 없으면 유죄로 인정할 수 없다는 원칙으로, 헌법 제12조 제7항 후단에 "정식재판에 있어서 피고인의 자백이 그에게 불리한 유일한 증거일 때에는 이를 유죄의 증거로 삼거나 이를 이유로 처벌할 수 없다."라고 규정하여 보강법칙을 헌법상 원칙으로 하고 있으며, 형사소송법 제310조에서 "피고인의 자백이 그 피고인에게 불이익한 유일의 증거인 때에는 이를 유죄의 증거로 하지 못한다."라고 자백보강법칙을 선언하고 있다.

자백에 보강증거가 필요한 이유로는 자백의 진실성 담보와 인권침해의 방지를 들 수 있다. 보강을 필요로 하는 자백은 피고인의 유일한 자백이다. 공판정에서의 피고인의 자백은 보강법칙이 적용되지 않는다.

제 6 절 재판(공판)

소송법적 의미의 재판裁判(judgement)은 널리 법원 또는 법관의 법률행위적 소송행위를 말하고, 협의의 개념은 피고사건의 실체에 대한 법원의 공권적 판단, 즉 유죄와 무죄에 대한 실체적 종국재판을 의미한다.

종류로는 기준에 따라 종국재판과 종국 전 재판,[30] 판결·결정·명령, 실체재판과 형식재판,[31] 유죄판결과 무죄판결로 나눈다. 그리고 공소기각의 재판과 면소의 판결로 나눈다.

---

[30] 종국재판이란 소송을 그 심급에서 종결시키는 재판을 말하며, 유·무죄의 재판, 관할위반과 공소기각, 면소재판이 여기에 해당한다. 종국전의 재판은 결정과 명령 등이 있다.

[31] 실체재판이란 본안재판으로 유죄·무죄재판을 말한다. 형식재판은 관할위반, 공소기각, 면소재판이 여기에 해당한다.

재판의 확정이란 재판이 통상의 불복방법에 의하여 다툴 수 없게 되어 그 내용을 변경할 수 없게 된 상태를 말한다. 이러한 상태의 재판을 확정재판이라고 한다. 확정재판의 효력을 재판의 확정력이라 하고 여기에는 형식적 확정력과 내용적 확정력 즉 기판력이 있다.

소송비용은 지출원인에 대하여 책임 있는 자에게 부담시키는 것이 원칙이다.

제 7 절   상소, 비상구제절차, 특별절차

상소上訴(appeal)란 미확정의 재판에 대하여 상급법원에 구제를 구하는 불복신청제도不服申請制度를 말한다.

상소제도의 의의는 오판誤判을 시정하기 위하여 인정되는 제도이다.

상소제도의 종류로는 항소, 상고, 항고가 있다. 항소抗訴(berufung)는 제1심 판결에 대한 상소이며, 상고上告(revision)는 제2심 판결에 대한 상소이다.

또한 법원의 결정에 대한 상소를 항고抗告(beschwerde)라 한다. 항고에는 일반항고와 특별항고가 있으며, 일반항고에는 보통항고와 즉시항고가 있다.

고유의 상소권자로는 검사와 피고인 그리고 항고권자가 있다. 상소심은 심리하는 범위에 따라 사실심事實審과 법률심法律審으로 나누며, 전자가 법률문제와 사실문제를 모두 심리하는 항소심임에 반면 후자는 법률문제만을 심리하는 상고심이다.

불이익변경금지不利益變更禁止의 원칙이란 피고인이 상소한 사건과 피고인을 위하여 상소한 사건에 관하여 상소심은 원심판결의 형보다 중한 형을 선고하지 못한다는 원칙이다(제368조, 제396조).

기타 재심 등 비상구제절차와 특별절차를 두고 있다.

참고문헌

김남진, 행정법(Ⅱ), 법문사, 2000.

김도창, 일반행정법론(하), 청운사, 1993.

김동희, 행정법(Ⅱ), 박영사, 2001.

김영환, 경찰행정법, 백산출판사, 2012.

김철용, 행정법(Ⅱ), 박영사, 2002.

박균성, 행정법입문, 박영사, 2014.

박상기, 형법각론(제7판), 박영사, 2012.

박상기, 형법총론(제7판), 박영사, 2012.

박윤흔, 최신행정법강의(하), 박영사, 2002.

박현준, 경찰형사법(상), 박영사, 2019.

박현준, 형사법개론, 한국학술정보, 2015.

배종대·홍영기, 형사소송법, 홍문사, 2018.

배종대, 형법각론(제7전정판), 홍문사, 2013.

배종대, 형법총론(제9개정판), 홍문사, 2013.

신동운, 형사소송법(제3판), 법문사, 2011.

신현기, 경찰인사관리론, 법문사, 2006.

신호진, 신형법요론(각론), 문형사, 2017.

신호진, 신형법요론(총론), 문형사, 2017.

오영근, 신형법입문, 박영사, 2014.

유지태, 행정법신론, 신영사, 2002.

윤세창, 행정법(하), 박영사, 1985.

윤우석 외 6인, 형사사법 연구방법론, 도서출판 그린, 2013.

이재상·장영민·강동범, 형법각론(제10판), 박영사, 2017.

이재상·장영민·강동범, 형법총론(제9판), 박영사, 2017.

이재상·조균석, 형사소송법(제12판), 박영사, 2019.

정영석, 형법총론(제5전정판), 법문사, 1987.

정희철, 기본강의 헌법(개정5판), 도서출판 여산, 2010.

최영규, 경찰행정법, 박영사, 2005.

허경미, 경찰학개론, 박영사, 2011.

허경미, 경찰행정법, 법문사, 2003.

홍성찬, 법학원론(개정판), 박영사, 2017.

홍정선, 경찰행정법, 박영사, 2007.

홍정선, 행정법특강, 박영사, 2002.

판례색인

사항색인

공저자 약력

박현준(朴鉉俊)

경북대학교 대학원(법학석사)
경북대학교 대학원(법학박사)
국립 중앙경찰학교 외래교수(형법담당)
대구지방검찰청 경주지청 형사조정위원
순경시험, 경찰간부후보시험 등 각종 공무원시험 형사법 출제위원
경비지도사 등 각종자격고사 법학개론·형사법 출제위원
한국형사법 관련학회, 한국치안행정 관련학회, 한국법학회 등 회원
전 경주대학교 경찰법학과 교수(형법·형사소송법)
현 중원대학교 경찰행정학과 교수(형사법·경찰행정법, 형사법개론)

주요저서

법학개론(백산출판사)
생활법률(백산출판사)
경찰입문형법(한국학술정보)
형사법개론(한국학술정보)
경찰형법의 이해(박영사)
경찰형사법(상) — 형법(박영사)
국립 중앙경찰학교 형법(2020년판)
국립 중앙경찰학교 객관식 형법(2019년판) 등 다수

한상훈(韓尚勳)

대구가톨릭대학교 대학원(법학박사)
Texas A&M University(도시학박사)
The University of Arizona(지리학석사)
경북지방경찰청 인권위원회 위원
경북지방경찰청 누리캅스 위원
서울동부지방법원 전문심리위원
한국산업인력관리공단 시험출제 위원
한국법률실무학회, 한국토지공법학회, 한국부동산법학회 등 회원
전 경주대학교 사이버수사경찰학과장 및 교수
현 중원대학교 교수 및 교수학습지원센터장

주요저서 및 연구

지역발전과 지역혁신(영남대학교 출판부)
생활과 부동산(명인출판사)
범죄예방을 위한 도시계획적 접근방법에 관한 연구
국책사업 추진에 따른 지역갈등의 구조적 특성에 관한 연구
방치건축물 정비를 위한 제도개선방안에 관한 연구
효과적인 빈집 활용 정책 수립의 법적 개선과제에 관한 연구
주거환경에 대한 빈집의 부정적 영향 판단에 관한 연구

경찰과 형사사법

초판발행	2020년 2월 25일
지은이	박현준·한상훈
펴낸이	안종만·안상준
편 집	이승현
기획/마케팅	김한유
표지디자인	박현정
제 작	우인도·고철민
펴낸곳	(주)박영사
	서울특별시 종로구 새문안로3길 36, 1601
	등록 1959. 3. 11. 제300-1959-1호(倫)
전 화	02)733-6771
f a x	02)736-4818
e-mail	pys@pybook.co.kr
homepage	www.pybook.co.kr
ISBN	979-11-303-3575-9　93360

정 가　19,000원